U0024835

新世紀叢書

當代重要思潮・人文心靈・宗教・社會文化關懷

CARL G. JUNG

人類若要成就其圓滿成熟，只能透過對潛意識的認識與接納，
而這種認識，須藉由夢及其象徵來取得。

人及其象徵：榮格思想精華

MAN AND HIS SYMBOLS

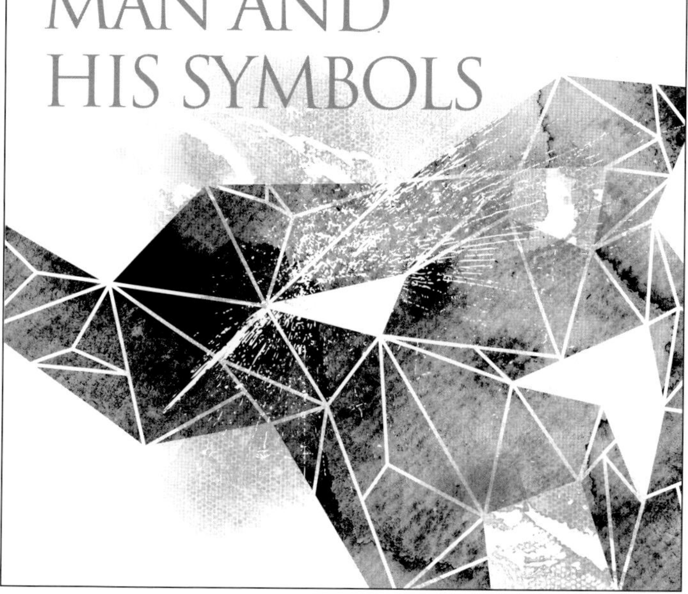

主編◎卡爾・榮格
譯者◎龔卓軍

榮格是一位道貫古今的偉大醫師
是20世紀的思想巨擘

其學說影響所及已超出了分析心理學的範圍
而進入了藝術、科學、宗教與生態學的領域
他同時也幫助世間男女認識自己
使他們的生命更充實、完滿、喜悅

本書即是他特別為一般讀者編寫的
也是他畢生行醫著述的思想精華總結
傾其生命最終歲月之心力投注
在撰著完成後不出十天便謝世

人及其象徵

榮格思想精華的總結

【目錄】全書總頁數共484頁

〈導讀〉夢從象徵擷取心靈的奧秘

東華大學族群關係與文化研究所教授
余德慧

夢已經被肯定為人類心靈的一部份，無論從腦生理的研究，或者精神心理的研究，都逐漸將夢的重要性放到前面。**在眾多分歧的研究裡，有一個支派特別注意到，人類個體的發展，與整個文化的演進同步進行，人的夢想就像人類文明一般，由原始逐漸蛻化，彷彿是文明的縮影。這一支派就是榮格所領導的夢象徵研究。**

個體的夢所賦予人類的意義，往往遠較人類所能理解的。夢如何賦予心靈的意義，榮格首先擺明一個心理的基本命題：**任何心靈的事物不在於因果的關聯，而是意義的關聯，因此即使兩個偶發的事情，彼此沒有因果的關係，卻因為同步發生而使人理解到其中的意義，對心靈是常有的現象。**

雖然，科學對缺乏因果關係卻具有意義的心靈事物斥之為迷信，但並不意味著這樣的心理的作用會少一些。例如一九九八年在南投的小鎮發生一件離奇的事，一位玄天上帝的乩童打死了兩條蛇，結果他在一年之內被蛇咬了十一次，最後因為心臟痲痺去世。

醫生說，不可能是血清中毒，所以他的死亡應該與蛇咬沒有直接的關係，這是因果的解釋；一般民眾相信，這樣的巧合應該是玄天上帝的座下蛇神報復，並將該乩童的魂魄攝回座下充役。民眾相信的是心靈事物的奧秘意義，而不是理性的思辨。整個問題的看法，榮格自有其獨到之處：我們並不是從這些現象獲得智識，而是加強的靈知，而靈知恰好是精神的氛圍所發散出來的一些遐想，這些遐想並沒有正確的客觀知識，而是在潛意識發酵的成果。

潛意識過去被視為無明，缺乏理性思辨。一般認為，缺乏理性的思辨應屬愚昧心識。這樣的看法恰好取消了人類心理最基本的精神作用。生活理性只能說是心理的一個層面，而由主觀意義所產生的作用則屬心理的另一層面，兩者並不互相衝突，只是狹義的科學心理學觀點取消了這心理最基本的作用。

奧秘心理絕對是心理經驗，但可以不是感官經驗，而是意義經驗。但是，它又不是語意的經驗（例如，你聽到什麼話，心裡很難過或高興），而是類似前述故事的經驗，透過文化想像、潛在意識所發出的戰慄之聲。

榮格最大的貢獻就在於開啟西方文化這方面的經驗領域。這個領域關乎神話、夢與妄覺的心理現實，其根本的特性是彼此之間相互轉換，有時候神話變成物質世界的真實，有時候變成妄覺假象，有時候是夢，有時候是巫，有時候是天良，有時候是神。在這些變換之間，有個心靈的說話者，他隱身在奧秘世界的暗處，從未現身，當他說一個幻象的故事，各種變形就會發生，可能在某處出現相應合的象徵，可能出現在夢境裡，可能變成神話。

如果要達到這一點，我們必須非常專注在心靈的朦朧意識底下。首先我們必須先驅逐自我（Ego），**根據心理學的學理，自我是從社會生活的經驗產生的一種自我觀照，具有明晰的有意識思維**，例如「我是誰」，「我做什麼」，「人們如何看我」等等，這種自我意識往往用語意刻畫出來，是可以用語言操縱的。相反的，在人類經驗裡有一種經驗，並不能言說，卻可以隱約感覺到的，心理學稱之為「本我」（Self）。**本我的經驗是不能用一般的智識瞭解的，而是以象徵、神話或幽暗意識來體會**。換言之，本我所認識的世界是那種「聽見樓梯響，未見人下樓」的迴響，就像在自我的世界，人們相談甚歡，而在本我的世界，人們則互相入夢。也許在自我的世界，人們反目如仇，但若是在夢中兩人相談甚歡，則可能在本我的潛意識裡，兩人其實心心相繫，彼此牽掛著對方，亦即在自我的層面結仇，並不意味著在本我層面反目。歡喜冤家是粗淺的例子，而整個本我所意味的聲響，卻是人類心理的大問題。

夢與本我有直接的關聯，但卻與自我無涉。一般解夢的錯誤在於把「夢與本我的關係」移置於「夢與自我的關係」，例如夢見棺材就可以升官發財，這種完全把夢的意義關聯到俗世的作為，榮格譴責為大謬，認為萬萬不可如此解夢。何以為故？首先，夢見棺材絕對與個人的生活裡相關的隱密意義有關，與棺材的諧音無關。其次，某甲夢見棺材與某乙夢見棺材，可以有完全不同的意義，因為我們生活經驗的潛意識裡，對棺材的攝受完全不同，某甲可能在潛意識思念父親，而他對父親最大的印象是匆忙之間看著父親移靈下葬，將父親下葬的影像攝受到心底。當他陷入一些難題、內心徬徨之際，夢見棺材，其意義可能是「對父親的依戀」，想要父親告訴他什麼。如果他的母親恰好提到，如果在這種情況，他父親生前會怎麼做，這些話對某甲在事情的決定上可能會起關鍵性的作用。但對某乙來說，他完全沒有某甲的經驗，某甲夢見棺材的意義就完全不適用。

所以，夢的作用場在本我，雖然對事情的決定涉及自我，但那是後來的事。許多人可能已經從夢裡獲得本我的呼聲，卻不加以理會，而導致悲劇。例如，榮格在本書的第一章說一個故事：

我記得有個男人，跟一大堆狗屁倒灶的事情一直糾纏不清，他發展出一種近乎病態的激情，以征服危險的高山做為補償，以尋求「攀越自身」。有一天晚上，他在夢中看到自己從山巔跨了出去，踩進了空蕩蕩的空中。他一告訴我這個夢，我立刻看出他的危機，強調那是一個警告，並勸他約束一下自己。我甚至告訴他，這個夢預示他會死於山難。所有勸告皆屬惘然，半年之後，他真的「踩了空」。一位山地嚮導看著他和一位朋友沿著引導繩，從一陡峭之處下降，那位朋友在一處岩突找到暫時的立腳點，做夢者隨之而下。這時，這個男人手中的引導繩突然滑掉了，依據嚮導，「就好像他踏進了空氣中」他摔在他朋友身上，兩人一起跌落山谷而殞命。

然而，多數的夢並沒有這麼直接了當，而是透過象徵，而象徵的意義又在於「另有別指」，我們面對夢時如果過於天真，恐怕會難誤解夢的象徵。榮格提到：「夢有時候其實是陷阱，或看起來像是陷阱，看時它們行事就像德爾菲神殿的神諭，它告訴克魯梭王(King Croesus)，如果他跨越了哈利斯河 (Halys River) 就會摧毀一個強大的王國。於是他渡河一戰，結果全軍覆沒，他才發現，神諭所說的王國其實是他自己的王國。」

榮格在與弗洛依德決裂之前做的夢，使他領悟到：「我的直覺極其突然而意外的看出一個事實：我的夢意味著我自己、我的生活與我的世界，我的整個存在都抗拒著由另一個陌生心靈為他自己的目的而樹立的理論架構。這個夢是我的，而不是弗洛依德的，一剎那間，我恍然大悟我的夢的意味。」

榮格所說的「陌生心靈」指的就是他的本我。本我的滋生，往往與自我的瞭解是以兩條平行線進行：在自我的世界，弗洛依德是榮格的師友，榮格的精神分析事業是在弗洛依德的引導之下進行，但是他的本我卻依照自性發展，預示他與弗洛依德將會分道揚鑣。可是在現實裡，無人可以看出這點，他的夢徵卻預示了這個未來。

依照榮格的理論，夢是以象徵在本我層面上顯現，這對中國人相當陌生，也不容易接受。我們懂得本我的良心，卻很少想到本我也可能有其潛抑的「陰暗面」，例如，榮格舉一個溫文儒雅的男士為例：

> 一位表面溫和謙讓的男人，做起事來謙恭有禮，八面玲瓏，他總是滿足於退居一角，卻小心地堅持自己也要在場。一旦被要求講講話，他會提出見聞廣博的看法，但從不會要求別人附和他。有時候，他會暗示一件事情如果換到某個更高的層面來處理，就會找到更適切的解決良方（但他從不解釋怎麼做）。然而，他在夢裡經常遇見偉大的歷史的人物，如拿破崙、亞歷山大大帝。這些夢顯然在補償其自卑情結。不過，它們還有另一層含意，這個夢在問：面對這些事功彪炳的夢中來訪人物，我究竟該做個什麼樣的人？在這方面，夢指出了隱密的自大誇，以彌補做夢者的自卑感。潛意識上的孤高，使他與其環境現實產生隔閡，也使他遠離對別人而言理所當然的義務。他覺得自己不需要向人證明，他的高明見解其實是基於較高明的資質。

本我的陰暗面可能是屬於一種內心糾纏的情結，像個表面好好的（自我層面），裡面卻長膿（本我的層面）。但並不是所有的陰暗面都會有可怕的情結，然而在任何自我的正面，都可能有其本我的陰暗面。例如，男人有其女性化的陰暗面（或叫陰影），榮格稱之為「安尼瑪」·，女人也有著男性化的陰影，榮格稱之為「安尼姆斯」（詳見本書第三章）。這種本我的陰影根植在人類的心靈，構成人類長久以來的文化母題，而有所謂「原型」之說。**心理原型指的是人類本我的普遍性質，一直以象徵的表現向人類自己顯現，包括宗教儀式、神話與巫現象**。榮格認為，人類用自我創建文明，而文明不斷遮掩本我的心理原型，使我們只看到文明，而看不到自性。榮格企圖從這個角度發展文化深層的心理學，針對宗教、藝術與神話進行全新的論述，而他的弟子也不斷致力於這個領域的開拓。（見本書第二、三、五章）

回頭來看我們中國人對榮格的夢與象徵的分析有何關聯。我相信是西方文化奧秘心理學的啟蒙之一，雖然他引用許多東方奧秘思想，但絕非是東方人可以輕易瞭解的。雖然榮格引用許多東方文化，東方文化的奧秘也不會因為榮格而獲得開啟，相反的，榮格的奧秘心理學依舊留在西方，東方文化仍須自己來解開。但是，如果也運用榮格的作法，將榮格對夢與其象徵的分析做引子，重新詮解我們自身的奧秘文化，並不是不可能的事。

因此，這本書的譯者龔卓軍已經很努力地將西方奧秘文化弄得服服貼貼，但是顯然還是有讀者不適應榮格及其弟子的長篇大論，但是這是榮格生前最後一篇文章，也是他與弟子為了一般讀者所做的入門總結，如果讀者還有困難，可以先讀立緒文化出版的《導讀榮格》，以及張老師文化出版的《榮格自傳》，再讀本書的第一、二、三章，第四章的藝術心理原型可以單獨看，至於最後一章的個案分析，讀者會感到吃力，可以省略。一般來說，榮格的理論不要期待清晰，而是體悟，因為任何夢的象徵，都依照個體的本我與自我兩條線獨立發展，很少有與他人共通之處。榮格勸讀者要細心體察自己的夢，不要遽下判斷，自己細心涵養細嚼，潛觀本心，傾聽本我細微的暗示，將會有一番心領神會。

〈譯序〉

潛意識現象學：鵝味、乳房潰爛與煉金術士

龔卓軍

心理學史上的榮格

如果你對西方心理學史頗感興趣，你會發現，榮格的名字總是如影隨形地跟著弗洛依德的名字，若即若離。的確，榮格在十九世紀末受到弗洛依德的重大啟發，即使在一九一一年兩人關係破裂之後，榮格仍繼續沿用許多弗洛依德的學說，特別是潛意識的衝突與防衛機制、道德意識與自我理想的重要性等概念。

但兩人之間一直存在的根本分歧，就是對個體差異的研究。打從一開始，弗洛依德似乎就醉心於普遍適用於每一個案的心理動力學(dynamics)，換句話說，弗洛依德特別注意本能與性能量如何滲透在一切人類經驗當中；**而榮格卻比較在意心理類型學(typology)，強調個體心靈不同發展階段中的差異區分，因而致力於探討人格、心理傾向、發展轉型中的幾種基本類型。**

這是閱讀《人及其象徵》時，我們能夠掌握到的第一條線索。這也正是為什麼榮格在本書第一章前三節不斷讚揚弗洛依德所強調的潛意識研究，卻又認為弗洛依德忽視夢境的個體脈絡，而批評其「自由聯想」療法不斷導回心理動力的衝突情結上，無法導引出讓個體有創意想像的生活形象。榮格認為，潛意識的衝突情結與可能出路，主要都顯現在夢的脈絡當中，個體如果透過適當的「積極想像」療法，對於自己的夢、性格類型、潛意識中的象徵原型有了清楚的理解和擴充，就可以治癒意識的分裂。

然而，僅僅根據跟弗洛依德的關係來說明榮格學說，似乎又有所不足。誠如蔡榮裕醫師在《導讀榮格》（立緒文化出版）一書的導讀中所說的，「因為搞不清上一代的父母之間所累積的潛在恩怨即前仆後繼地跳入恩怨大海裡，那是很可惜的事。」的確，弗洛依德與榮格的恩恩怨怨，雖然可以幫助我們瞭解榮格學說的知識特性，卻也可能掩蓋了它想向讀者心靈訴說的話語。

榮格想要告訴我們，心理學這門學問的基礎乃是真實發生的心理體驗，這類心理體驗的基本存在模式不是言語，而是「形象」(image)——「心靈即形象」(psyche is image)。心靈不僅只是被表現在諸種形象中，心靈其實就是活在形象或心理經驗模式當中，而現代心理學最重要的成就，就是發掘出這些自我形象、他者(陰影)形象和心理經驗模式，並藉由更豐富的形象來提昇心靈。

掌握了這一條更根本的線索，明白了人類的心靈都活在形象的投射與抗拒當中，讀者便不難理解，為什麼韓得生要在第二章討論「英雄」神話、啟蒙成年禮的神話原型、美女與野獸童話和超越象徵；弗蘭茲要在第三章描述心靈成長的模式、人格陰影、安尼瑪、安尼姆斯和本我的象徵；而賈菲在第四章要討論石頭、方形圓形、煉金術士和現代藝術對物質中隱秘靈魂的追尋。做為榮格生前的最後一部著作，《人及其象徵》的總結意味不言而喻，弗利曼在英文版序言中也對此交代得非常清楚，總而言之，這本書的焦點就是榮格畢生行醫著述的精華——心靈的外顯形象：夢、原型、神話、藝術，它們不僅是潛意識心靈流露的象徵，也是可以反過來影響潛意識發展的象徵。

潛意識現象學的榮格

不過，如果你不是一位嚴峻的心理學者，其實，閱讀榮格也可以像耽讀小說一樣充滿意外的愉悅。我記得榮格在《榮格自傳——回憶．夢．省思》裡，描述他跟弗洛依德討論未卜先知和靈學問題時，弗洛依德對這類問題的反應是嗤之以鼻，教榮格頗為不滿。未幾，他們身邊的書櫃居然「砰」、「砰」兩次發出巨響，把弗洛依德震得目瞪口呆。妙的是，第二次響聲還是在榮格預言後，立即應驗的現象。

讀到這種段落，最令讀者拍案叫絕的是，榮格那股認真之情，洋溢於栩栩如生卻嚴肅執著的描述筆調中，深深撼動著你的日常理性，使人陷入迷亂，不知該信還是不信。

榮格其實在說，你看，連書櫃都贊成我的話，對弗洛依德的態度發出「砰」擊。這使我想起卡斯塔尼達(Carlos Castaneda)《巫士唐望的世界》裡的著名段落：印第安老巫士唐望在「震撼」他的徒兒時，一下子指出呼呼作響的葉子和風表示「同意」他的說法，過了一會兒，又宣稱呼嚕呼嚕叫的咖啡壺正在「同意」他的另一個看法，他說：「人都可以從周圍的事物得到同意。」此時，咖啡壺突然發出放肆的尖叫，唐望看看咖啡壺，輕聲跟它說：「謝謝！」然後哈哈大笑。

是的，「人都可以從周圍的事物得到同意。」秘魯的戰士在夢中尋求古代戰士的啟示，台灣的善男信女擲茭詢問神意，古代漢人燒烤龜甲，依裂痕預卜未來，顯然，在這些古樸心智的眼中，「夢境」、「茭象」和「龜紋」都成為周圍事物同意與否的象徵。甚至不只是同意而已，這些平常潛伏於意識範圍之外、意識水平之下的現象，經常還有提醒、預警、療癒與提昇我們意識生活的能量，這種能量是否發生作用，端看我們如何「積極想像」或解讀其象徵意義而定，而《人及其象徵》就是要為潛意識的界域建立一門以「積極想像」為導向的現象學，打開人類象徵生活的視野。

既然自稱為現象學，就不能不交代揭開潛意識面紗的方法；既然自許為科學，也就不能昧於心理事實、經驗和從個體到社會歷史的豐富象徵材料。然而，即便有如此嚴格的自我要求，榮格的潛意識現象學依舊保有說故事的魅力。一般人對潛意識最感疑惑之處，莫過於這類的疑問：「既然說是潛意識，意識又憑什麼能耐抓住它，而免於穿鑿附會呢？」榮格從最素樸的身體記憶開始，為我們描述潛意識的「積極想像」現象：

有一次，一位教授跟他的一個學生在鄉間漫步，沉浸在嚴肅的對話中，突然，他發現他的思考被一段意外浮現的童年回憶之流打斷，但他無法解釋為何分了心，剛才說的話明明跟這些回憶沒什麼牽連。他回頭察看，看見剛剛經過的一座農場，他的童年回憶就是在走過這座農場時在他心中洶湧起來的。他向他的學生提議往回走，回到這些狂想出現的地點去。一走到那兒，他注意到鵝的味道，於是他立刻明白，是這股味道觸發了他的回憶。

原來，他小時候曾經住過一個養了鵝的農場，因此，特屬於鵝的味道留下了很深很深、卻被遺忘的印象。當他散步經過農場時，身體記憶下意識地注意到了那股味道，於是，這種潛意識知覺喚回了他遺忘經年的童年回憶。「這種知覺是下意識的，因為注意力集中在別的地方，而刺激也沒有強烈到足以移轉注意力，直接通向意識，然而，它卻勾引出『已忘掉的』記憶。」

在這個CD唱盤很容易按下「repeat」的時代，每個人大概都有幾首不斷反覆吟唱，深深烙印在心裡的曲子，即使在從前，有人的軍旅生涯中，每晚就寢前也一定有必須收聽「今宵多珍重」的經驗。然而，大家或多或少都有這樣的震撼，有一天，當這支曲子不經意地由收音機、電視或別人家的音響播放出來時，不論距離當初反覆聽這首曲子的時地有多遙遠，突然間，一股情蘊、情緒、情感，會在間斷那麼久、間隔那麼遠之後翻湧而上，在音符的流動中，使你整個人回到當初的情境裡。這就是潛意識的「積極想像」。

當然，不只是鵝的氣味、心中的老歌，有時候，甚至某個法國佬咬了一口瑪德萊娜糕餅，也能不期然地讓大量的陳年往事突然翻湧出來，你看，就連普魯斯特(Proust)的小說《追憶逝水年華》最著名的段落也同意榮格的說法！

有人會問：沒事觸發那麼多回憶、想那麼多幹嘛？難道我們意識上的負擔還不夠沈重嗎？其實，問題就在於這些回憶是潛意識的，不期然而然，不擇地而出的，不是我們用意識自己討來的負擔。如果我們不掉以輕心，而是在它們出現以後，用心追索這些記憶景象的來龍去脈，反而可能有助於擴大我們目前意識的視野，讓我們能夠用一種更寬廣的態度去面對生活。

小說與煉金術的榮格

小說家普魯斯特筆下的主角馬塞爾，在一次又一次的失望之中，已經對生活失去了信心，覺得自己的生活了無新意，不會再有什麼改變。

就在這種情況下，有一天，他去蓋爾芒特親王夫人家裡參加午後音樂會，走進院子和在書房裡等待的時候，他先是不小心踩到兩塊高低不平的石板，後來聽到了湯匙碰擊盤子的響聲，繼而又用了一條上了漿的餐巾，這三件別人根本不會注意到的經驗，卻給了他三種不同的感受，一時觸發了他對過去三次經歷的回憶：凹凸不平的石塊，使他回想起他過去遊歷威尼斯時看到的聖馬可教堂的石板；湯匙清脆的聲音，使他彷彿又聽見了鐵路工人修換火車輪子的鐵錘聲；而上了漿的餐巾使他重新置身於巴爾貝克海濱大飯店的生活。於是，當下浮現的昔日種種印象和感受，引發了五味雜陳的情緒和領悟，此時，主角馬塞爾心裡充滿了喜悅，因為過去和現在已交融在一起，流逝的時間又重新出現，他對生命的衰老已毫無畏懼，他覺得自己已超脫於時間之上，獲得了永恆的了悟。

在小說中，石板、湯盤響聲、一條餐巾可以發揮如此巨大的象徵作用，引導個體重新統整自己的生活歷練，挖掘命運中秘藏的意義，使當下的生命獲得提昇，何況是現實生活中，每夜都來向我們傳遞秘密訊息的夢呢！

榮格認為，現代心理學最重要的成就，便是發現心靈與具體意象、形象、景象的關係。踩到石板引發的身體重心震盪、湯盤碰撞的聲響、手部觸摸餐巾的質感，老歌、鵝的味道，以及夢中帶有強烈情緒的視覺景象，都可能引發種種心理感應動力，帶領我們深入探視、並超脫自我的情意結。

榮格曾經在本書提到一個頗具幻惑效果的故事，與上面這位小說主角的遭遇可以說虛實之間，相互輝映。「十三世紀西班牙紳士雷蒙・盧爾(Raimon Lull)經過長久的追求，終於能與他愛慕已久的女士秘密相見，她靜靜掀開她的衣裳，讓他看她的乳房，已經被癌症啃蝕腐爛。這個震撼改變了盧爾的一生，他後來成為一位傑出的神學家，也是教會最偉大的傳道人之一。」夢中情人的形象，一下子變成了人間極端苦難化身。其實，這種無常，才是人生的常態。這種突如其來的轉變，通常會造成當事人的心理危機，卻也同時造成一個有利的態勢，讓潛意識中的黑暗面和理想面都現身出來，如果當事人能加以適當地整合，反而能藉著崩潰和重新整合的機會，展現創意，打開意識和生活的新局面。

榮格要告訴我們的道理很簡單：**心靈生活越豐富、象徵生活越寬廣的人，越有能力熱愛自己的命運，而心理分析師的任務，便是幫助我們面對那些突如其來的意象、形象和景象，鼓舞我們去提煉其中象徵意涵。**

在古代，這種工作差不多等同於煉金術士、煉丹道士、占星術士所做的努力，他們透過物質精粹的提煉、身體養生的修為、天體運行的星象，建立出許多照顧我們心靈各個層面的象徵系統。一直到今天，氣功還在我們的身體上用功的同時，不忘時時提醒練功人「心平氣和」的重要，星座算命書上，也以性格發展的調和與平衡為主要的指引方向，透過這些不同的象徵系統，古代人了解自己、批評自己、修正自己難以意識到的的情緒和生活盲點，透過榮格，我們不僅可以了解古代人怎麼想，還可以了解現代人本身的象徵生活處境。

讀過《牧羊少年奇幻之旅》（原書名 *El Alquimista* 即煉金術士）這本小說的朋友，相信對書中的這句話不會陌生：「當你真心渴望某樣東西時，整個宇宙都會聯合起來幫助你完成。」老人對男孩說這句話，並提醒他用心去「辨識預兆」、發現自己的「天命」以後，男孩就進入了一個截然不同的象徵生活，踏上個人特殊的命運旅程。對《人及其象徵》的讀者來說，榮格無異於小說裡那位殷殷告誡的老人，我們的確需要以赤子的心情，張大眼睛去辨識預兆，認識切身命運的象徵。

誌謝：

譯文參考了黎惟東先生的譯本《自我的探索》，台北：桂冠），也參考了張舉文與榮文庫先生的譯本（《人類及其象徵》，遼寧：遼寧教育），尤其從後者的流暢受益良多，同時，兩個譯本也提醒我免於犯下許多不必要的錯誤。當然，若仍有任何錯漏，必定是我的疏失。另外，復興崗同梯弟兄對我的照顧，蕙心姊姊、爸爸、林美玲、黃錦秀小姐幫我打字的盛情，鏡玲、采屏看稿後提供的修改意見，余老師的細心校閱和整體評估意見，都為這本譯書的完成貢獻了美好的能量。最後，要感謝立緒文化公司促成本書的出版，還有，支持我一路走下來的岑岑。讓我將這本譯書獻給岑岑。

〈英文版序〉

恰似飛鳥盤桓高昇，視野漸開

約翰・弗利曼（John Freeman）

本書的問世非比尋常，耐人尋味。其中諸種緣由，與本書的內容和宗旨有著直接關係，所以，讓我來告訴您本書是如何寫成的。

一九五九年春的某一天，英國國家廣播公司（British Broadcasting Corporation）請我為英國電視台採訪卡爾・古斯塔夫・榮格（Carl Gustav Jung）博士，並要求要有「深度」。當時，我對榮格本人及其著作了解甚淺，便立即前往他蘇黎世附近的美麗湖濱家屋，與他結識。這便是我們友誼的開端。我們的友情帶給我很深的影響，對於榮格，我希望能給他的晚年增添幾分樂趣。電視訪問的內容不在話下，總之是很成功的，本書正是種種因緣巧合和這份成功的最終結晶。

吳夫岡・弗格斯（Wolfgang Foges）是阿爾德斯出版社（Aldus Books）的業務經理，小時候住過維也納，離弗洛依德（Freud）的住處不遠，從小就對現代心理學的發展深感興趣。

弗格斯看著榮格述說自己的生活、著作和觀念，一股遺憾之感油然而生。對熟悉西方文化的讀者來說，弗洛依德作品與思想的大致風貌，早已深入人心，榮格卻仍在大眾出版界的門外徘徊，被視為深奧難懂，不適於大眾閱讀。

事實上，是弗格斯一手創造了《人及其象徵》。他從電視上看出我與榮格有著溫馨的個人情誼，便問我是否願意和他一起勸勸榮格，用淺白的語言寫出他比較重要和根本的觀點，讓非專業的成年讀者能夠讀得明白、讀出趣味。我欣然同意，旋即再赴蘇黎世，決定無論如何要說服榮格，使他體認寫出這樣一部著作的重要價值。榮格在他的花園，聽我幾乎是一口氣勸說了兩個小時，最後，他拒絕了。他回絕得非常婉轉，卻無比堅決；他過去從沒想到要把自己的作品寫成通俗讀物，現在也不敢肯定能否勝任這份工作；橫豎他畢竟是垂垂暮年，倦意甚濃，無心從事自己毫無把握、又須挹注大量時間的事情。

榮格的朋友一定會同意我的說法，榮格是做決定很主動的人。他會不慌不忙，仔細推敲問題的來龍去脈，一旦他給出答案，通常就是定論。我極為失望地回到倫敦，認為榮格的回絕已經讓此事告終。的確，這檔事很可能再也沒有下文了，而我當時也沒能預見到兩個後來居上的因素。

其一是弗格斯的鍥而不捨，他堅持在認輸前必須再跟榮格商量一次。其二是如今回想起來仍教我訝異的一件事。

前面已經說過，電視訪談節目相當成功。榮格收到了各色各樣如雪片般的觀眾來函，其中有許多是一般老百姓，沒受過什麼醫學或心理學訓練，卻被這位偉人謙遜、風趣而威嚴的形象吸引住了。從他對生命和人類性格的看法當中，人們隱約看見了對自己有益的鋒芒。榮格非常高興，不只是因為收到許多來信（他的信件一向多得難以數計），更因為這些信件出自與他素昧平生的人們之手。

正當此時，他做了一個對他來說至關重要的夢（只要你讀了此書，就會明白那有多重要）。**他夢見自己**這回不是坐在書房，跟世界各地經常來訪的名醫和精神醫師談話，而是**站在一個公共場合，向群眾演講。他們聚精會神，聆聽著他的話，而且「對他的話心神領會……」**

一兩個星期之後，弗格斯重提他的要求，希望榮格能接受新構想，不是寫給臨床醫師或哲學家，而是寫一本給普通大眾看的書。榮格答應了，但附帶兩個條件：第一，這樣一本書不該由他獨力完成，而應由他和熟知他方法與教誨的親密追隨者共同合作完成。第二，必須由我負責整合這本書，解決作者與出版商間可能出現的一切問題。

為了讓這篇引言不要顯得謙遜得不合常理，我想立刻表明，我本人對第二個條件感到榮幸——但對此殊榮不無保留。因為，我很快就明白榮格為何選擇了我：他認為我的聰明才智算得上通情達理，但一點都不超俗拔群，同時又對嚴肅的心理學一竅不通，所以，我會是榮格這部著作的「一般讀者」。對所有感興趣的人來說，只要我能理解，他們應該就會懂得，如果連我都莫名其妙，一定就會有人如墜五里霧中，不得其解。如此掐捻出了我的角色份量，不僅未讓我得意忘形，反而教我更審慎以對（審慎到有時我擔心會激怒了幾位作者），每個段落都要寫得直截了當、淺白確切，甚至必要時得重寫。我有信心說，這部書完全是為廣大讀者設想寫成的，它以罕有而令人鼓舞的素樸語言，闡示了許多深密龐雜的主題。

經過多方討論，大家協議以「人及其象徵」為此書的共通主題。榮格親自挑選他的合作人，也是他專業工作上最貼心的知己和朋友，來自蘇黎世的瑪莉—路易絲・弗蘭茲博士（Marie-Louise von Franz）、美國榮格學派中最被寄與厚望的佼佼者，來自舊金山的約瑟夫・韓得生博士（Joseph L. Henderson）、經驗老到的心理分析師，也極得榮格信任的私人秘書和傳記作者，來自蘇黎世的阿妮拉・賈菲女士（Aniela Jaffé）、以及繼榮格之後，蘇黎世榮格學圈中寫作經驗最豐富的作者，尤蘭得・雅柯比博士（Jolande Jacobi）。這四位之所以雀屏中選，一部分是因為她們各自對被指定的題目十分精熟，學養俱佳；一部分是因為榮格對她們完全信任，她們能遵從榮格的指導，團隊無私地一起工作。榮格自己除了負責規劃全書架構，監督並指導他的合作夥伴之外，還負責寫出本書最關鍵的一章〈潛意識探微〉。

榮格在世的最後時光，幾乎完全獻給了這本書。一九六一年六月去世時，他自己負責的部分已全數完成（事實上，他寫成後十天左右，就一病不起），並審閱通過了合作夥伴們的手稿。榮格謝世之後，遵照他生前的指示，弗蘭茲博士扛起了完成此書的重責大任。因此，《人及其象徵》的主題與綱要都是由榮格一點一滴訂定出來的，他所署名的那一章，絕對是他親手以英語寫就的（只有幾處為了使讀者明白易懂而做了些相應的編輯延伸）。其餘的篇章，亦都是在榮格的指導和督導之下，由各個作者寫出。榮格死後，弗蘭茲博士以寬容、體諒和幽默，勉力完成全書的統整編輯，使出版商和我本人對她感佩不已。

榮格思想使現代心理學世界大放異彩，這種功勞遠非諸多徒具因果知識的心理學思想所能比擬。**例如，「外向」**（extravert）**、「內向」**（introvert）**和「原型」**（archetype）**，這些耳熟能詳的用語，都出自榮格學派的概念，它們到處被別人借用，有時是誤用。**但是，**他在心理學認識上最特出的貢獻其實是他的潛意識概念**——它不像弗洛依德的潛意識概念，只是供給被壓抑欲望麇集的容器，它還是一個世界，這個世界跟個體生命中意識自我（ego）所「思想著」的世界同樣的鮮活和真實，同時比意識世界更無限地寬廣和豐饒。潛意識世界的語言和「子民」是象徵符號，並透過夢來達成溝通。

因此，**研究「人及其象徵」，其實就是研究人類與其自身潛意識的關係**。由於榮格認為潛意識是意識的優秀嚮導、朋友與顧問，此書因而在人類及其精神問題的研究領域中處於最直接的關鍵地位。我們主要是透過夢來認識潛意識，並與它溝通（雙向收發），通讀全書（尤其是榮格自己寫的那一章）之後，你會發現個體生命中做夢的重要性被擺在多麼引人注目的位置。

當然，相信許多讀者比我更有資格來理解榮格的著作，如果我想為讀者詮釋榮格的著作，那就是魯莽逞強、越俎代庖了。別忘了，我扮演的角色只是一具「可懂濾網」（intelligibility filter），而絕不是詮釋者。不過，雖然是個門外漢，我還是想冒昧提出兩個我看到的重點，或許對別的非專家會有點幫助。第一是關於夢。**對榮格學派來說，夢不是某種標準化的密碼**，可以用一套象徵意義的詞庫語彙來對應解碼。**夢是個體潛意識的統整、關鍵與親身表達，它和任何其他與個體相關聯的現象同等「真實」**。做夢者的個體潛意識只跟做夢者產生交流，而且，為了達成其目的，它選用對做夢者有意義、而對他人毫無意義的象徵。因而，不論是透過分析家還是做夢者自己，**榮格派心理學家認為夢的詮釋是全然親身與個體的事業**（即使這種事業不僅具實驗性且遙迢漫長），**絕不可能浮光掠影、一揮而就**。

反過來說，潛意識的溝通活動對做夢者之重要無比，自然不在話下，因為潛意識至少是做夢者整個存在的一半，經常會向他提出別處得不到的忠告與指引。因此，當我描寫榮格夢到向眾人演說時，我不是在描述一套巫術，或暗示榮格在搞算命。我是透過簡單的日常經驗來敘述，榮格如何被他自己的潛意識「勸告」：重新考慮一下，他的意識部分所曾做出的一個不恰當判斷。

由此延伸而下，以較完善的榮格學說來看，做夢者的夢事，絕非偶然。相反的，跟潛意識達成溝通，乃是一個完整人類本有的一部分能力，而榮格派學者們「教導」（我想不出更好的詞彙）他們自己變得善於感受夢。因而，當榮格本人面臨是否寫此書的重要決定時，他能夠從意識和潛意識兩方面資取所需，以下定決心。**讀者可以從整本書中看到，夢被視為對做夢者直接、親身而饒富意義的溝通，這種溝通運用了全人類共通的象徵，但卻是全然個體的方式運用它們於各個當下，其詮釋亦只可能完全經由個體的「線索」來達成。**

我要說明的第二點是，本書所有作者——或許所有榮格派學者——在論證方法上的共通特色。那些把自己侷限於生活在意識世界，而拒絕與潛意識交流的人，以意識、形式生活的法則拘束了自己，他們攀附著代數等式準確無誤（但通常沒有意義）的邏輯，從假設前提推論出無可爭議的演繹結論。但依我看來，榮格及其同仁（無論他們是否知道）似乎拋開了這種論證法的限制。並不是他們視邏輯為無物，而是他們總是同時從意識和潛意識兩方面去論辯，他們的辯證法本身就是象徵性的，而且充滿了迂迴。他們對同一個主題的呈現，是透過接壤（避免言語道斷）、重覆和每次稍微更改觀察角度的動態觀點，而非三段論的狹隘聚焦方式，使讀者雖然沒有覺察到有任何單一結論的論證環節出現，卻會突然發現他已不知不覺的擁抱、涵泳了某種格局更開闊的真理。

榮格（以及他同仁們）的論證好比一隻飛鳥，以螺形繞樹展翅，就其主題盤旋而上。最初靠近地面時，只見枝葉混雜交錯，隨著逐漸盤繞高昇，樹的各個側面不斷回歸重現之餘，整體面貌與其周邊環境的關鍵網絡於焉成形。有些讀者可能會發現這種「**螺旋式**」

論證法含糊不清，甚至對某些段落感到迷惑難解，但是，我想這種現象不會持續很久。這正是榮格方法的特色，讀者很快就會發現這種方法教他踏上了一次讓人心悅誠服、引人入勝的旅程。

此書各個章節已各自表述出其意旨，毋需過多的導引。榮格自己寫的那一章，為讀者介紹了潛意識、形構潛意識語言的原型和象徵，以及潛意識藉以溝通的媒介——夢。接下來的一章，韓得生博士闡釋了古代神話、民間傳說和原始儀式中出現的種種原型模式。〈個體化過程〉這一章，弗蘭茲博士描述了個體化過程，個體中的意識和潛意識學著彼此認識、彼此尊重、彼此適應，從某個角度來看，這一章不僅包括了全書的要點，或許更涵括了榮格生命哲學的根本：一旦意識和潛意識學會了和平共存、彼此滋補，亦即（也只有）在個體化過程完成之後，人類才會變得完整、統合、平靜、豐厚與悅樂。賈菲女士跟韓得生博士一樣，致力於證明人類是如何透過意識所熟悉的材料，不斷地復歸於——幾乎可說是耽溺於潛意識的象徵之中。這些象徵，不論是在韓得生博士分析的神話、童話中，還是在賈菲女士揭露的視覺藝術中，都獲得了非凡、深遠、耐人尋味的內在魅力，使我們在對潛意識的恒常探索中得到了滿足與啟迪。

最後，我必須說明一下雅柯比博士寫的那一章，它跟此書其餘部分稍有區隔，事實上，那一章趣味而成功地簡寫了一個心理分析個案的故事。在這樣的一本書裡面安排這樣一章，其價值顯而易見，然而，我仍須提出兩點警告。首先，弗蘭茲博士早已指出，並不存在什麼典型的榮格派心理分析法，也不可能有這種樣板存在，因為，所有的夢都是私密而個體的溝通，也沒有兩個夢會同樣共款地運用潛意識象徵。正因如此，榮格派所進行的分析都是獨一無二的，我們不要誤以為雅柯比博士醫療檔案中選取出來（或任何其他曾經出現）的分析具有「代表」或「典型」的地位。對於亨利個案及他那些顯得有點恐怖的夢，我們只能說，它們構成了榮格派方法具體運用的一個真實案例。其次，即使是一個比較沒那麼複雜的案例史，也需要透過一整本書詳細爬梳其來龍去脈，因此，亨利的分析故事經過壓縮，無可避免會產生瑕疵。譬如，引用易經的部分有點含混不清，並且有斷章取義之嫌，以致產生了一種不自然（我覺得不太令人滿意）的神秘情調。無論如何，我們仍然認為——我相信讀者也會同意，儘管有這兩點殷實的忠告，亨利案例清晰明瞭的分析與其人性觀照，仍使本書生色不少。

文章的初始，我道出了榮格如何寫成《人及其象徵》，文章接近尾聲，我還要提醒讀者，本書的出版是一份多麼千載難逢的特殊因緣。**榮格是一位道貫古今的偉大醫師，也是本世紀的思想巨擘。他的目標始終是為了幫助世間男女認識自己，藉此自我認識和對此認識的深心發用，使他們的生命變得完足、充實而喜悅**。榮格在自己生命的終點上，就比我遇到的任何人都來得自在、充實而悅樂。他決定用他僅存而不曾用過的一分力量，將他的訊息散播給更廣大的群眾。他在同一個月完成了他的使命與生命，這本書就是他留給廣大讀者的遺產。

〈第一章〉

潛意識探微

Approaching the Unconscious

作者：
卡爾・古斯塔夫・榮格(Carl G. Jung)

夢的重要性

人類用口語或文字來表達他想要傳遞的意義，他的語言充滿了象徵，也充斥了一些並不是那麼精確描述的符號或形象，有些只是縮寫或英文字首的組合，例如UN（聯合國）、UNICEF（聯合國兒童基金會）、UNESCO（聯合國教科文組織），其他如人們熟悉的商標、成藥、徽章和勳章的名字等等。雖然它們本身沒有什麼意義，但藉著日常流通和約定俗成，它們獲得了可資識別的意義，這些東西不是象徵，而是符號(sign)，它們只是用來指涉它們所隸屬的對象。

我們所謂的象徵(symbol)，乃是一個名詞、一個名字，甚至是一幅圖畫，它可能為人們日常生活所習見，卻在傳統和表面的意義之外，擁有特殊意涵，蘊涵著某種對我們來說模糊、未知、隱而不顯的東西。譬如，我們都知道，在希臘克里特島的許多紀念碑上都有雙手斧的圖案標誌，可是我們卻不了解其象徵意涵。再舉個例子，一個去英國遊歷的印度人，回家後告訴他的友人，英國人崇拜動物，因為他在不少古老教堂上發現有鷹、獅和牛的圖象。他不知道（許多基督徒也不知道），這些動物是福音傳道者的象徵，源於《聖經》中以西結(Ezekiel)的靈視，而這又與埃及太陽神賀拉斯（Horus）與他的四個兒子的神話形成類比。此外，還有像輪子、十字架等等全世界隨處可見的東西，在某些情況下，它們的確具有象徵意義，只不過，它們究竟象徵什麼，仍待論辯詳考。

因此，當一個字或一個形象所隱含的東西，超過其顯而易見的直接意義時，就具有了象徵性。象徵擁有更廣闊的潛意識層面，未曾被明確定義和充分解釋過，也沒有什麼人能做到這一點。一旦心靈致力於探索象徵，便會發現超過理性範圍的觀念。車輪也許讓我們想到「神聖的」太陽這個概念，但在這個關頭，理性卻必須承認它的無能，人類根本無力去界定「神聖的」存有者。由於我們理智的限度，當我們說某物是「神聖的」，我們充其量只是給了它一個稱號，這樣或許是基於某種信念，卻絕非出自任何確實的明證。

由於有太多事情超越了人類理解範圍，我們便經常用象徵語言來表述我們無法界定或完全理解的概念，這也是為何所有的宗教都使用象徵語言或形象的理由之一，但是，像這樣有意識地運用象徵，只是一項極度重要的心理事實的一面，其實，人類也會以潛意識、自發做夢的形式創造象徵。

要理解這一點並不容易，但如果我們想要對人類心靈的運作有更深入的瞭解，就必須充分掌握這個重點。只要我們稍加反省，就會明白，人類從來不曾充分知覺任何事物，也不曾徹底理解過任何事物。人能看、聽、觸、嚐，但他要看得多遠、聽得多清晰、撫觸得多細密敏銳，端賴他感官的多寡與品質，這些感官條件限制了他對周遭世界的感知。應用科學儀器，可以補足感官方面部分的匱乏，例如，他可以用雙筒望遠鏡擴大他的視野，可以用電子擴大機拓寬他的聽覺音域，但即使是最精密的儀器，也只是把極遠或極小的東西收入可見範圍，使微弱的聲音較為清晰可辨而已，不論人類運用什麼儀器，其確定性總有一個極限，超過了這個邊限，意識的認識就鞭長莫及了。

此外，我們對現實的感知還有許多潛意識的層面。首先是這樣一個事實，即使當我們的感官對現實的現象、景象和聲響有所反應，這些事象仍舊是由現實界域轉化至精神界域而顯現的，它們在精神界域中變成了心靈事件（psychic events），而這些心靈事件的終極性質卻無法為我們所認識（因為心靈無法認識它自己的心靈實體）。因此，任何經驗都包含著無數未知的因素，更不消說，任何具體對象總有某些方面是未知的，因為，我們無法認識物自身的終極性質。

因此，我們肯定對某些存在的事件沒有有意識地注意到，換言之，它們深藏於意識的門檻之下，它們已經發生了，卻被下意識所吸收，而沒有浮現在我們意識的認知當中。只有在直覺的當下和經過一連串苦思冥想後恍悟它們必然發生過，我們才能覺察類似的事件，本來我們雖可能忽視它們對情緒和生命力的重大影響，但這種重大意義卻會在後來從潛意識中湧昇出來，形成後見之明。

比方說，它可能以夢的形式出現。通常的狀況下，任何事件的潛意識層面均可能透過夢向我們展露。在夢中，它的面貌不是理性思維，而是象徵的形象。綜觀歷史的發展，由於有了夢的研究，才使得心理學家首度得以探究意識心理事件的潛意識層面。

潛意識心靈與叢林魂
人類的精神，仍有大片領域籠罩在黑暗之中

也就是運用這樣的明證，心理學家才推論出潛意識心靈的存在。然而，許多科學家和哲學家都否認它的存在，他們很天真地以為，這種心理學推論蘊含了兩個「主體」的存在，或者（以普通的說法來講）有兩個人格同時存在於一個個體之中。不過，此一批評倒也十分正確，上述的推論確實有此涵意。現代人的眾多魔咒之一，便是許多人都因人格分裂而苦惱不已，它根本不是病理症狀，而是我們隨時隨地皆可觀察到的普遍現象。當我們的右手不知道左手在幹什麼的時候，絕不只是精神官能症（nurosis），我們面臨的困局是遍存的潛意識症候，而這個潛意識是全人類無法否認的共同傳承。

人類從遠古到文明狀態（發明文字時的西元前四〇〇〇年左右）的過程中，意識的發展不僅緩慢，而且費盡心血，然而這方面的演進卻距離完善之境非常遙遠，**人類的精神仍有大片大片領域籠罩在黑暗之中**。而我們所稱的「心靈」（psyche），跟我們的意識及其內容根本還是兩碼子事。

事實上，誰要是否認潛意識的存在，就等於肯定了我們目前對心靈的認識已臻完備，這種想法的明顯謬誤，跟假定我們已知道自然宇宙所有該知道的事情一般無稽。**我們的心靈是自然的一部分，其奧秘也跟自然一樣，無止無盡**。我們不可能為心靈或自然設限，而只能盡我們所能，去陳述我們眼中它們的本來面目，去描述它們的運作情形。因此，撇開醫學研究累積的證據不談，我們的確有許多強有力的邏輯根據，可以駁斥「沒有潛意識存在」這類論點。提出這類論點的人，不過是表現了一種世代相傳的「厭新」習氣——懼怕新穎未知的事物。

不願承認人類心靈尚有未知的部分，實有其歷史緣由。**意識是自然界晚近才發展習成的事物，它仍處於「實驗」狀態，不僅脆弱、易受傷害，還不斷遭受某些特定的危險威脅**。正如人類學家指出，原始初民之間最普遍的精神錯亂狀態之一，他們稱之為「失魂」——正如名相之所示，它意謂嚴重的意識崩潰，（更專技地說）即意識分裂。

原始初民的意識跟我們的意識發展處於不同水平，對他們而言，「靈魂」（或心靈）不是個統一體。**許多原始初民認為一個人有一個「叢林魂」**（bush soul）**和一個屬於自己的靈魂，叢林魂會附身在一隻野獸或一棵樹上，藉著附身於這隻野獸或這棵樹，個人便有了心靈的認同**。聲譽卓著的法國民族學者呂西安・列維—布魯爾（Lucien Lévy-Brühl）稱之為「神秘參與」（mystical participation）。後來，他在眾多非難的壓力下，撤消了上述說法，但我相信他的批評者錯了，大家都知道一個心理事實，個體本來就可能對他人或物件與起潛意識的認同。

這種認同在原始初民間有許多變化的型態。如果叢林魂附身於一隻動物，這隻動物就會被視為這個人的盟友、守護神，譬如，一個人的盟友是隻鱷魚，那麼人家會認為他游過一條鱷魚橫行的河流時，必定安全無虞。如果叢林魂是一棵樹，這棵樹就會被認為對當事人具有父親般的權威。在上述兩種情況下，只要傷害了叢林魂，就會被詮釋為傷了那個人。

某些部族認為一個人有多個靈魂，這種信仰表達出某些原始初民的感受——他們全都由許多相互牽連但各有千秋的心靈單元組成。這意味著個體心靈非但沒有得到穩妥的整合，反倒在情緒大起大落的衝擊中，時時受到心靈分裂的威脅。

人類學家的研究漸漸讓我們明瞭了上述情形，也讓我們知道，今日文明的處境並非表面上看起來那樣超然。我們也可能變得分裂，喪失我們的人格認同，我們也可能耽溺於情緒中，被情緒帶著走，變得蠻不講理，不再顧念某些關於我們自己或他人的重要事實，惹得別人問你：「你是什麼鬼迷心竅啦？」我們經常把好好「控制自己」掛在嘴上，其實自我控制是非常難能可貴的品德，或許我們會以為我們已控制了自己，然而，一個朋友可以輕易地告訴我們一些關於我們自己，但我們自己從未覺察的事情。

無疑的，即使在我們所以為的高度文明中，人類意識仍未達於合理程度的圓融，而易受侵害、易於分裂。其實，有能力將自我心靈的一部分區隔獨立出來，也算是一種非凡的特質，它讓我們能在一個時段中，排開所有可能吸引我們注意的事物，集中精神在一件事情上頭。但是，這之間有一項很大的差別：即有意識地決定暫時將心靈分裂開，將一部分心靈壓抑下來；或者讓這種狀態在不自知、不承認、甚至不願意的狀況下自動發生。前者是文明的成就，而後者不僅是原始的「失魂」，也成為精神官能症的病因。

因此，即使到了今天，意識的統整仍然令人懷疑。畢竟，意識太容易陷入錯亂了。從某種觀點來說，有能力控制自己的情緒，或許是不錯的解決之道，但從另一種觀點來看，卻是很有問題的做法，因為這樣做會喪失了社會互動時的多樣變化與溫情。

面對這樣的背景，我們必須回頭檢視夢的重要性——儘管它們是那麼脆弱不堪、捉摸不定、模稜兩可、瞬時幻滅的狂想。為了解釋我的觀點，我想描述一下此一觀點經年累月的發展歷程，以及我如何獲得下面的結論：**夢是研究人類象徵機能最豐富而普遍的活水源頭**。

弗洛依德（Sigmund Freud）是這方面的開路先鋒，他首度嘗試以實證經驗來探索意識的潛意識背景。他致力驗證這樣的通則：**夢並非偶發現象，而是與意識的思維和問題相關聯的**。這條通則一點都不武斷，而是依據許多著名的神經精神醫師（如皮耶•賈內Pierre Janet）所提出的結論：神經方面的症候的確與某些意識經驗有關，這些症候甚至會從意識心智中分裂跳離出來，然而，只要時空條件一變，它們就可能被意識得到。

弗洛依德釋夢方法及其問題

本世紀開始之前，弗洛依德和約瑟夫・布洛爾（Joseph Breuer）已經認識到，許多神經精神方面的症候其實具有象徵的意義——如歇斯底里、某些型態的疼痛與變態行為，它們是意識心智表現自身的一種方式，夢也是一種方式，它們都具有象徵性。例如，有個案主，每當面對難以忍受的處境時，他就會出現一種症狀，一吞嚥東西就痙攣不止：他「嚥不下去」。另一個案主在面臨類似的心理壓力時，就會氣喘：他「呼吸窘迫」。第三個人在同樣狀況中腿部就會出現怪異的痲痺現象：他沒辦法走路，「走不下去了」。第四個病人一吃就吐，他「消化不了」某些令人不快的事實。我可以舉出成千上百的類似案例，這些身體上的反應，只是潛意識地表達困擾我們的問題的一種方式，而這類問題更常在我們的夢中尋求表現。

所有傾聽過許多人描述其夢境的心理學者都知道，**夢的象徵的變化幅度之大，遠非精神官能症的身體症候所能比擬**。這些夢裡通常充滿了精細巧妙、栩栩如生的幻想。但是，在面對這些夢的素材時，如果分析者運用弗洛依德所開創的「自由聯想」技巧，他就會發現，夢可以歸納為某些基本模式。精神分析學的發展過程中，自由聯想技巧扮演著關鍵角色，使得弗洛依德能夠以夢為出發點，為案主的潛意識問題找到探索的起點。

弗洛依德的觀察雖然簡單，卻一針見血。如果我們鼓勵做夢者盡情談論他的夢中形象，及這些形象在他心中引發的想法，在他所說與所欲巧辭掩飾的過程中，便自然會透露出引生苦惱的潛意識背景。儘管他的想法聽起來可能風馬牛不相及，也不盡合理，但經過一段時間，我們就會比較容易瞭解他企圖閃躲什麼東西、壓抑哪些不愉快的想法和經驗。不管他怎麼樣瞞天過海，他所說的每件事都指向其困境的核心。醫師既然看到了那麼多從案主生命陰暗面翻湧而出的事象，當他將它們詮釋為案主因良心不安而產生的徵兆時，他就離真象不遠了，很不幸，到最後他的發現果然印證了他的臆測。迄今為止，沒有人能夠駁倒弗洛依德的學說：潛抑(repression)與願望滿足(wish fulfillment)顯然是做夢象徵的原因。

弗洛依德特別強調夢的重要，視之為「自由聯想」(free association)過程的起始點，但過了段時日，我開始感到這種做法不大對勁，它誤用了睡夢時潛意識產生的豐富幻想。實際上，我的懷疑始於一位同事在俄國坐長途火車旅行時的一段經歷，他告訴我，雖然他當時語言不通，也完全猜不透那些古斯拉夫文字在寫些什麼，他卻發現自己正在冥思那些出現在鐵路佈告中的眾多古怪字母，而且陷入了一連串聯想，想像著這些字母的種種意義。

念頭一個接著一個，在閒適的心情中，他發現這「自由聯想」引發了許多陳年回憶，這些回憶開始困擾他，因為他在中間憶起了一些埋藏久遠的難堪事，這些事情他早就希望忘掉，而且早已有意識地忘得一乾二淨了。事實上，他已經觸及了心理學家所謂的「情結」（complexes），也就是一些被潛抑的情感糾結，它們會引發經常的心理障礙，進而引發經常性的精神官能症狀。

這段插曲讓我開了眼界，注意到一個事實，如果我們想要發現一位案主的情結所在，不一定要以夢為出發點來進行「自由聯想」，我們直接從相關範圍內的任何一點出發，都可能抵達根本關鍵。我們可以從古斯拉夫字母為起點，以觀想水晶球、祈禱輪或一幅現代畫為起點，也可以針對某件不起眼的芝蔴小事，以其因果格局做為出發點。在這個出發點上，運用夢和其他可能的媒介，雖沒有任何差別，但夢卻具有特別的意義。雖然夢經常源自情緒上的困擾，但這些困擾中恰恰摻雜了習染的情結。（這些習染的情結是心靈中一觸即痛的傷口，它們對外來的刺激和困擾反應最快。）這也就是為何自由聯想能讓一個人從任何一個夢導出他最精微隱密的念頭。

然而，就在這一點上，我突然想通了（如果到目前為止我沒有錯的話），我們可以很合理地推斷，夢具有某些獨一無二、意義深遠的功能。通常夢會擁有確切而意有所指的構造，指向某個潛藏的念頭或意圖，當然，這些念頭與意圖總是難以一目了然。因此，我開始認真思考：我們究竟是應該多注意一下夢的實際形式和內容，還是如同其他路徑一樣輕鬆，寧可隨著「自由」聯想的引導游走，從一連串的念頭串接中接觸到我們的情結？

在我的心理學發展中，這種新想法是個轉捩點。換句話說，**我漸漸不再尋求與夢不相干的聯想脈絡，而決定全心集中於夢本身的聯想，我相信，夢本身表達了特別是潛意識想說的東西**。

以夢為重心的方法變革

我對於夢的態度改變，涉及了**方法上的變革**，而更新後的技巧，可以涵括與夢相關的全方位角度。意識心智敘說的故事，會有起承轉合，但夢的敘說方式並非如此。夢的時空次元特異十足，要了解夢，你必須對它做全方位的檢討，就像你拿著一個自己全然陌生不解的東西，你將它放在手上，再三把玩、詳細審視，直到你對它的形體細部摸得熟透、了然於心為止。

現在，我大概交待了我為何漸漸轉變為反對弗洛依德當初所做的「自由」聯想：我希望儘可能與夢本身保持密切的接觸，而排除夢可能引發的不相干念頭和聯想。沒錯，這些不相干的念頭和聯想，可以讓我們引導出一個案主的種種情結，但我心裡有一個比發掘精神官能障礙情結更遠大的目的。要釐清這些觀念和聯想的根源，可以透過許多其他的方法：例如，利用字詞聯想測驗（給案主一組字詞，問他聯想到什麼，並探究他的種種反應），心理學家便可以獲得所有的暗示線索，但是，要認識和理解一個個體整體人格的心靈生命歷程，去了解他的夢是很重要的，而他夢中的象徵形象所扮演的角色更是具有關鍵性。

譬如，幾乎每個人都知道，有成千上萬的不同形象可以象徵（或者有人會說，以暗喻法代表）性行為。經過聯想的過程，這些形象中的任何一個都能導引出性交的念頭，或導出個體對他自己的性態度所可能擁有的特定情結。但同樣的，一個人也可以透過一組莫名其妙的俄文字母所引發的白日夢，挖掘出這類深藏的情結，據此，我推斷：夢可以包含某些不同於性暗喻的訊息。有一些明確的理由可以證明我的論點。

讓我例釋如下：

一個男人可能夢到把鑰匙插入一道鎖中，揮舞一根粗重的棒子，或者拿著一把撞牆鎚破門而入，儘管這些夢之中的任何一個都可以視為是性的暗喻，但另一項事實也具不可忽視的涵意：他的潛意識自動自發選擇了這些特定的形象——不論是鑰匙、棒子、還是撞牆鎚。真正的工作重點在於，要瞭解為何選了鑰匙而非棒子，或選了棒子而非大鎚子。有時這樣的探索可能會引導我們發現，它根本不是象徵性行為，而是某種非常殊異的心理特徵。

經過上述的系列推論，我的結論是：一個夢中只有明晰可見的那一部分材料才能用於夢的詮釋。夢有它自己的限度，它本身的特定形式告訴我們它的源頭以及它可以導出什麼。「自由」聯想的做法是以迂迴曲折的方式，勾引我們離開夢的素材，而我所延用的方法比較像是在環繞巡行，它的中心就是夢的景象，我的工作緊緊環繞著夢的景象不放，對做夢者想要從夢象逃開的任何企圖都置之不理。在我的專業工作中，我必須一次又一次地重覆這句話：「讓我們回到你的夢，看看夢說了什麼。」

例如，我的一位案主夢到了一個酒醉醺醺、披頭散髮、粗俗不堪的女人，在夢裡，這個女人似乎是他太太，但實際上他太太完全不是那副樣子。因此，表面上這個夢完全不符真象，而案主也立刻認為這個夢毫無意義，不知所云。做為他的醫生，如果我當時讓他開始進行聯想，他必定會想要儘可能迴避掉夢中所出現的令人討厭的暗示，進而以他最主要的情結之一做為終結——這個情結大概跟他太太毫無瓜葛，這樣一來，我們大概就無法從這個獨特的夢中發現什麼特殊的意涵了。

那麼，他的潛意識運用如此明顯不符真相的敘說，究竟想要傳達什麼訊息？它顯然表現出一個墮落的女性，此女與做夢者的生活密切相關，但既然這個投射為他太太的形象完全不符實情，在我發現這個令人不快的形象代表什麼之前，我只得由別的角度去挖掘它。

早在生理學家透過理性證明人類的腺體結構有雌雄兩種要素之前，中世紀就有一種說法：「**每個男人體內都有一個女人。**」我把每位男性身上的這種女性要素稱為「**安尼瑪**」(anima)，基本上，這種男性生命中的「陰性」(feminine)向度在與環境、特別是與女人交往時，居於次等地位，它被小心翼翼地在別人面前隱藏起來，甚至連在自己面前都深藏不露，這就是**「內在的女人」**（the woman within）的悲哀處境。

這也是上述那位案主的狀況：他的女性面不太妙，他的夢其實是在跟他講：「你在某些方面像個墮落的女性」，藉此給他一個適切的震撼。（當然，這樣的例子並不能證明潛意識關切「道德的」勸誡，這個夢並不是要告訴案主「要規矩點」，而只是想要平衡一下他意識心智不太平衡的那一面罷了，因為他的意識心智企圖維持他完美紳士的虛構面貌。）

做夢者為何總是忽視，甚而否認他們的夢的訊息？要理解這一點並不難，意識在本性上就會抗拒所有潛意識與未知的事情，我在前面已經指出，在原始初民之間存在著人類學者所謂的「厭新」現象，對新奇事物的深度恐懼與忌諱。原始初民竭盡所能地防備與排斥野生動物，以免發生不測，而「文明」人用幾近相同的方式排斥新觀念，他們構築各種心理防線，以防發生面對新事物時的震撼。任何厭斥自己的夢的個體，在不得不承認夢裡帶有令他驚訝的想法時，我們就很容易觀察到這種現象。許多哲學、科學甚至是文學上的開創者，都犧牲在他們同代人天生的保守主義之下，心理學也屬於這些最年輕的科學之列，由於它試圖釐清潛意識的運作，因而勢必躲不過極端的厭新主義（misoneism）。

潛意識中的過去與未來

目前為止，我已提綱契領地說明了我研究夢的提問路數，當我們想要探究人類創造象徵的機能時，夢已被證明是針對這個目的最根本、最易取得的材料。處理夢的時候，有兩個基本的要點：第一、應該正視夢為一項事實，同時拋開所有預設，追尋它可能的意涵；第二、夢是潛意識的特定表達。

立定上述原則時，我們已盡可能審慎地斟酌過了。任何人不論多麼低估潛意識，都必需承認潛意識確有探究的必要，至少，潛意識的價值不輸給寄生蟲，而即使是寄生蟲，也能讓不帶偏見的昆蟲學家研究得津津有味。如果有人因為對夢所知甚少、缺乏經驗，便率爾認為夢只是毫無義意的渾沌事象，這是他的自由。但是，如果我們肯定夢是正常事象（事實上，它們本來就是），我們就一定得好好考慮一下，要不然夢有它的前因後果——亦即它們的存在有合理的原因，要不然就是夢有特定目的，或兩者皆是。

現在，讓我們再貼進一點，看看心靈的意識內容與潛意識內容是以什麼方式聯結在一起的。舉個眾所周知的例子，你突然發現你想不起來自己接下來要說些什麼，然而那個想法前一刻還清清楚楚；或者你可能正要介紹一位朋友，當你要說出他的名字時，他的名字卻從口邊溜了。你會說你記不得了，然而事實上，那個念頭已經變成了潛意識，或至少暫時跟意識分隔開了。同樣的現象也發生在我們的感官層面。如果我們聆聽一個幾乎就要聽不見的持續音，這個音聽起來會像是有規則地休止，又規則地發生，這種音響震幅現象，並不是因為那個音有任何改變，而是源於我們注意力周期性的增強與減弱。

但是，**當某些事情溜出了我們的意識，並不代表它不再存在，就像一輛車子在街角消失，並不代表它變成一縷輕煙**，消失在空氣中。差只差在我們看不見它罷了。就像我們可能過一會兒便再度看到那輛車，我們同樣可能不久便在無意間碰上我們一度忘掉的念頭。

因此，潛意識有一部份充滿了許多轉瞬即逝、模稜兩可的想法、印象與形象，它們雖然被遺忘掉，卻仍繼續影響著我們意識的心智。一個分了神或「心不在焉」的人，本想走到房間的另一頭去拿樣東西，他停下來似乎有點迷惑，他已經忘了他要拿什麼東西，然而他的雙手摸索著桌上的東西，就好像夢遊一般，他忘了自己原本的目的，卻仍然潛意識地被它指引，最後，他恍悟出自己所想要拿的東西。他的潛意識暗中指點著他。

如果你觀察精神官能症患者的行為，你看著他做很多事情，而且他看起來很有意識、很有目標的做著各種事情。然而，如果你向他詢問這些事情，你卻會發現，他要不然根本沒意識到這些事，或者心裡想的完全是另一檔事兒。他視而不見，聽而不聞，知而不覺。這樣的例子比比皆是，這方面的專科醫師很快便明白，心靈的潛意識內容是以意識的面貌發用出來的，在這種狀況下，你根本無從確定當下的想法、談話和行動是否是有意識的。

也就是這類行為，使得許多醫師對歇斯底里症患者說的話嗤之以鼻，認為他們在說謊。跟我們大部分人比起來，這些患者撒的謊當然要多得多，但「謊話」這個字卻難以真正適用在他們身上。事實上，他們的心靈狀態會引起行為的不穩定，因為他們的意識容易受到潛意識的干擾，突如其來地黯然無光，陷入絕境，甚至他們的皮膚感覺也會出現類似的起伏震盪。歇斯底里症患者在前一刻可能感覺針刺在臂，下一刻又忽然對此劇痛渾然不覺。如果他的注意力能集中在某個焦點上，他的整個身體就能保持麻痺，直到引起感官暫時麻痺的張力放鬆為止，之後，感官知覺便立刻恢復過來。然而，他卻從頭至尾潛意識地覺察到所有發生的事。

如果醫師將這樣的患者催眠，就可以把這個過程看得一清二楚。要證明患者覺察到事態的所有細節並不難，不論是臂上的刺痛，還是意識喪失時所注意到的事，他都能在事後精確地回憶起來，就好像感官麻痺或「忘我恍惚」不曾發生過。我記得有一次，有個女人在完全茫然恍惚的狀態下被收容到診所，第二天她的意識復原過來時，她知道自己是誰，卻不知道她身在何處，不知道日月年份，也不知道她怎麼到診所，又為何到診所來的。然而，後來經過我催眠，她告訴我她為什麼生病，她怎麼到診所來的，又是誰收容她進來的。這些細節全都可以證實。她甚至能夠說出她被收容的時間，因為，她曾經看見玄關大廳裡的一個時鐘。在催眠狀態中，她的記憶之清晰，就像她的意識從未喪失過一般。

我們討論這類事情時，通常必須引用臨床觀察所提供的證據，許多批評者據此推論，潛意識及其種種微妙的表徵，純屬心理病理學(psychopathology)範圍之事。他們認為，潛意識的任何表現，只屬於精神官能症或精神病之類的東西，而跟正常的心靈狀態毫無關聯。但是，精神官能症現象絕不僅僅在生病時才會發生，事實上，它們只是被病理學誇大渲染了的正常事象，也因為它們經過了誇大渲染，才顯得比一般正常狀況突出。其實，歇斯底里的症候可以在任何正常人的生活中觀察到，只不過這些症候發生得非常輕微，所以經常被視而不見罷了。

例如，「遺忘」本來就是正常現象。由於我們的注意力轉移至別處，某些意識觀念因而失去了它們特有的能量，當我們關心的焦點轉向他方，先前所關注的事情就被留給了暗影，就像探照燈照亮了新範圍，必然要讓別的範圍陷入黑暗。這是無可避免的事，因為意識在一般時間內只能讓某些形象保持全然清明，而即便是這種清明狀態也會起伏不定。

然而，被忘掉的想法並未就此消失，雖然它們無法隨意浮現，但卻會在潛意識狀態中——亦即在記憶的門檻之外——浮現出來，在這樣的狀態中，那些被忘掉的念頭能夠在任何時間再度自動出現，而且經常是經過多年表面上的遺忘。

潛意識中的記憶

我現在討論的是我們有意識地看到或聽到的，後來又忘掉的事情。但我們每個人都常常不經意地視、聽、聞、嚐，有時是因為注意力不太集中，有時是給我們感官的刺激太輕微了，沒有留下有意識的印象。然而，潛意識卻注意到了，這類意識範圍外的感官知覺，在我們的日常生活中扮演著很重要的角色。我們雖然習而不察，它們卻影響著我們如何對待事件和他人。

有一位教授在這方面為我們提供了一個特別發人省思的例子。他跟他的一個學生，有一次在鄉間漫步，沉浸在嚴肅的對話中，突然，他發現他的思考被一段意外浮現的童年回憶之流打斷，但他無法解釋為何分了心，剛才說的話明明跟這些回憶沒什麼牽連。他回頭察看，看見剛剛經過的一座農場，他的童年回憶就是走過這座農場時在他心中洶湧起來的。他向他的學生提議往回走，回到這些狂想出現的地點去。一走到那兒，他注意到鵝的味道，於是他立刻明白，是這股味道觸發了他的回憶。

他小時候曾經住過一個養了鵝的農場，因此，特屬於鵝的味道留下了很深很深、卻被遺忘的印象。當他散步經過農場時，他已經下意識地注意到了那股味道，而這種潛意識的知覺喚回了他遺忘經年的童年回憶。這種知覺是下意識的(subconscious)，因為注意力集中在別的地方，而刺激也沒有強烈到足以移轉注意力，直接通向意識，然而，它卻勾引出「已忘掉的」記憶。

這樣一種「暗示」或「觸媒」效果，可以解釋精神官能症的引爆狀況，也可以解釋我們為什麼會因為看、聞或聽，而較溫和地憶起過去的氛圍。譬如，女孩在她的辦公室忙，表面上很健康、有精神，不一會兒，她卻頭痛得天旋地轉，同時出現其他極度疲勞的症候，原來她聽到了一艘船遠遠的霧笛，卻沒有在意識上注意到它，然而，這霧笛已經潛意識地提醒她回想到一次痛苦的分離，而那次與情人分手，是她一直要努力忘懷的。

除了正常的遺忘之外，弗洛依德也描述了很多「忘掉」不愉快回憶的案例，這些回憶是我們特別想忘之而後快的。誠如尼采(Nietzsche)觀察到的，自傲越想加倍炫耀，記憶就越想讓步。因此，在許多消失的記憶中，我們會碰到不少是由於這些回憶並不光采或充滿矛盾，才變成潛意識狀態（而且這些回憶也無法任意複製）。心理學家稱之為**潛抑的內容**(repressed)。

有一個例子是這樣的，一位秘書嫉妒她老闆的一位同事，雖然這個人的名字會很清楚的列在她運用的名單上，她還是經常忘記邀請這個人出席會議。但如果跟她挑明了這一點來講，她只是說她「忘了」，或者「一不小心分了神」。她從來不承認——即使是對自己也不承認她遺漏掉那個名字的真正理由。

很多人都錯誤地高估了意志力的能耐，認為只要他們未曾決定或有所企圖，他們的心靈就能一片虛靜無事。其實，我們必須學會小心區辨心靈的有意與無心的內容。有意者源自自我(ego)的人格，而無心者卻起於不同於自我的源頭，這個源頭是自我的「另一面」，也就是自我的這個「另一面」使得那位秘書忘掉了應有的邀約。

有很多理由可以解釋，我們為什麼會忘掉我們曾經記掛或經歷過的事，同時也有許多方法可以讓我們重新記起它們。**潛抑記憶**（cryptomnesia）或「**隱藏的回憶**」(concealed recollection）是一個有趣的例子。一位作者可能一步一步按著先前擬好的計劃寫作，完成其論證或開展其故事線索，然而，他卻突如其來的變了卦，突然想到一個不同的形象，或整個章節的改寫。你如果問他怎麼會改弦更張，他也說不上來，他甚至還沒注意到這項改變，然而他卻已經創作了煥然全新，連他自己也未能預知的作品。有時候，我們看了會覺得他所寫的東西和另一位的作者的作品有驚人的類似之處，不過他會認為他從未看過那樣的作品。

尼采的潛抑記憶

我自己發現了一則很迷人的例證，尼采的作品《查拉圖斯特拉如是說》（*Thus Spoke*

Zarathustra）中，有一段幾乎是逐字逐句地複製了一六八六年一艘船的航海日誌的附帶報告。我曾在一本一八三五年（約在尼采寫作的半個世紀前）出版的書中讀到這則水手冒險故事，純粹是機緣巧合，而當我在《查拉圖斯特拉如是說》一書中讀到相似的段落時，即被它的特定風格所震驚，因為它的風格與尼采通常的語言相去甚遠。雖然尼采沒有提到，我卻深信他必定也讀過那本老書，我寫信給他妹妹，她仍然在世，也證實她和哥哥在他十一歲的時候一起讀過這本書，從原書的脈絡來看，我覺得尼采不可能明明知道那段故事而加以剽竊，我相信，那個故事是在五十年後意外地溜進尼采意識心智的焦點當中(註1)。

這類案例中，儘管當事人不明瞭其中奧妙，卻呈現了記憶的真實面。許多類似的狀況也會發生在音樂家身上，他小時候聽過的農村小調或流行歌曲，在他長大成人後，突然出現他編寫的一闋交響樂章中成為主題。一種想法或一個形象從潛意識遷移到意識心智中。

目前為止，我對潛意識的討論，只粗略描繪了人類心靈錯綜複雜的潛意識部分的特質與運作，經過上述討論，應該已經指出潛意識的材料品類，從這些材料中，我們的夢的象徵才能自發產生。這種潛意識材料可能包含各色各樣的驅力、衝動與意圖：即各色各樣的感知與直觀；各種理性與非理性的思想、結論、歸納、演繹和前提；以及各種情感向度。這些驅力、衝動與意圖都可能以局部、暫時或瞬間潛意識的型態出現。

這類材料大多變成了潛意識，因為，以比較口語的方式來說，意識心智中已沒有空間容納它。我們的思維中有一部分失去了它們的情感能量，變成潛意識狀態（也就是說，它們不再接收那麼多意識方面的注意力），因它們變得好像不再那麼有趣或緊要，或者有某些理由使我們不願再見到它們。

事實上，對我們來說以這種方式來「遺忘」，不僅正常與必要，而且方便我們的意識心智為新印象和觀念騰出空間。如果這種遺忘不發生作用，我們所有經歷過的事情都會停留在意識的門檻之上，而我們的心靈會變得無止境地喋喋不休。這個現象今天已廣為各方所承認，大部分對心理學稍有涉獵的人，都會認為此乃理所當然。

不過，就像意識內容會消失轉化為潛意識，而從來不曾被意識到的新內容，也可以由潛意識中發生。例如，我們可能微微感覺到某些東西正在轉化為意識的關鍵點上——渺茫間有物生、無事間起疑情。由於發現到**潛意識不只是過去心靈經驗的貯藏所，也充滿了未來心靈處境與念頭的胚芽**，使我一步一步開展出我自己的心理學路數。很多論爭都環繞著這個爭議點而出現。然而，這是一個事實，除了長時距的過去意識記憶外，耳目一新的思維和創造性觀念也可以自潛意識中自動現身，而這些思維和觀念從未被意識到。它們像蓮花一般，由心靈的黑暗深淵中昇起，形成了潛意識心靈最核心的部分。

我們可以在日常生活中發現，許多兩難的困境，有時候會用最令人意外的新做法來解決。許多藝術家、哲學家，甚至科學家都靠靈感來觸發某些最上乘的構想，而靈感就是從潛意識中突然躍昇出來的。一般人所說的，天才的正字標記之一，便是有能力調整出容易感通這些材料的心緒狀態，同時將之有效轉譯為哲學、文學、音樂或科學上的發現。

我們可以在科學本身的歷史中發現這項事實的明證。例如，法國數學家彭加列（Poincaré）和德國化學家柯古列（Kekulé）都曾經承認，他們很重要的一些科學發現，都靠著潛意識福至心靈的圖象「天啟」。法國哲學家笛卡兒（Descartes）也有所謂的「神秘」經驗，一個類似的瞬間啟示，他在閃電中瞥見了「所有科學的秩序」。英國作家羅柏・路易斯・史帝文生（Robert Louis Stevenson）多年尋覓著一個量身訂做的故事以說明他「對人的雙重存在的強烈感受」，然後，《化身博士》（*Dr. Fekyll and Mr. Hyde*）的情節突然呈現在他的夢中。（註2）

接下來，我會更仔細描述這類材料如何從潛意識中浮現出來，同時檢視它的表現形式。此刻，我只想要指出，在我們處理夢的象徵時，人類心靈創造這類新材料的能力具有格外重要的意義，因為，我在我的專業工作中一再發現，夢境所包含的形象和想法，絕非單單以記憶就能做出周延的解釋，它們表達了未曾到達意識門檻的新想法。

夢的功能

我已經深入討論了做夢生活之根源的某些細節，因為，夢是溫床，大部分的象徵都從這裡生長出來。不幸的是，夢很難理解。我已在上文中指出，夢跟意識心智所說的故事迥然不同，日常生活中，我們斟酌著我們想說的話，選擇最適切的方式說出來，並試圖讓我們的發言前後邏輯相貫。例如，一個受過教育的人會盡量避免使用混淆不堪的隱喻，以免讓人覺得他的論點含混不清。然而，夢的構造並非如此。各種形象相互矛盾，荒謬雜沓湧入夢中，正常的時間感喪失了，最普遍的事物可能變成令人恐懼或迷人無比。

我們可能會覺得奇怪，潛意識心靈安排其材料的方式，跟我們清醒生活安排想法的章法大大不同，而且，清醒生活中的心靈秩序似乎比較有明確模式可循。然而，任何人如果稍微留心地回憶一個夢，就會覺察到這項對比，事實上，這也是為何一般人會發覺理解夢如此困難的主要理由之一。以正常清醒的經驗來看，夢的確毫無意義，因此一般人要不然視夢為無物，要不然就承認它們讓人無所適從。

如果我們能夠先了解一個事實，或許就不難理解上述狀況。我們清醒生活時有條不紊的觀念思考，並不像我們所以為的那麼明確無礙，相反的，我們越仔細檢查這些觀念，它們的意義（和對我們所具有的情緒意義）就變得越模糊不清。這是因為，我們所聽聞經歷的所有事物都可能變成潛抑狀態，換句話說，它們會變成潛意識。即使我們留存在意識心智中，可以隨意複現的東西，也會染上潛意識的基調，就在我們每次喚起對某個觀念的記憶時，這個觀念就會被這個潛意識基調熏染一遍。事實上，雖然我們並未有意識地覺察到此一潛意識基調的存在，亦未覺察其打破或混淆傳統意義的方式，但只要我們心靈有所感應，我們的意識印象即會快速地僭取潛意識提供的基調。

當然，這種心靈基調人人不同，我們依據個別心靈的脈絡，接收所有抽象或普遍的理念，我們也因而依個別手法來理解或運用這些理念。進行會談時，我一旦運用像「國家」、「金錢」、「健康」或「社會」這些詞彙，我假定我的聆聽者對這些事情的理解跟我理解大致相同。重點在於「大致」這個形容詞，即使是大家的文化背景差不多，每個人對個別的詞彙都會有些微的理解差距。這種差距之所以會產生，是因為普遍的理念被接收到個體的脈絡中，因此在理解和應用上便會有個別微差。當人們的社會、政治、宗教或心理經驗相去甚遠，上述的意義差距自然也就拉到最大。

只要概念跟用字相符，通常感受不到這種意義微差，同時它也不會發生實際作用。但是，當我們須要確切的定義或慎密的解釋時，卻會驟然發現令人吃驚的意義變體，不僅對相同詞彙的純知性理解有差異，對此詞彙的情感基調和運用情境更是大相逕庭。通常，這些意義差距均未跨過意識的門檻，它們也因此從未被領悟。

我們可能會忽略掉這些差距變異，認為它們是意義殘餘或過剩所產生的微差，跟日常生活沒有太大的關聯。但它們的存在事實卻向我們顯示，即便是再貼近具體事實的意識內容，都因為不確定而環繞著一團曖昧不明的陰影。即使是最小心定義過的哲學或數學概念，而且我們都確定，除了我們對它所做的界定外別無歧義，這些概念仍舊多多少少比我們所假定的意義多了一點什麼。它是心靈事件，本身有一部分無法被認識到。你用來計數的數字，本身總會帶有一些額外的意義，比你所以為的要多出一點，同時數學也是神話要素（畢達哥拉斯學派甚至認為數字有神性），不過，當你將數字用於實際的計算時，你當然不會覺察到這一點。

簡單的說，意識心智中的每個概念都有它自己的心靈聯想。雖然這些聯想會有不同的強度（根據這個概念與吾人整體人格的相對重要性，或根據與我們潛意識聯結的其他想法和情結），但它們卻能改變該概念的「正常」屬性，甚至這個概念漂流在意識層底下的時候，它也會大大的改頭換面。

在日常生活中，每件發生在我們身上的事物所具有的潛意識向度，似乎並未佔有太重的份量。但在進行夢的分析時，心理學者處理的是潛意識的表現，這些潛意識向度就非常要緊了，因為它們是意識思維難以捉摸的根柢。這就是為什麼日常生活中平淡無奇的事物或觀念，到了夢中卻可以具有神通廣大的心靈意義，儘管我們只是夢到一間房上了鎖或誤了點的火車，卻可以讓我們在醒來之後困擾半天。

夢的隱喻表達

夢所創造的形象，比它們在醒覺狀態中的概念和經驗要鮮活生動多了。其中的理由之一是，在夢中，這類概念能夠表現出它們的潛意識意義，在意識思維中，我們會限制自己在理性陳述的範圍之內，這些陳述並不那麼精采有趣，因為我們已剝奪了它們大半的心靈聯繫。

我回想起一個我自己的夢，難以詮釋。在夢裡，有個男人想跑到我背後，跳上我的背，我對此人一無所知，但我發覺他無意中剽竊了我曾經提出過的一個論點，並且將我原有的意義扭曲，變成一個突梯可笑的反諷。但我卻看不出來這件事和他在夢中企圖跳上我的背有什麼關係。不過，在我的專業生涯中，經常會有人誤用了我說過的東西，這種狀況已頻繁到我無暇勞煩自問是否對這種誤用感到氣惱。在此，對情緒反應加以有意識地控制顯現了某種價值，而我也立刻了解，這正是這個夢訴說的重點。它應了一句奧地利俗語，進而將這句話轉譯成了圖象。這句俗語在日常交談中，實在是普通得可以了，「Du Kannst mir auf den Buckel steigen」（你可以爬上我的背），意思是「我不在乎你怎麼說我！」相當於美語中所說的：「Go jump in the lake」。

我們可以說，這個夢的圖象是象徵性的，因為它並未直接陳述出我的處境，而以隱喻做間接的表達，所以我一開始無法理解。這種狀況發生時（的確經常發生），並不能視夢為一種精巧的「偽裝」，它只是反映了我們在理解充滿情感的圖象語言的無力。由於我們在日常經驗中必須盡可能精確地把事情陳述出來，我們因而學會了棄絕我們語言和思維中附帶的幻想成份，也因而失去了至今在原始心靈中仍留存著的一種特質。大多數人已經把所有事物或觀念所擁有的種種心靈幻想的聯結，委託給了潛意識。另一方面原始初民卻仍能覺察到這些心靈特質，他賦予動物、植物或礦石以力量，我們卻以為這種力量是無稽之談。

例如，非洲叢林住民在日間看到一隻夜行動物，認為牠是一位巫醫暫時化身而成，他也可能認為牠是叢林魂或者是他部族的祖靈。一棵樹可能在一名原始初民的生命中扮演活水源頭的角色，它的靈魂和意見完全佔據了他，這個人會感覺到他分享了樹靈的命運。南美洲某些印第安人會告訴你，他們是紅鸚鵡，但他們很明白他們沒有羽毛、翅膀和喙子。因為在原始初民的世界裡，事物並沒有像他們在我們理性社會那樣絕對尖銳的分野，**我們的生活世界中，事物已經被剝除了心理學家所稱謂的心靈認同或「神秘參與」，其實正是潛意識聯想的光暈，為原始世界給出了多采多姿、狂野想像的向度。我們已經失去了這個向度**，甚至我們即使再碰觸到它，也認不出來。對我們來說，這類事物已經在意識門檻之下了，即使它們偶然間再度出現，我們也只會認為事情有點不對勁。

不止一次，一些教養良好、聰明敏銳的人來找我諮商，他們做怪異的夢，有許多幻想，甚至有靈視(vision)，使他們深受震驚。他們都以為，心智健全的人不可能受這類事物困擾，誰要是真的看到了靈異之象，肯定是有了病理上的障礙。有一回，一位神學研究者跟我說，以西結看到上帝顯靈，不過是病理的症候，而當摩西與其他先知聽到有「聲音」跟他們說話時，他們正在受幻聽的折磨，而你可以想像當這些聲音或異象「自發地」出現在他身上時，他有多麼痛苦。我們是如此習慣於我們生活世界的理性外貌，因而難以想像常識無法解釋的事情。原始初民在面臨這類震撼時，並不會懷疑自己的心智健全，他會想到物神、精靈或神靈。

然而，其中的情緒衝擊卻了無差別，事實上，我們苦心經營出來的文明所蘊生的種種恐怖，可能遠比原始初民心目中的惡靈要嚇人。現代文明人類的這種態度，有時會讓我想起我診所的一位精神病患，他自己也是一位醫師。有一天早上，我問他過得怎麼樣，他回答說他昨晚過的很美妙，他用水銀消毒劑消毒了整個天堂，但是，經過了這道徹頭徹尾的清潔手續，他卻沒有看到上帝的蹤跡。我們在此看到了精神官能症，甚至更糟的狀況。沒見到上帝，沒有「畏服上帝」，只有焦慮的精神官能症，只有某種恐懼症。一樣的情緒對象的稱號和本性卻變得糟糕透頂。

是精神官能症還是鬼上身?

我記得一位哲學教授有一次來找我諮商，他有癌症恐懼症，他被一個強迫性念頭所困擾，認為自己有個惡性腫瘤，然而他拍過了整打的X光片，卻什麼也沒發現。他會說：「哦！我知道什麼東西都沒有，但很可能有點什麼東西呀。」是什麼東西讓他有這種想法的?很明顯，這絕不是意識深思熟慮的結果，而是因為恐懼點點滴滴累積而來的，這個病態的想法全然征服了他，自己產生了他無法控制的主宰能量。

跟我們要一個原始初民說出自己被鬼纏身比起來，要這個有教養的男人承認自己的執念，會困難許多。惡靈作怪在原始文化裡是公認的說法，但對一個文明人來說，要他承認他的困擾只不過是想像中無聊小鬼搞的怪，卻是折磨。「鬼上身」(obsession)這個原始現象並未消失，它仍然一如往常，只是以另外更令人憎惡的方式(強迫症)來詮釋罷了。

我在上面對原始初民與現代人做了很多這方面的比較，待會兒我會證明，有了這些比較，我們才能理解人類的創造象徵癖，並理解夢在表達象徵時所扮演的角色。我們會發現，許多夢所呈現的形象和聯想，跟原始的想法、神話和儀式非常類似。這些夢的形象被弗洛依德稱為「原始殘餘」(archaic remnants)這種說法暗示著夢是遠古以來殘存在人類心靈的心靈要素，這種觀點認為潛意識只是意識的附件（或者用比較圖像式的說法，潛意識是個垃圾桶，收集意識心智所有丟棄的東西）。

進一步深入研究之後，我發覺上述態度實在說不過去，應該加以揚棄。我發現這類的形象或聯想乃是潛意識不可或缺且隨處可見的一部分，不管做夢者是受過良好教育還是文盲，也不管他們是智是愚，都有這類形象和聯想。它們根本不是死寂無趣或無意義的「殘渣」，而正因為它們的「歷史」特性，使它們仍舊運作如儀，且特別有價值（如同韓得生博士在本書後來的章節中所揭示的），它們在搭建橋樑，溝通著我們意識思維表達與更原始、更多采多姿、更圖象化的表達方式。它同樣以這種形式直接訴諸於情感和情緒，這些「歷史的」聯想就是意識理性世界和本能世界之間的聯結鍵。

我已經討論了一個有趣的對比：清醒生活裡「控制下」的思維與夢裡創造的豐富想像。現在，你應該可以瞭解其間差異。另一項理由是，在我們的文明生活中，許多觀念由於已經被剝除了情感能量，使我們在現實中對它們毫無感應。我們在談話中適用這些觀念，當別人提到它們時，我們也是按慣例來反應，而對它們沒有很深的印象。**我們似乎少了些什麼東西，讓我們對某些事物能夠感動萬分，進而改變我們的態度與行為。這正是「夢的語言」之能事，「夢的語言」的象徵主義充滿了心靈能量，使我們不得不向它注目。**

例如，有一位女士，以其愚昧成見，一味抗拒論證而聞名。我們可以和她辯論整晚，她卻無動於衷，甚至不屑一顧。然而，她的夢卻採取了不同的路數。一天晚上，她夢到她出席了一個重要的社交場合，女主人是這樣招呼她歡迎她的：「妳能來真好，妳所有的朋友都到了，他們正等著妳呢！」然後女主人引她到門前，打開了門，這位做夢者跨進去——走進了一座牛棚！

這個夢的語言，再簡單不過，即使愚夫愚婦也能明白。剛開始這女人不願承認這個夢的妙處，是那麼直接地衝擊著她的自負感（Self-importance），不過，這個夢的訊息最後仍然擊中目標，這位女士在一段時間之後也不得不承認這個訊息，因為她無法讓自己無視於這個自請處分的笑話。

這類發自潛意識的訊息，比大部分人所以為的要重要許多，我們的意識生命暴露在各式各樣的影響之下，別人刺激我們，讓我們黯然，辦公室或社會生活中的事件教我們挫折，這些事情誘使我們循規蹈矩，卻使我們的個性暗淡無光。不論我們是否覺察到外界影響我們的意識有多少，但意識幾乎是赤裸裸地暴露在外界的干擾之下。特別是那些心靈態度外向，把所有重心都放在外在對象上的人，以及對自己最內在的人格充滿疑慮自卑的人。

意識被成見、謬見、幻想和幼稚的願望影響越多，原來存在的鴻溝就越容易擴大為精神分裂，導致或多或少矯揉做作的生活，遠離了健康的本能、本性和真象。

夢提供補充與告誡

夢的一般功能，透過創造夢的材料，巧妙地重建了心理的整體均勢，以便維持心理平衡。在我們的心靈配備中，我稱之為夢的補充（或補償）角色。這也可以解釋，那些陳義過高、自視過高或好高騖遠的人，為何會夢到飛行或墜落。夢補償了他們人格上的缺陷，同時也警告他們當下路向中的危機。如果我們充耳不聞夢的告誡，真實事件便可能取代夢的位置，受害者可能發生墜樓或車禍。

我記得有個男人，跟一大堆狗屁倒灶的事情一直糾纏不清，他發展出一種近乎病態的激情，以征服危險的高山做為補償，以尋求「攀越自身」。有一天晚上，他在夢中看到自己從山巔跨了出去，踩進了空蕩蕩的空中。他一告訴我這個夢，我立刻看出他的危機，強調那是一個警告，並勸他約束一下自己。我甚至告訴他，這個夢預示他會死於山難。所有勸告皆屬惘然，半年之後，他真的「踩了空」。一位山地嚮導看著他和一位朋友沿著引導繩，從一陡峭之處下降，那位朋友在一處岩突找到暫時的立腳點，做夢者隨之而下。這時，這個男人手中的引導繩突然滑掉了，依據嚮導描述，「就好像他踏進了空氣中」，他摔在他朋友身上，兩人一起跌落山谷殞命。

另一個典型的案例，是一位活得高高在上的女士，她在日常生活中位高權傾、高貴不群，然而在她駭人的夢裡，卻一再暗示各種下流敗德的事情，當我發現這種狀況時，她憤慨地全數加以否認。然後夢境開始充滿了各種威脅，並不斷影射到她經常獨自散步、耽溺於高貴幻想的樹林。我看出了她的危機，但她對我的多次警告充耳不聞。不久之後，她在那片樹林中遭到一名性變態者的殘暴攻擊，還好有人聽到她的尖叫趕來阻止，否則她必死無疑。

這中間沒什麼神奇魔法。她的夢已經告訴我，這個女人其實祕密地渴望這樣的盲目冒險，如同前述的爬山者，潛意識地以發現明確跨越其困境的路徑為滿足。當然，他們誰都沒想到會付出如此嚴厲的代價：她有多處骨折，他失去了性命。

因此，夢有時候會在某些狀況實際發生之前，便早早發佈了訊息。這不必然是奇蹟或未卜先知。我們的生活中，有許多危機都早就出現在潛意識裡。我們一步一步邁向彼處，沒有覺察到危機正在暗處蓄積。但是我們意識不到的東西，卻經常被潛意識所感知，再透過夢來傳遞訊息。

夢也會成為陷阱

夢經常會用上述方式來警告我們，但是，它們似乎也經常不提供任何預警。因此，若假定有一隻慈愛的手會適時點醒我們，不無可疑之處。用比較正面的說法來說，似乎是有一位慈愛的經理人，時而運作如儀，時而落空失靈。這隻神秘之手甚至可能指出通向毀滅之路，夢有時候其實是陷阱，或看起來像是陷阱，有時它們行事就像德爾菲的神諭，告訴克魯梭王（King Croesus），如果他跨越了哈利斯河（Halys River）就會摧毀一個強大的王國。他在渡河一戰，全軍覆沒之後才發現，神諭所說的王國其實是他自己的王國。

我們面對夢時如果過於天真，恐怕會難以承擔其嚴重後果。夢源於並非全屬人類的精神靈明，此一精神靈明毋寧說是大自然的精氣所生，有美麗而慷慨的神靈，也有殘酷的神明。不論是到古代神話中或太初森林的傳說中，都會比到現代人的意識中去找要來得貼切。我無意否認文明社會的演進為我們帶了極大的利益，但這些利益都是以極大的失落為代價換取來的，而我們根本還沒有意識到，我們的失落究竟到了什麼程度。我做了原初狀態與文明狀態人類的比較，部分的目的是為了證明這些得失之間的權衡。

原始初民較為他的本能所主宰，相形之下，他「理性的」現代子孫在這方面要弱得多，他們學會了「控制」本能。在這個文明化的過程中，我們的意識便漸漸與人類心靈較深沉的本能層次分離開來，最後甚至跟心靈現象的本有基礎分家了。還好，我們尚未失去這些本能層次，即使它們可能只以夢的形象現身，它們仍殘存在部分的潛意識之中。順帶一提，因為它們的特質是象徵性的，所以我們不一定能認出它們的真面目，但這些本能現象確實扮演著關鍵性的角色，也就是我所謂的夢的補償功能。

為了心理的穩定，甚至也為了生理的健康，意識與潛意識必須統合相關聯起來，以便兩者能平行相應地運作。如果他們分裂或「崩潰」了，心理困擾便隨之而來。在這方面夢的象徵，是人類心靈由本能部分傳輸到理性部分的根本訊息，同時夢的詮釋灌溉涵養了意識的貧瘠乾澀，讓它學會再度理解被遺忘的本能語言。

當然，既然夢的象徵經常難解或被忽略，一般人一定會質疑夢的這項功能。在正常生活裡，去瞭解夢常常會被視為多此一舉。我可以舉我在東非一個原始部落的經驗來說明。出乎意料地，這些族人都否認他們有做什麼夢。但是耐著性子旁敲側擊，我立刻發現他們也做夢，而且跟所有人一樣會做夢，只是這些族人深信他們的夢沒有意義。他們跟我說：「一般人的夢是沒有意義的」，他們認為只有酋長和巫醫的夢才關係重大，他們關係到部落的幸福，具有很高的地位。美中不足的是，酋長和巫醫都宣稱他們不再做有意義的夢了，他們說，自從英國人來到他們的國家，一切都變了，地方行政長官的英國官僚統治了他們，這些人接掌了「偉大的夢」的功能，並指導族人的行為。

當這些族人承認他們有做夢，但認為這些夢毫無意義時，他們跟現代人一樣，只因為他們不懂這些夢，就以為這些夢沒有意義。但即使是文明人，有時也能觀察到，夢（即使他可能記不得）能使他的情緒好轉，也能讓他的情緒變壞。這個夢的確「被瞭解了」，只不過是以潛意識的方式被掌握了。而情形經常如此發生，只有在少數狀況下，一個夢特別讓人印象深刻或有規律地重覆出現，大部分的人才會想到應該要有所詮釋。

我必須在此多說兩句，來警告不明智或不恰當的夢的分析。有些人心態非常不平衡，以致詮釋他們的夢可能變得極端危險，在這種狀況下，一種非常偏執的意識已經由相應的非理性或瘋狂潛意識中分裂出來，若非經過十分小心謹慎的處理，絕不應將兩者併聯起來。

回到夢的脈絡

再說得更一般化一點，以為夢的詮釋有現成成套的指南可循，以為我們隨手買一本解夢指南，查查裡面的特定象徵就可以解夢，乃是愚不可及的想法。**沒有任何夢的象徵可以跟做此夢的人分開，而且任何夢都沒有固定直接的詮釋**。每一個人依其潛意識補充或補償意識心智的方式而有所不同，因此，我們不可能確定夢及其象徵能夠進行任何明確無疑的分類。

的確，有一些夢和單一象徵（我比較喜歡稱之為「母題」）很典型，且經常發生。這些母題有墜落、飛行、被猛獸或惡人迫害、在公共場合衣衫不整或言行怪異、在互毆的群眾中慌忙亂撞、以無用的武器進行戰鬥，毫無招架餘地、東奔西跑卻到不了任何地方。較典型的童年母題便是夢到長得無限大或縮得無限小，或者產生一次一次的形變，如同在路易絲・卡若爾（Lewis Carroll）的《愛麗絲夢遊奇境》（*Alice in Wonderland*）中所描述的情形。但我要再一次強調，這些母題必須在夢本身的脈絡中來看待，而不能視為可以獨立解釋的暗碼。

不斷復現的夢是值得我們注意的現象。許多案例都顯示，有些人從兒時一直到晚年都會夢到相同的夢。這類夢通常是想要補償做夢者人生態度的某種缺憾，或者來自於被某些成見所矇蔽的重大創傷，也可能預示了重大未來事件。

我自己就長年夢到一個母題，在夢裡，我發現我的房子多了一個我從來不知道的部分。有時是在我去世已久的雙親的住處，我很驚訝我父親在裡頭居然有一間實驗室，他正在研究魚類的比較解剖，而我的母親則經營一家鬼魂旅客的旅館，通常這幢陌生的旅客廂房是古老的歷史樓房，早已被遺忘，卻是歸給我名下的遺產。裡面陳設了趣味盎然的古老傢俱，這一連串的夢發展到末尾，我發現了一間圖書館，裡面的書都是我沒看過的。終於，到了最後一個夢，我翻開了其中的一本書，發現裡面滿滿是最不可思議的象徵圖片。直到醒來，我還亢奮悸動不已。

在我最後做了這個特別的夢之前，已經向一位古書商下了訂單，要買一本中世紀煉金術的古典版本。同時我發現一份文獻裡有一段引文，可能跟古拜占庭煉金術有些關聯，我想查對一下。我夢見那本沒看過的書幾個禮拜之後，這位書商寄來了一個包裹，裡面是一卷十六世紀的羊皮紙書，書裡有許多迷人的象徵圖片，於是我馬上想起我在夢裡看到的那些圖片。既然我在心理學領域的工作重心是打開對煉金術原理的重新理解，那麼，我的夢所復現的母題其實不難理解，當然，那幢房子象徵了我的人格及其意識層面的興趣，而我從不曉得的房舍加蓋部分，代表我正在開展新領域的興趣和研究，然而當時我的意識心智都尚未覺察到。那是三十年前的事了，從那時開始，我便不再做那種夢了。

夢的分析

這篇論文開始時，我已指出符號和象徵的差異。符號的涵意永遠少於它所代表的概念，而象徵則永遠表示比概念的表面直接意義更多的東西。此外象徵是自然、自發的產物，沒有任何一個天才會生下來手裡就拿著鋼筆或畫筆說：「現在我要發明一個象徵囉。」也沒有任何人能夠從理性思維出發，在推得邏輯結論或深思熟慮之後，再給予它「象徵的」形式。不管我們用什麼樣幻想花樣來妝點推理得來的觀念，它還是符號，跟它背後的意識思維深深相連，而不是暗示著某些未知事物的象徵。在夢裡，象徵自發地出現，因為夢也是自動發生，而不是人發明出來的，因此，夢是我們所有象徵知識的主要來源。

但我必須指出，象徵不止出現在夢裡，它們會出現在所有的心靈顯象當中，有象徵的思維與情感，也有象徵的行為與情境。即使是無生命的物件，也會與形構象徵模式的潛意識共同作用。有太多經過證實的故事都提到，時鐘在主人死去的那一刻，恰好停擺，其中一例是普魯士王菲特烈大帝（Frederick the Great）無憂宮宮殿裡的大掛鐘，在國王去世時停擺。其他較普遍的例子是死亡時鏡子破裂，圖書掉落，或者屋主在經歷情緒危機時，屋內發生了輕微而無法解釋的裂損。雖然懷疑論者拒絕證實這類報告，但這類故事總是無端出現，單憑這點，應該足以證明它們在心理上的重要性。

然而，有許多象徵（也是最重要的象徵）的性質和根源並不限於個體，而是集體的象徵，這類象徵主要是一些宗教形象。信徒認定這些宗教形象來自神聖根源的啟示，但懷疑論者冷冷地說它們其實是人創造的產物。其實，兩者皆錯。誠如懷疑論者所以為，許多世紀以來，宗教象徵和概念的確是小心翼翼地在意識之下完成的精心之作。而信徒所欲申說的亦同樣有理，這些象徵的根源目前仍深深地埋藏在過去的奧秘中，看不出它們是出自人類的手筆。但是，它們其實是「集體表象」，源自太古時期的夢和創造性的幻想，這些形象本身是無意間自發的表現，一點都不是有意的編造。

我在後文會解釋，上述事實與夢的詮釋有十分重要的直接關聯。如果你認為夢有象徵性，顯然你對夢的詮釋，會跟一個相信夢的鮮活思維與情緒早已為我們所知，只不過夢將它們偽裝過了的人相當不同。對於持後面這種態度的人來說，夢的詮釋實在沒有什麼意義，因為你發現的都是你早已知道的東西。

因為這個理由，我才會不斷跟我的學生說：「盡你所能去學習象徵的使用與表現，等到你分析夢的時候，再將它全部忘掉。」這個建議在實務上非常重要，所以我定了一條規則來提醒自己：為了要正確詮釋別人的夢，我再怎麼努力去瞭解別人的夢都不為過。我之所以這樣做，是為了檢查我自己的聯想與反應之流，免得它們蓋過了我案主的猶豫不決與不確定感。分析者盡可能精確地取得來自夢的特定訊息（換言之，盡全力善用潛意識對意識心智的資助），在治療上具有無可比擬的重要性，因此，竭盡心力去探索夢的內容，乃是分析者責無旁貸的根本工作。

我在跟弗洛依德共事時做過的一個夢，可以佐證這個論點。我夢到我在「我家」，很明顯是在二樓一個令人感到輕鬆舒適的會議室，裡面是十八世紀風格的裝潢傢俱，我很驚訝，以前我從未發現有這個房間，我開始想瞧瞧一樓是什麼樣子，我走下樓，發覺下面很暗，牆上的鑲板和厚重的傢俱都是十六世紀，甚至更早的產物，我越來越驚訝，越來越好奇，希望能把這幢房屋的整個結構看得到更明白。於是我走下地窖，在裡面發現一扇朝向一排石階打開的門，這排石階通向一間很大有拱頂穹窿的房間。地板是由巨大的石板鋪成，牆壁也非常古老了。我檢查了牆上的灰泥，發現裡面混有磚的碎片。這些牆壁顯然源自羅馬時代，於是我更加興奮。在一個角落我看到一塊石板上有一個鐵環，我拉起這塊石板，卻看見另一排石階通向一處洞穴，這個洞穴看起來像是史前古墓，裡頭有兩具骷髏、一些骨頭和陶瓶的碎片。然後我便醒了。（註3）

弗洛依德忽略了夢的個人脈絡

如果弗洛依德分析這個夢的時候肯用我的方法，以揭露其特殊聯想脈絡，他就會聽到一個影響深遠的故事。但我怕他會草草了斷了這個夢，視之為一種逃避問題的努力，而那個問題是他自己設定的。其實，這個夢是我這一輩子的簡明寫照，特別是我心靈的發展歷程。我成長於一幢有兩百年歷史的老房子裡，我家的傢俱大多經歷了有三百年的歲月，而迄今為止，我心靈上最大的精神探險僅止於研究康德(Kant)與叔本華(Schopenhauer)的哲學。今天，最新奇的事件莫過於查爾士・達爾文（Charles Darwin）的作品。然而，就在前此不久，我仍然活在我雙親的中世紀概念之中，他們認為世界和人們仍然在全能莊嚴上帝的眷顧和統轄之中。這個世界早已陳腐過時，不合時宜了。我的基督教信仰也因為邂逅了東方宗教與希臘哲學而變得不那麼絕對。因此之故，一樓才顯得如此死寂、黝暗、杳無人居的樣子。當時，我在歷史方面的興趣已經有所發展，因為我在解剖學院（Anotomical Institute）當助理時，曾經專心研究過比較解剖學和古生物學，使我對歷史有先入為主的偏好。人類的骨骼與化石教我深深著迷，特別是引起熱烈討論的尼安德塔人和目前仍在論爭中的杜布瓦（Dubois）的爪哇人（Pithecanthropus）頭蓋骨。事實上，這些才是我對這個夢的真實聯想，但我不敢跟弗洛依德提到頭蓋骨、骨骼或屍體這些事，因為我很明白他對這類問題的排斥。他耿耿於懷，認為我希望他早點死去。這種想法來自於我對布萊梅（Bremen）發現的布來克勒（Bleikeller）木乃伊屍身強烈的興趣，而一九〇九年我們就是從布萊梅一起搭船赴美訪問的。

我很不情願發表我自己的想法，尤其近來，我深深感覺到弗洛依德內心的見解與背景均與我相去甚遠，幾乎無法溝通。一旦我向他打開心扉，讓他瞭解我的內心世界，我猜他必定大感詫異，恐怕我將因此失去他的友誼。由於對我自己的心理學感到十分難以把握，我幾乎是自動向他撒謊來說明我的「自由聯想」概念，以便逃避那個難如登天的任務：點醒他，跟他說明白我自己的、全然不同的心理學架構。

如此叨叨絮絮交代我告訴弗洛依德我的夢後，所陷入的種種困境，我感到十分抱歉。但也不失為一個好例證，指出真實的夢境分析過程中所可能陷入的困局，分析者與被分析者間的性格差異，決定了大部分的狀況。

我很快便了解到，弗洛依德在尋找我的意願是否有跟他不相容之處。因此，我試著提出我夢中的骷髏可能是暗指我家族中的某些成員，由於某些理由，讓我希望他們死掉。這種說法獲得了弗洛依德的首肯，然而，我卻對這樣「騙人的」解決感到不滿。

當我試圖為弗洛依德的問題找出合適的解答時，我突然因為對心理學知識中的主體要素產生了一個直觀，而感到迷惑不已。我的直觀令我無法抵擋，使我一心只想著如何避免與弗洛依德發生難堪的爭吵，因此，我選擇了一條不費力的路——撒謊。這樣做既不高明，道德上也站不住腳，但若不這樣做，我就必須冒險跟弗洛依德大吵一架，我覺得有很多理由教我不能這樣做。

我的直覺包含了極突然而意外的看出一個事實，我的夢意味著我自己、我的生活與我的世界，我的整個存在都抗拒著由另一個陌生心靈為它自己的目的而樹立的理論架構。這個夢是我的，而不是弗洛依德的，一剎那間，我恍然大悟我的夢的意味。

這個衝突例示了夢的分析時重要關鍵。**與其說夢的分析是一套可供學習與應用的規則技巧，不如說它是兩個人格間的交互辯證**。如果夢的分析變成套裝的機械技巧，做夢者的個體心靈人格就會迷失，而治療的問題會被化約為下面的單純問題：這兩個人當中，是分析者還是做夢者佔上風？正因為我不想將自己的意願強加在別人身上，所以我放棄了催眠療法。我希望治療的過程蘊生自案主自己的人格，而不是來自於我的暗示，這種暗示只會有暫時的效果。我的目標是為了護持我的案主的自尊與自由，使他能按照自己的意願生活。在與弗洛依德進行了這次意見交換的過程中，我漸漸開始明白，在我們建構關於人類及其心靈的一般理論時，最好再多學習一些我們所要處理的人類存在的真實狀況。

個體是唯一的真實存在。我們離開個體越遠，越趨近人類（Homo Sapiens）這個抽象關念，我們就越容易出錯。在這個社會動盪與急速變遷的時代，對於如此有賴其心靈和道德特質而存在的人類個體來說，與其要我們去對它做什麼，不如讓我們盡可能再進一步認識它，而如果我們想找對觀點來看待與人類相關的事物，我們有必要去瞭解人類的過去和現在。這就是為什麼，了解神話和象徵具有根本的重要性。

類型問題

除了心理學之外，所有其他的科學分支，都可以合法地將假說運用到非人的實體上。然而，心理學卻讓你無可避免地面對兩個個體間的生活關係，兩者都不能被剝奪其主體人格，也沒有什麼方法可以剝奪其性格。分析者及其案主可以經由彼此同意，選擇處理一個非關個人與客觀的問題，但是，一旦他們涉入當中，他們的整體性格就會捲進他們的討論之中。在這個關鍵點上，只有雙方能夠達成同意的狀況下，分析才能順利推進。

我們能夠對最終的結果做出任何客觀判斷嗎？除非我們先比較過我們的結論和相關個體所屬社會的一般標準，而即使我們已經做過了這個比較，我們還必須仔細考慮相關個體的心理平衡與健全，因為這項結果不可能完全以集體的標準來衡量，逼使他調適自己去適應他社會的「常態」(norms)。這種做法會導致最不自然的狀況。一個健全而正常的社會，應該是一個人民經常互不同意的社會，因為，在人類本能特性的領域之外，相對而言，普遍的一致是極為稀罕的事情。

意見不合可以扮演社會中的心理生活的媒介，但它本身不是終極目標，意見一致也是相當重要的，因為，心理學基本上有賴於對立項之間的平衡，如果要做出任何最終的判斷，不可能不先考慮過其反面狀況。之所以產生這種詭異的情況，根本的理由是基於一個事實，心理學之上或心理學之外沒有任何立足點可以讓我們做出心靈是什麼的最終判斷。

雖然夢必須做個別處置是個事實，但某些普遍特性仍屬必要，以便將心理學者在研究眾多個體後所蒐集的材料加以分類、釐清。如果我們要闡明或教導任何心理學學說，顯然不能只是描述一大堆個別不相干的案例，而多多少少要努力去尋找它們的共通點和差異性。任何共通的特性都可以被選做基礎。例如，我們可以在個體間做一個相當簡單的區分，分出性格「外向」(extraverted)與「內向」(introverted)的個體。這只是其中一種普遍分類的做法，但如果分析者是一種類型，案主是另一種類型的話，我們就馬上可以看到潛藏的困境。

既然任何較深度的夢的分析，都會導向兩個個體的對質，那麼他們的心態類型是否相同，顯然會使分析結果大異其趣。如果兩者屬於相同類型，他們會長時間愉快地順風而行，但如果一個人個性外向，另一方個性內向，他們在立足點上的差異和矛盾會立即產生衝突，特別是他們可能未察覺他們性格類型上的差異，或以為自己的性格類型才是唯一正確的類型。例如，外向的人會選擇多數人的觀點，而內向的人則會駁斥這類觀點，只因為它太流行了。這樣的誤解很容易發生，只因為一方覺得有價值的事，另一方會覺得毫無價值。譬如，弗洛依德自己詮釋內向的類型是個體病態的關心自己。然而，內省與自我認識同樣也可以具有最高度的價值和重要性。

如果分析者與案主性格南轅北轍

在夢的詮釋中，多考慮一下性格方面的差異是極端必要的。不能假定分析者是超人，只因為他是懂得心理學理論和相應技巧的醫師，就以為他能超然於性格差異之外。他只能想像他自己的優勢在於，他假定他的理論和技巧是絕對的真理，足以看穿人類心靈整體。然而這項假設相當可疑，以致於他自己也無法肯定。於是，如果他是用理論或技巧（只是假說或試驗），而不是用他自己的生命整體去面對案主的人性整體，他就會受到祕密的攻詰。

唯一可與案主性格對等相當的，是分析者的整體性格。心理學的歷練和知識並不保証分析者這一方佔有全然的優勢。這兩項優勢不能讓分析者超然於爭端之外，他跟他的案主一樣，必須受到檢測。因此，分析者與案主的性格是和諧、是衝突、還是互補，乃至為要緊之事。

外向與內向，只是人類眾多行為特點中的兩個，但它們通常顯而易見，易於辨認。

例如，如果我們研究外向的個體，我們會很快發現這些個體之間又各自有異，因此，外向只是一項表面而浮泛的判準，而非真實的特徵。這也就是為什麼很久以前我曾試著尋找某些更沉刻的基本特性，這些特性能夠為人類個體表面上的無窮變異找到某些條理。

我經常感到費解，有一大堆個體只要能免就免，從來不用他們的心靈，有同等數量的人，雖然也用他們的心靈，卻以驚人的愚蠢方式來運用它。我也很驚訝，許多聰穎精明的人，他們好像從未在生活中學得（就他們所能做到的）運用他們的感官：他們不看他們眼前的事物，不聽耳邊迴響的字句，也不特別關注他們碰觸或品嚐到的事物，有些人在生活中並未覺察到他們自己的身體狀態。

另外一些人，似乎活在十分古怪的意識狀態中，好像他們在今天已經到達了最終狀態，沒有改變的可能，又好像世界與心靈是靜態的，永遠不變。他們似乎缺乏所有的想像力，徹頭徹尾仰賴他們的感官知覺。他們的世界裡沒有機遇和可能性，「今天」不包含真實的「明天」，未來不過是過去的重覆。

我試著在上面稍稍向讀者透露，我開始觀察我遇到的芸芸眾生後所得到的第一印象。然而，我很快就明白，運用心靈的人們是那些思考的人，換言之，他們運用他們的心智能力去適應別人和環境。同樣有一些聰明的人，他們不思考，卻以感受來找尋自己的出路。

「感受」（feelings）這個字眼需要某些解釋。例如，有人談到「感受」指的是「心情」

(sentiment)（相當於法文的sentiment）。但我們也會用相同的字眼來界定某種看法，例如，白宮所發出的訊息可能是這樣開始的：「總統感到（feels）…」另外，這個字眼可以用來表達一種直覺：「我有一種感覺，好像……」

當我用「感受」這個字眼來對比「思考」（thinking）時，我指的是價值判斷，如同意或不同意，好或壞等等。根據這個定義，感受不是情緒（亦即不自覺地發生）。我所謂的感受（跟思考一樣），是一個理性的（即條理整合的）機能，然而直覺卻是非理性的（即感知的）機能。就直覺是一種「預感」（hunch）而言，它不是有意行動下的產物，而是不自覺的事件，由種種不同的內外環境條件因緣際會所生，而非源自判斷活動。直覺比較像感官知覺，由於它基本上有賴於客觀的刺激，因此它也算是非理性的事件，其存在起於身體原因，而非心理原因。

分類、抗拒、自我投射

相應於上述四種機能型態，意識在生活經驗中的取向便有較明顯的四種方式。**感覺**（sensation）（即感官知覺）告訴你某些東西存在；**思考**（thinking）告訴你它是什麼；**感受**（feeling）告訴你是否同意它；**直覺**（intuition）告訴你它何時來，何時離開。讀者亦須了解，這四種人類行為類型的判準，只是許多類型的其中一部分，其他還有像權力意志、脾氣、想像、記憶等等。它們不是教條，它們的基本特性使得它們適於用來做分類的判準。當我被要求為父母向小孩解釋、為丈夫向妻子解釋、以及反過來為另一方解釋時，我覺得特別有幫助，它們在理解自己的成見時也特別有用。

因此，如果你想要瞭解另一個人的夢，你必須犧牲自己的偏好，壓抑自己的成見。這樣做既不輕鬆，也不容易，因為這種道德上的努力不是每個人都能甘之如飴，但是，分析者若不努力批判他自己的立足點，承認其相對性，他就無法得到案主的正確訊息，也無法對案主有足夠的洞見。既然分析者期望案主至少能有意願聽聽他的意見，並嚴肅看待之，案主應該也享有同樣的權利。雖然這樣關係對任何的理解是不可或缺的，因而具有不證自明的必要性，在治療中我們卻必須一再提醒自己，**案主的領悟遠比分析者期望在理論上得到滿足要來得重要許多**。案主對分析者詮釋所做的**抗拒**（resistance），不必然是錯的，它反而是個確定的訊號，顯示某些事情不「搭調」。或許案主還沒到達領悟的關頭，或許是詮釋不太對勁。

我們在努力詮釋另一個人的夢的象徵時，幾乎無可避免會被我們自我投射的理解鴻溝所干擾，換句話說，我們會假設分析者所思所感就等於做夢者的所思所感。要超越這個錯誤的源頭，我總是堅持，貼緊夢的特定脈絡來考查，排除所有理論上對夢的一般預設，而只能假設夢在某些方面確有意義。

從我前面所說的，可以引申出來，詮釋夢的時候，我們顯然不能設定普遍的規則。

而當我指出夢最特出的功能似乎是補償意識心智中的匱乏與扭曲時，我的用意是以這個假說為特定的夢打開最廣闊的視野，我會用一些案例來証明這項功能。

我有一位案主自恃甚高，未察覺幾乎所有認識他的人都很厭惡他那股道德上的優越感。他來找我時告訴我一個夢，他夢見一個醉漢跟跟蹌蹌跌進水溝裡，這個景象讓他儼然講出一句自以為在施恩的話：「看到一個人跌到那麼下面，真是可怕！」在這個不愉快的夢裡，顯然至少有部分是在試著補償他自抬身價的念頭。但除此之外還有一點別的什麼，結果，他有一位酗酒的哥哥，所以他的夢也向我們顯示，他的優越感是在補償他哥哥，這個夢因而同時彰顯了內在與外在的形象。

在我記得的另一個案例裡，一個女人對她在心理學上的聰穎理解頗為自豪，她經常夢見一個女人。她平常與這個女人交往時並不欣賞她，覺得她是個愛慕虛榮、不老實、喜歡搞陰謀的人，但這個女人在夢裡幾乎以姊妹姿態現身，友善而可愛。我的案主無法理解，為什麼她那麼討厭的一個人會在夢裡變得如此可愛。但這夢試著在傳遞一個訊息，她自己已經被類似另一個女人的潛意識性格「暗中糾纏」(shadowed)。我的案主對自己的性格很清楚，所以她很難了解，這個夢其實是在告訴她，自己內心的糾結和隱藏的動機，這些糾纏動機的潛在影響力不止一次使她與朋友吵開了，她其實是為了自己的這些潛意識糾結和動力而責備別人，而不是為她自己。

我們不僅會忽略、輕視與壓抑我們性格的「陰暗」面，甚至連我們性格上的正面特質都會遭到貶抑。我想到的一個例子是，一位表面溫吞謙讓的男人，做起事來禮數周到，八面玲瓏，他似乎總是滿足於退居一角，卻小心地堅持自己也要在場。一旦被要求講講話，他會提出見聞廣博的看法，但從不會要求別人附和他。有時候，他會暗示一件事情如果換到某個更高的層面來處理，就會找到更適切的解決良方（但他從不解釋怎麼做）。

然而，他在夢裡經常遇見偉大的歷史的人物，如拿破崙、亞歷山大大帝。這些夢顯然在補償其自卑情結。不過，它們還有另一層含意，這個夢在問：面對這些事功彪炳的夢中來訪人物，我究竟該做個什麼樣的人？在這方面，**夢指出了隱密的自大狂**（megalomania），**以彌補做夢者的自卑感**。潛意識上的孤高，使他與其環境現實產生隔閡，也使他遠離對別人而言理所當然的義務。他覺得自己不需要向自己或別人證明，他的高明見解其實是基於較高明的資質。

事實上，他正在潛意識地玩一個瘋狂遊戲，而這些夢正試圖用一種怪異模糊的方式把這個瘋狂遊戲帶到意識層面。**與拿破崙相談甚歡和亞歷山大大帝談笑風生，正是自卑情結所創造出來的幻想**。我們會問，**為什麼夢不能直接了當，毫不含糊地說明白它所想說的？**

我經常被人問到這個問題，我也問我自己同樣的問題。夢似乎會避免傳出明確訊息，掩飾最要緊的關鍵，這種吊人胃口的方式常常讓我驚訝不已。弗洛依德假定心靈存有一種特定功能，他稱之為「監控」（censor）。他認為監控作用扭曲了夢的形象，使這些形象難以辨認或產生誤導，以便欺瞞夢的意識，讓它無法辨認夢的真實主題。「監控作用」掩蔽了做夢者的精細思維，使他在睡眠中免於不愉快記憶的驚嚇。但我蠻懷疑把夢視為睡眠的守護者，其實夢也經常干擾到睡眠。

這樣看來，似乎貼近意識時，就會產生「抹除」心靈潛在內容的效應。潛在狀態所持存的想法和形象，比它們在意識中的力度要低得多。**它們在潛在的狀態中失去了清晰的界定，彼此的關係較欠缺理性和因果關係，而多了模糊的類比成分，也因為如此，它們變得比較「難懂」**。在所有類似夢的情境如疲勞、高燒或中毒時，上述狀況都可以觀察到。但是，若發生了某些事，使這些形象產生了較大的力度，它們就變得不那麼潛抑，而它們越接近意識的門檻，界限就變得越明晰。(註4)

夢為什麼總是遮遮掩掩？

從這個事實來看，我們便可以了解，夢為什麼經常用比喻來表現自身，為何一個夢的形象會不知不覺的跑進另一個夢裡，為什麼我們清醒時的邏輯和時序都不再適用。夢所採取的外貌乃是潛意識的本來面目，因為夢的材料本來就是出自於這種渾沌狀態的風格，夢並不是在守護睡眠，使睡眠遠離弗洛依德所謂的「不相稱的願望」(incompatible wish)。而弗洛依德所說的「偽裝」，其實是所有潛意識的衝動自然而然就會採用的風貌。

因此，夢不會創造明確的思想，如果夢開始出現明確的思想，它便跨越了意識的門檻，而不再是夢了。這也就是為什麼夢似乎跳越了意識心智最重視的關鍵部分，同時卻彰顯了「意識的邊界」(fringe of consciousness)，就像在日全蝕時，星星所發出的微光。

我們必須瞭解，夢的象徵大多是心靈的表徵，而心靈是超然於意識心智(mind)的控制之外的。意義和目標指向不只是心智(mind)的特權，它們也運行於整個活生生的自然界。有機體的成長與心靈的成長並沒有根本上區別，如同植物會開花，心靈也會創造其象徵。每一個夢都是這個過程的明證。

藉著這個過程，本能的力量透過夢(加上各種直覺、衝動和其他的自發事件)來影響意識活動。不論這股影響力在多少程度上依賴潛意識的實際內容，如果它含有太多通常應屬於意識層面的事物，它的機能便會扭曲、充滿成見，這時候，動機的出現就不是基於真實的本能，而是因為真實本能被忽略、壓抑到潛意識中，才形成這些動機的存在與心靈份量。這些動機通常掩蓋了正常的潛意識心靈，並扭曲其本來的走向，使它無法表達基本的象徵和母題。因此，關心心理障礙起因的精神分析者，很有理由在一開始去誘發其案主多多少少做一些有意的自我告白，進而了解案主厭惡或恐懼的任何事物。

這有點像教會中沿襲已久的告解，而告解的確在許多方面預示了現代心理學的技巧。至少，一般法則是相通的。然而，在實務工作中卻可能要經歷相當的迂迴的過程，案主過度的自卑感或過度脆弱會造成極大的困局，甚至使案主完全無法面對他自己不當行為的明顯證據。所以，我發現開始的時候若對案主提出較正面的看法會比較有利，這樣會給他一種安全感，有助於他將來對較痛苦經驗的探索。

舉個例子，夢到「身份提昇」(personal exaltation)，譬如與英國女王喝茶或發現自己跟教皇關係菲淺。如果做夢者不是精神分裂的話，對於這個象徵的實際詮釋，極度有賴於他當下的心靈狀態，亦即其自我(ego)的狀態。若是做夢者高估了自己的價值，很容易便可以證明(由念頭的聯想所產生的材料中)做夢者的種種意向如何的不恰當與幼稚，以及這種種意向如何由他小時候想跟雙親一較高下的幼稚願望衍生出來，但是若實際上做夢者比較自卑，時時流露一種卑微不值的感受，壓倒了他人格上所有積極正面的向度，那麼，我們若說他多幼稚可笑，甚至變態的話，就大錯特錯了。這樣做不僅殘忍地增加他的自卑感，還會引發他對治療產生極端不必要的抗拒(resistance)。

建立信任與安全感

不論是治療技巧或學理都沒有普遍的應用模式可循，因為我們所接受與治療的每個案例，都是特定情境中的個體。我記得我花了九年時間來治療的一個案例。由於他住在海外，我每年只看到他幾個禮拜。其實我一開始就知道他真正的困擾在那裡，但我也知道他並不想接近真相，才會轉化為激烈的防衛反應，使我們之間有決裂之虞。不論我喜不喜歡，我都必須盡全力維持住我們的關係，順著他的性子去討論，雖然仍以他的夢為主，卻讓討論偏離了他的精神官能症的根源。我們閃爍徘徊，兜了很多圈子，使得我經常責備自己誤導了我的案主。只因為他的狀況進展雖慢，卻有明顯改善，使我不願魯莽地讓他面對事實。

然而，到了第十年，案主告訴我他已經痊癒，所有的病癥都消失了。我嚇了一跳，因為理論上他的病況已無可救藥。他注意到我的訝異，便笑著說（總之）：「最重要的是，我要感謝你，因為你始終如一的機敏與耐心，幫助我超越了引起我精神官能症的痛苦原因。現在，我準備好了要向你坦白陳述這個痛苦的種種。如果我之前就能坦然與你談論它，我早在第一次來找你諮商時就說了。但那會毀掉我跟你的關係，我將何以自處？我必定已經道德破產了。十年來，我學會了信任你，當我的自信日漸增長，我的狀況就改善了，我的進步是因為這個緩慢的過程恢復了我對自己的信賴。現在，我已經夠強壯到能討論曾經毀掉我的問題。」

然後，他痛心疾首、徹頭徹尾地告白了他的問題，讓我終於明白，為什麼我們的治療要經歷如此迂迴的過程。一開始的震撼使得他一直無法面對，他需要另一個人的協助，在此，治療的目標即是慢慢去建立他的信心，而非證明某種臨床理論。

我從類似的案例中學習到，調整自己的方法，以適應個別案主的需求，而不是讓自己執著在普遍理論做考量。畢竟，這類考量可能無法施用於不同案例上。歷經六十年的實務經驗，我所蒐集到的人性知識告訴我，如果要把每個案例都當做新的案例來考量，首先必須找出個別的進路。有時候，我會毫不猶豫一頭栽進童年事件和幻想的仔細研究，有時候，我會從既有的頭緒開始，即使這很可能意味著要高飛到最遙不可及的形上學冥思。這有賴於好好學習不同案主的語言，順著他們潛意識的蛛絲馬跡，走向光明。有些案例需要用某種方法，有些則需要換一種方法。

特別在我們想要詮釋象徵時，尤其是如此。兩個不同的個體可能會擁有幾乎絲毫不差的夢。(但我們在臨床經驗中很快發現，這種狀況比外行人所想像的要少見。）然而，譬如一位做夢者較年輕，另一位年紀較大，困擾他們的問題便不盡相同，這時候若還用一樣的方法詮釋兩者的夢，會顯得很荒謬。

我想到了一個例子，一個夢裡面，有一群年輕人騎在馬背上跨越一片廣闊的草坪。做夢者領先跳越了一道滿滿是水的陰溝，恰好通過了障礙，其餘的大隊人馬卻掉入陰溝裡去了。先告訴我這個夢的年輕人，性格類型是謹慎而內向的。但我也從一位生性天不怕地不怕的老人那兒聽到同樣的夢，他在生活上積極主動，充滿了開創的精神。他做這個夢的時候，身體羸弱，為他的醫生和護士帶來不少麻煩，甚至因為不服醫療指示而造成自殘。

對我而言，這個夢顯然有告訴那位年輕人應該做什麼，但它卻告訴那位老人他實際上正在做的事。這個夢鼓舞著猶豫的青年，而老人則沒有需要受到鼓舞，雖然那股勇往直前的精神仍在他內心閃耀，卻形成了他最大的障礙。這個例子證明，夢與象徵的詮釋是多麼仰賴做夢者的個別環境及其心智狀態。

夢的象徵中的原型

我已經提示過，夢有助於補償作用。這種假說意謂夢是正常的心理現象，它將潛意識的反應或自發的衝動傳遞給意識。許多夢可以在做夢者的幫助下獲得很好的詮釋，做夢者為夢的形象提出聯想和脈絡，使夢的形象的各個向度向我展現出來。

這個方法適用任何日常狀況，適用於你的親戚朋友或案主在談話過程中不經意透露的夢。但是，如果是固著反覆的夢或充滿強烈情緒的夢，做夢者所做的個人聯想通常不足以得到完滿的詮釋。這種狀況下，我們必須好好考慮一個事實（弗洛依德首先觀察到這個事實並加評論）：有一些夢的要素並不屬於個體，不可能得自做夢者的個人經驗。我先前已提過，這些要素被弗洛依德稱為「原初的殘餘」（archaic remnants），這些心靈型態的出現不可能以個體自身生活中的任何事物來解釋，這些型態似乎是人類心靈原生、天生和遺傳而來的。

就如同人類身體代表了整體器官的博物館，每個器官背後都有一段漫長的演化史，因此，我們應可以期待發現人類心靈中也有類似的組構方式。身體有它的歷史，存在於身體中的心靈也不可能沒有它的歷史。談到「歷史」，我指的不是心靈透過有意識地參考過去流傳下來的語言文化傳統以建立自身。我指的是原始初民心靈中生物的、史前的和潛意識的發展，他們的心靈仍然很接近動物的心靈。

這個極為古老的心靈，形成了我們心靈的基礎，就如同我們身體的結構乃是基於哺乳類的一般解剖模式形構出來的。訓練有素的解剖學者與生物學者之眼，在我們的身體中發現了這種原初模式的許多痕跡。而經驗老到的心靈研究者也同樣可以發現，現代人的夢境景象和原始心靈的產物、其「集體形象」和其神話母題之間會有類比關係。

然而，就像生物學家需要比較解剖學的科學，心理學家也不能沒有「心靈的比較解剖學」。換個說法，心理學者在實務上不僅必須和其他的潛意識活動產物有豐富的體驗，也必須對最寬泛意義下的神話有足夠的體認。沒有這項準備，就沒有人能尋出關鍵的類比，譬如，若沒有對強迫型精神官能症和古典的附魔症狀做有效的認識，就不可能看出兩者之間的類比關係。

對於「原初殘餘」——我稱之為「原型」(archetypes)或「原初形象」(primordial images)，那些神話心理學和夢的心理學知識不足的人經常批評我的看法，「原型」這個用語也常常被誤解為意指某些固定的神話形象或母題。但是，這些神話形象與母題只不過是意識的表象 (representations)，我們如果假定這類變化不定的表象可以被遺傳，那真是荒天下之大謬。

原型是一種傾向所形構出一個母題下的各種表象，這些表象在細節上可以千變萬化，但基本的組合模式不變。例如，兄弟相殘這個母題擁有眾多表象，但母題本身維持同一。我的批評者誤以為我主張「表象遺傳」，進而將原型觀念誤解為純粹的迷信。他們並沒有好好考慮一個事實：如果原型只是意識衍生的表象（或者意識學習得來的成果），我們必然對它知之甚詳，而不會在它們現身於意識中時，造成訝異不解和無所適從。它們其實是一股本能的傾向，跟鳥類築巢的衝動一般顯著，也跟蟻類構築秩序井然的窩穴一樣無法阻擋。

本能與原型

我要在此釐清本能與原型間的關係。一般來說，本能純屬生理上的衝動，透過感官，本能被我們感知到，但本能同時也在幻想中顯現自身，而經常只透過象徵形象來顯現其存在，這些顯象就是所謂的原型。原型並沒有可知的本源，即使我們排除因為遷徙造成的「雜交」的原型，而單單考慮原型直接出現的地方，原型在任何時間、任何地方都會複製自身。

我記得，人們經常是因為他們被自己的夢或他們小孩的夢所困擾，才跑來找我諮商，他們對於夢的措詞方式茫然不解。理由在於，他們無法將夢所包含的形象關聯到他們記得或可以傳達給孩子的任何一件事情上。然而，這些案主當中有些教育程度頗高，有些人本身還是精神醫師呢。

我記憶猶新，一位教授突然看見了一幅景象，而認為自己瘋了，他來看我的時候，已完全驚惶失措。我乾脆從書架上取下一本四百年的老書，翻到一頁木刻畫，完全與他的靈視相符。我說：「你沒有理由認為自己瘋了，有人在四百年前就明白你的視象了。」於是，他坐了下來，像只洩了氣的皮球，恢復了正常。有一個非常重要的案例，案主自己是一位精神醫師。有一天，他拿了一本手寫的小冊子來給我，這是十歲大的女兒送他的耶誕節禮物，裡面有她八歲時做的一連串的夢。這些夢是我所見過最詭異稀罕的夢，我很能理解，她爸爸為什麼困擾不已了。這些夢雖然天真爛漫，卻神秘難測，而她爸爸完全不曉得裡面的形象從何而來。以下是夢中相關的母題：

1. 惡獸，長了許多角的蛇身怪物，殺死並吞噬了許多其他的動物。但上帝由四隅出現，以不同的四位神的面貌現身，讓所有死去的動物獲得重生。
2. 昇天堂，天堂裡有許多異教徒在跳舞慶祝；下地獄，地獄裡有許多天使在做好事。
3. 一大群奔跑的小動物嚇到了做夢者。這些動物越變越巨大，小女孩最後被其中一隻吞噬掉。

4. 一隻小鼴鼠被蟲蛇魚和人所穿透，然後鼴鼠變成了人，這個母題在描寫人類源起的四個階段。

5. 看到了一滴水，這滴水在顯微鏡下被注視，女孩子看到這水滴當中充滿了樹枝。這個母題描寫了世界的起源。

6. 一個壞男孩拿了一塊泥巴，只要誰經過就用一小塊丟他，然後所有經過的人都變成壞人了。

7. 一個酒醉的女人掉到水溝，爬出來後精神煥發清醒。

8. 場景在美國，很多人在蟻丘上打滾，被螞蟻狂咬。做夢者在慌亂間掉進了河裡。

9. 月亮上有一片沙漠，做夢者沉陷入沙地中太深，最後到了地獄。

10. 女孩在夢裡看見一顆發光的球，她觸摸這顆球，煙霧便從中放射出來，一個男人出現來殺死她。

11. 女孩夢到她病得很重，突然，許多鳥從她的皮膚跑出來，完全覆蓋了她。

12. 一大群蚊蚋像雲一樣遮住了太陽、月亮和所有的星星，只剩下一顆星，那顆星落在做夢者身上。

在德文原作中，每個夢都以古老的童話的用語，「從前……」做開頭。這些用語告訴我們，在這位小做夢者的感覺中，每個夢都好像一則童話故事，她希望把這些故事告訴爸爸，做為他的耶誕禮物。這位父親試著解釋這些夢的脈絡，但他不能這樣做，因為這些夢似乎無法引發什麼個人聯想。

當然，只有某個跟小孩非常熟識而能絕對肯定她說的是真話的人，才能排除這些夢可能是有意識造作出來的可能。（不過，即使這些夢是幻想出來的，對我們的理性來說也是一種挑戰）這種狀況下，既然這位父親相信這些夢是真的，我也就沒有懷疑的理由。我自己也認識這位小女孩，但那是在她把夢書送給她爸爸之前的事了，因此，當時我也沒有機會跟她詢問她的夢，她住在海外，在那個耶誕節後大約一年，她就因為感染重病去世了。

她的夢顯然具有相當特異的質素。夢中的主導思想在概念上也具有很高的哲學性。例如第一個夢談到一頭惡獸殺了其他動物，但上帝運用神聖的復原（Apokatastasis）或還原使牠們死而復活。這種觀念在基督教傳統薰陶下的西方世界是眾所周知的。我們可以在〈使徒行傳〉第三書第二十一節：「直到萬事萬物都復活，天堂才會接受〔基督〕……」早期希臘正教的神父（如奧里真Origen）特別強調這個觀念，在世界末日時，萬事萬物都會被救世主復歸於原初和完美的狀態。

但依據〈馬太福音〉十七書十一節，在古猶太傳統中老早就有以利亞「真正會第一個到來，並使萬物復活」的說法。〈哥林多前書〉第十五書第廿二節也以下述字句提出了相同的觀念：「雖然萬物在亞當之中死去，但萬物將在基督之中復活。」

我們可能會猜測小女孩從前一定在她的宗教薰陶中接觸過這類思想，其實，她的宗教背景很單薄，她的雙親名義上是新教徒，事實上，他們對《聖經》的認識都是道聽途說來的，所以很難說有人曾經把那個奧秘的復原(Apokatastasis)意象好好解釋給小女孩聽。當然，她的爸爸從沒聽過這個神秘的觀念。

幾個夢裡面，有九個跟毀滅和重生的主題有關，同時沒有一個夢顯示有特定的基督宗教教養或影響，相反的，它們反而跟原始神話相當有親緣。這層關係又因為另一個母題而進一步得到證實——第四和第五個夢裡出現的「宇宙生成的神話」(世界和人類的創造生成)。同樣的關聯也可以在〈哥林多前書〉十五書廿二節中見到，我在前兩段文字中已引用過這段話，這個段落中，亞當和基督(死亡與復活)被關聯在一起。

救世主基督的一般觀念，屬於英雄和救難者這個主題，它遍佈於全世界，出現於前基督時代，雖然英雄一度曾被一頭怪物吞噬，但後來又奇蹟式地征服了怪物，重新出現了。這樣的母題究竟在何時何地被創造出來，沒有人知道。對這樣的問題，我們甚至不知從何研究起哩。比較可以確定的是，每一代似乎都知道這個母題是傳統，是從某個先前的時代傳承下來的。因此，我們可以比較保險地假設，這個母題是在人類還不知道他擁有英雄神話的時局中「創造」出來的，換言之，在那個時代裡，人類尚未有意識地反省自己在說些什麼。英雄人物就是一個原型，這個原型自不復能記憶的太古時代就存在了。

原型出自潛意識心靈

兒童所產出的原型，意義特別深遠，因為我們有時候比較能確定，一個小孩跟相關的傳統比較沒有直接的牽連。回到先前的案例，小女孩的家庭跟基督教傳統也只有表面的牽連，當然基督教主題是可以被表述為上帝、天使、天堂、地獄和惡魔等觀念。但是，依小女孩看待這些主題的方法來看，其本源顯然與基督宗教完全無關。

讓我們先看看第一個夢裡的上帝，祂其實是由四位神所組成的，這四位神又來自「四隅」。到底是什麼東西的四隅？那個夢裡沒提到任何房間，而且，即使夢裡有房間，也不適於那樣明顯的宇宙事件。在此事件中，普遍的存有者本身降臨於世。四等分（quaternity）（或「四」的要素）本身容或是個奇怪的觀念，但在許多宗教和哲學當中，四等分都扮演了很重要的角色。然而，在基督宗教中卻被三位一體所取代了，而我們必須假設小女孩知道三位一體這個理念。但是，在今天一個出身普通中產階級家庭的人可能知道神聖的四等分嗎？這個觀念在中世紀的神秘哲學學派中，可能廣為學者所熟知，但它卻在十八世紀初消失了，因此這個觀念已荒廢近兩百年了。那麼，小女孩會在什麼地方發現它呢？從以西結看到上帝顯靈的靈視當中嗎？可是，基督宗教的教誨當中也並沒有將六翼天使等同於上帝。

同樣的問題也出現在長角的蛇。聖經裡的確有很多長角的動物，例如〈啟示錄〉裡面，不過牠們似乎全都是四角獸，牠們的大王雖然是龍（dragon），但從希臘語文來看，dragon這個字指的乃是蛇。十六世紀拉丁煉金術中出現的長角的蛇是四角蛇（quadricornutus serpens），象徵使神墨丘利，也是基督宗教三位一體的敵人。但這個參考點其實很模糊，就我目前的發現來看，四角蛇的說法是由單一作者完成的，而這個小孩根本沒辦法知道這種說法。

第二個夢裡出現了一個絕對是非基督徒宗教的母題，裡面包含了一般價值的倒轉，譬如，天堂裡的人跳著異教徒的舞，地獄裡的天使在做好事，這個象徵提示了道德價值的相對性，這小孩到底在那裡發現了這樣的革命性理念，足以稱得上有尼采的才情？

這些問題又將我們引向另一個問題：這個夢的補償意義是什麼，為什麼小女孩如此重視它們，要把它們送給父親當耶誕節禮物？

如果做夢者剛好是一位原始巫醫，我們便很合理的假設這些夢反映了一些哲學主題的變體，如死亡、重生或復活、世界的根源、人類的創造與價值的相對性。但事實並非如此。為了免於我們因認為這些夢無解而放棄，或許我們可以由個人層面進行詮釋，這些夢無疑包含了「集體表象」，也類似原始部族教給即將成年的年輕人的說法。在這樣的時機裡，年輕人學習去認識上帝、諸神或圖騰動物做了些什麼，世界和人類是如何被創造出來的，世界末日何時會來臨，以及死亡的意義是什麼。我們在基督宗教文明中，有任何機會去傳承類似的教誨嗎？有的，青春期就有。但許多人都在年老之後在接近死亡時，才會重新思考這類事情。

事實上，小女孩同時面臨了這兩種處境。她正在進入青春期，同時也接近了她生命的終局。她夢裡的象徵幾乎沒有什麼跡象是指向正常成人的開端，卻有許多提示毀滅與重生的線索。其實，我初讀到她的夢時，就有一種不祥的感受，這些夢隱藏了迫在眼前的危機。這種感受的根據在於，我由其象徵意義中推演出的補償作用，具有格外的詭異性質，而它跟我們期待在那般年紀女孩的意識中發現的東西，恰恰相反。

這些夢打開了一個嶄新而相當令人震驚的生死向度。我們以為我們只會在一個上了年紀的人回顧一生時才會出現那些形象，而不會期望在一個向未來展望的小孩夢裡發現。這些形象形成的氛圍讓我們想起一句羅馬諺語：「人生如夢，稍縱即逝」，而一點都沒有處於人生初春的豐盈與喜悅感。如同羅馬詩人所說，這個小女孩的生命如同「春季祭禮的誓約」(ver sacrum vovendum)。**很多經驗告訴我們，死亡會以我們未知的方式，透過犧牲者的生活和夢境投射出籠罩著「陰影的預感」(adumbratio)。即使是基督宗教教會的祭壇，一方面是墳墓，另一方面卻也是將死亡轉化為永生的復活之所。**

這些夢就是要讓這個小女孩瞭解這些觀念，透過簡短的故事，它們在為死亡做準備，就像原初民族的成年入會儀式中所說的傳說，或佛教禪宗的公案，這種訊息與正統基督宗教教義頗有距離，而比較像原始古老的思想，這種思想似乎是長久被遺忘了的心靈根源，孕生於一種早在史前時代就涵養著關乎生死的哲學與宗教冥想中。

就好像未來的事件將它們的陰影往回投射，而觸發了這個小女孩某種平日隱而不顯的思維形式，用以描繪或伴隨著一個生死論題的探究。雖然這些特定思維表達自身的形態，多多少少有個人成份，但其一般模式卻是集體的。這類思維形式在所有的時空中都會出現，就像不同物種間的動物本能雖然千變萬化，卻都在滿足相同的目的。我們並不是假定，每一種新生動物的個體經過學習都會創造出其特有的本能，我們也不能假設每個新生的人類個體都會發明他們特定的人類生活方式。跟本能一樣，人類心靈的集體思維模式也是天生和遺傳來的。當狀況出現時，這些集體思維模式便以大致相同的方式在我們身上發生作用。

這類思維模式所包含的情感表徵，在全世界各個角落都可以被辨認出來。即使它們可能存在於不同的物種間，我們甚至可以從動物身上辨認出來，而動物彼此間在這方面也相互理解。那麼你說昆蟲怎麼辦，牠們之間複雜的共生機制又如何？大部分昆蟲甚至不知道牠們的雙親是誰，也沒有誰能教導牠們，那麼，為什麼我們該假設獨獨只有人能超越他的本能，或人的心靈能免於它在演化過程中留下的所有痕跡？

當然，如果你認為心靈等同於意識，你大概很容易就會陷入一種錯誤的想法，認為人類來到世界時心靈是一片空白，而在生存的歲月中，心靈所含納的也只有個體經驗所學到的東西而已。但心靈絕對不止於意識層面而已，動物沒什麼意識，但牠們的許多衝動和反應卻顯示心靈的存在，而原始人類也常常在不知所以然的狀況下做了很多事情。

你可以問很多文明人，他們並不知道聖誕樹或復活節彩蛋的真正意義，事實上，他們也是不知所以然的做了很多事。我的論點比較傾向於認為，事情通常是先被做了，然後等到很久以後，才會有人問起為什麼要做這些事。醫學心理學者經常會碰到一些相當聰明的病患，他們的言行舉止怪異難測，但他們對自己的言行卻毫無覺察能力，他們會突然陷入毫無來由、自己也無法解釋的情緒當中。

表面上，這類反應和衝動似乎只是個人內在的特質，所以我們用體質特異行為來加以解釋搪塞。事實上，這類行為的基礎在於早先形成、隨時待命的人類特有本能系統，思維形式、普遍可解的表情、身體姿勢以及許多態度都遵循著某種模式，而此模式早在人類發展出反省意識之前就已經建立起來了。

我們甚至可以推斷，**人類反省能力的古老根源，其實是來自暴烈情緒衝突後的痛苦**

結果。讓我為此論點舉出一個純粹是為了圖象化的例子：一個叢林原住民，因為什麼都沒獵到，一時被絕望與憤怒沖昏了頭，勒死了他疼愛的獨子，然後，當他抱住小孩的屍體時，又充滿了無限的悔恨，這個男人大概一輩子都忘不了這個哀慟的時刻。

這類經驗是否真的是人類意識發展的起因，我們不得而知。但無疑的，這類情緒經驗的震撼，必然經常使得人們驚醒，回過神來注意他們的所做所為。一個廣為人知的例子，是十三世紀西班牙紳士雷蒙・盧爾（Raimon Lull）經過長久的追求，終於能與他愛慕已久的女士秘密相見，她靜靜掀開她的衣裳，讓他看她的乳房，已經被癌症啃蝕得腐爛不堪。這個震撼改變了盧爾的一生，他後來成為一位傑出的神學家，也是教會最偉大的傳道人之一。在這種突如其來的轉變中，我們通常可以發現在潛意識中運作已久的原型，很精巧的安排了整個環境態勢，終於將導致危機的出現。

這類經驗告訴我們，原型的形態不只是靜態的模式。它們還是動態要素，跟本能一樣，自發地在衝動中展現自身。某些夢、靈視或想法會驀然出現，而我們無論怎麼仔細探究都找不出它們的起因。這並不意味它們沒有任何起因，只是這些原因如此遙遠難以捉摸，以致我們無法看清是怎麼回事。這種狀況下，我們必須等，要不然等到夢和其意義水落石出，要不然就要等到發生了某些外在事件來解釋這個夢。

夢是預言未來的潛意識本能

在做夢的當下，這個事件可能還在未來翹首等待。但是，就像我們的意識思維經常為未來和它的各種可能操煩，潛意識和它的夢也同樣如此。長久以來，有一種蠻普遍的信仰，認為夢的主要功能是預言未來，從古代到中世紀，夢就在醫療的預後（prognosis）上扮演了重要的角色。我可以在現代的夢中指認預後（或預知）的成份，如同我們在古代人的夢中也可以發現同樣的要素。西元二世紀的阿提米德（Artemidorus of Daldis）提到，有個男人夢中看見他爸爸在一幢著火的房舍裡被燒死，不久之後，他自己死於phlegmone（燃燒或高燒），我推測他可能是得了肺炎。

同樣的事也發生在我的一位同事身上。有一次，他得了致命的壞疽高燒，事實上，也是phlegmone（蜂巢組織炎），這時，他之前的一個病患，只知道他的醫師病了，進了醫院也不知道這位醫師的病痛是什麼性質，卻夢到這位醫師燒死於大火中。當時，這位醫師才剛剛被送進醫院，也剛開始發病。三個禮拜後，這位醫師死了。

這個例子顯示，**夢可能有預知或預後的向度**，任何想解釋夢的人都不能不考慮這一點，特別是對一些顯然有意義但沒有脈絡可循的夢，實在是天外飛來一筆，使我們懷疑究竟是什麼東西喚它出現的。當然，如果我們知道這個夢的隱密訊息，就會明白它的原因。其實，還不明白其意義的只是我們的意識層面，潛意識似乎已經知道了，而且還透過夢來傳達它的結論。事實上，潛意識似乎能夠檢視事實，並從中引申出結論，絲毫不遜於意識，它甚至會利用某個事實，預示這個事實的可能後果，只因為我們並未意識到可能的後果。

但就我們能從參中領悟的程度而言，**潛意識是以本能的方式提供它的深思熟慮**。這項區分十分關鍵。意識的特權是邏輯分析，以理性和知識進行選擇，然而，潛意識似乎主要是由本能的傾向所引導，而它相應的思維形式則展現於原型之中。當一位醫師被要求描述一種病程時，他會用一些很理性的概念如「感染」或「發燒」，然而，夢的詩意就濃郁多了。它會把生了病的身體表象成地面的房子，把身體的高燒表象為燒燬房屋的大火。

如上述的夢所示，原型心靈面對這種處境的方法，跟阿提米德時代的做法並無二致：某些多少有點性質不明的事情已被潛意識直覺地領會，並歸諸於原型來處置。這時候我們便知道，介入的並不是意識思維的推理程序，而是原型心靈，它已經接管了預示未來的職責。因此，原型有它們自已的創發力和它們自已的特定能量。這些能力使得原型同時能創造有意義的詮繹（運用其本身的象徵風格），也能以其自身的衝力和思維型態介入既有的情境之中。就此而言，原型的作用與心理情結相去不遠，它們來無影、去無蹤，難以捉摸，也經常以令人尷尬的方式干擾或修正我們的意識意向。

當我們經驗到原型所伴隨的特有魅力時，我們同時也可以感知原型所特有的能量，它們好似握有一道奇特的符咒。其特殊性質也是個人情結的特質，就像個人的情結都會有其個體的歷史背景，原型人物的社會情結也有其個體歷史脈絡。但個人情結最多只會創造出個人的心理傾向，原型卻會創造出神話、宗教和哲學，流風影響將及於整個民族與整代歷史。我們認為個人情結是意識的片面或缺失的補償態度；同樣的，宗教性的神話可以被詮釋為一種心理治療，使人類能從飢餓、戰爭、疾病、年老和死亡的痛苦及焦慮中復原過來。

例如，普遍存在的英雄神話裡，總是有一個能力超凡的人或神人，戰勝了邪惡，邪惡可能化身為龍、蛇、怪獸、惡魔等等，於是英雄拯救其族人於死滅的危難之中。神聖經文的不斷重述，祭儀的一再重誦，以舞蹈、音樂、吟唱、祈禱和犧牲向這樣的英雄形象崇拜，緊緊抓住觀眾的超自然情緒(好似中了魔咒)，把個體提昇至與英雄認同的境界。

如果我們試著以信仰之來看待這樣的情境，或許就能理解普通人如何可能從其個人的卑微無助中解放出來，而充滿了(至少是暫時)超凡入聖的氣質。這種信心通常足以給他一段長時間的支持，並為他的生活帶來某種風格，甚至可能推移整個社會的風氣。這方面最有名的例子是古希臘穀神祭典，這些祭典最後在基督教時代第七世紀初葉被禁，這些祭典和德爾菲神諭共同表現出了古希臘的本質和精神。以更大的歷史時序來看，其實，基督教時代的名號和內涵，和古希臘的神人神話頗有淵源，這類神話的根源原型就是古埃及的陰司神——太陽神(Osiris-Horus)神話。

一般人會以為，基礎的神話構想是在史前時代的某種狀況下，由某位年老而睿智的哲學家和先知所「發明」出來的，之後，被一群老實憨厚的人所「相信」。有人說，一個正在修練法力的僧侶所講的故事不能「當真」，而只能當成是「一廂情願」。但「發明」(invent)這個字眼本身是來自拉丁字invenire，它的意思是「發現」，也就是透過「追尋」來發現某些東西。然而，「追尋」這個字眼卻暗示你對你所要找尋的東西已有某種先見之明。

讓我回到小女孩夢裡的奇異情節，這些情節不像是她硬掰出來的，因為她發現這些情節時非常驚訝，它們比較像是碰巧出現的詭異故事，值得特別注意，值得送給她爸爸當耶誕禮物。然而，她這樣做，等於是把這些情節提昇到今天仍然存活的耶誕神話——上主的誕生，再混合了長青樹的奧秘及其新生的光輝(這可以參考第五個夢)。

雖然，基督和樹的象徵關係間有豐富的歷史證據，但如果小女孩的父母被要求去明確解釋，究竟用蠟燭裝飾一棵樹以慶祝基督誕生有什麼意思的話，小女孩的父母一定會非常窘。他們會說：「喔！這只是耶誕節的習俗嘛！」若要嚴肅回答這個問題，需要做一篇牽涉廣泛的研究論文，單單以垂死神祇的古代象徵、聖母儀式及象徵聖母的樹這兩個向度來看，就可以知道其中問題之複雜。

原型即潛意識的象徵顯現

我們越深入發掘一個「集體表象」的根源（或用教會的語言來說，一條教義的根源），我們越會發現原型模型似乎是永無止境的網絡，但是，在現代之前，這個網絡從不曾有意識地被反省。因此，夠弔詭的是，**我們今天對神話象徵的認識，遠遠超過了我們之前的任何時代。事實上，生活在從前時代的人類，並不反省他們的象徵，他們只是在生活中潛意識地運用這些象徵的意義。**

我與非洲艾爾貢山（Mount. Elgon）原住民交往的經驗，可以做為這方面的例證。每天清晨，曦光微露時，他們會走出茅屋，把雙手捧在嘴前，用力吹氣或啐上唾液。然後他們把手掌向上，迎向第一道破曉的陽光，就好像他們用自己的精氣或唾液來供奉正在昇起的神——mungu（這是東非斯華希里語，他們用這個語詞解釋相關的儀式行為，其字根源自波里尼西亞的瑪那mana或mulungu。這些字眼與類似的詞彙指稱著一種無所不在、無所不能的「威力」。因此，mungu這個字眼約略等於阿拉或上帝）。當我問他們這樣做有什麼意思和目的時，他們非常困惑，只能回答道：「我們一向都如此啊！只要太陽昇起，我們就這樣做。」如果我直接下結論，說太陽就等於mungu，他們又覺得可笑，其實，太陽爬到地平線上之後，就不再是mungu了，只有日昇的當下才稱得上是mungu。

我當然清楚他們這些舉動的意義，但他們卻不懂：他們儘顧著做，從沒反思過他們的行為，也難怪他們無法解釋自己在幹什麼。我的結論是，他們是在向mungu奉獻自己的靈魂，因（生命的）氣息和唾液都是「靈魂的精華」。向某個事物吹氣或啐上唾液具有「神奇的」效用，就像基督用口水治癒盲人，或在某些地區兒子吸入父親的最後一口氣，以便接管父親的靈魂。這些非洲人很可能現在不知道、自古以來也從不明白這種儀式的意義。事實上，他們的先祖或許知道得更少，因為他們對自己的所做所為更加不假思索，動機也更加深沈地未經意識。

歌德筆下的浮士德說得好：「一切肇端於行為。」(Im Anfang war die Tat.)「行為」絕對無法發明杜撰，它們被做了就算數，而思維是人類比較晚近才發現的東西，人類先是被潛意識因素驅使而產生行為，過了很長一段歲月，他才開始反思促使他行動的原因，再經過一段時間，他才恍然大悟，一定是自己讓自己幹了那些事，因為他的心智再也找不出其他可能的驅力。

如果有人說，植物和動物是自己發明了自己，我們必定覺得頗為可笑。可是，卻有很多人認為心靈或心智發明了自己，因而它創造了它自身的存在。其實，心智成長到它目前的意識狀態，就好比一粒橡實長成橡樹、蜥蜴類演化為哺乳類一樣。它需要經過長時的發展，而且還會朝向未來繼續發展下去。我們不僅被內在的驅力驅動，也被外來的刺激驅動。

這些內在的動力，從深藏的源頭活水湧出，既非意識所生，亦不受意識控制。古代神話稱呼這種力量為**瑪那**（mana）或**精靈**、**神靈**、**神明**，祂們在今天仍然活躍一如往昔。如果祂們讓我們稱心如意，我們便稱之為幸運的吉兆或福至心靈，然後自許為很靈光的傢伙。如果祂們忤逆了我們的願望，我們就怪自己運氣差，怪某些人看不慣我們，或者以為我們的不幸一定是自己哪裡有病。我們拒絕承認，我們仰賴著許多我們無法控制的「力量」。

然而，晚近的文明人的確學會了某種程度的意志力，能隨其喜好、恣意而行。不必再仰賴歌吟或擊鼓的催眠效果，讓他在恍惚之間進入工作狀態，他學會了直接進入有效率的工作狀態。他甚至可以省掉每天向聖靈禱告求助的手續，依據先前的計劃，按部就班加以實行，把自己的想法順暢無比地轉譯為行動，而原始人類卻似充滿了干擾，事情每進行一步就會有恐懼、迷信和其他阻礙行動的無形障蔽。「有志者事竟成」這句箴言其實是現代人的迷信。

不過，現代人為了維持他這個信念，付出的代價便是極端缺乏內省。他無法洞察自身，而理性和效率只是讓他深陷於超越其掌控的「力量」中，不能自拔，他的神明和邪靈並未消失，只是改換了名字，祂們讓他庸庸碌碌、渾渾噩噩、心緒紛亂，讓他對成藥、酒精、香煙、食物貪求無厭，造成層出不窮、各色各樣的精神官能症。

我們所謂的開化了的意識，已將自身穩穩地由基礎本能中析離出來。但這些本能並未消失，只是與我們的意識失去了聯繫，不得不以間接的方式表現自身。在精神官能症的狀況中，本能可能會成為身體的症候，或成為各式各樣的附帶現象——突如其來的情緒、忽然忘掉要事、說出不該說的話。

人都比較願意相信他是自己靈魂的主人，但既然人無法控制自己的情緒和情感，也無法意識到潛意識要素怎樣無孔不入、迂迴潛入人的安排與抉擇裡頭，他當然稱不上是自己的主人。這些潛意識要素的存在方式，寓於原型的自主性之中。現代人會保護自己，不願看到自己的分裂狀態，於是將之有系統地區隔開，外在生活與自身行為的某些部分，彷彿被間隔在不同的抽屜中，使它們彼此老死不相識。

關於這種所謂的間隔心理學（compartment psychology），我記得一個案例。一位酗酒者被某派宗教運動深深打動，其宗教熱誠感召了他，使他忘掉了他需要喝兩杯。顯然，他奇蹟式地被耶穌治癒了，同時他也相應地表現得像個聖靈見證者，像個上述教會靈能的見證者。但經過一個多禮拜的公開懺悔，新鮮感與熱度逐漸褪去，某些酒精提神物似乎又在呼喚，於是，他又開始喝了。但是，支援團體這次卻說他「有病」，顯然不適合耶穌的介入治療，然後他們把他移送給醫院，讓醫生做些比聖靈治療更有效的處置。

以上是現代「文化」心智的一個走向，值得我們省思。這個例子顯示了令人憂心的意識分裂和心理糾葛。

如果我們稍事停留，視人類為一個個的個體，我們就會了解，人類像一具具被潛意識驅動的人格，而人類喜歡把某些問題塞進相互隔離的橱櫃裡去，這也就是為什麼我們必須花費很多心思來考量我們的所做所為，因為今天人類已經陷入了自己製造的致命危機中，而且越來越失控。這樣說吧，今日世界已經分裂得像個精神病患，以鐵幕做為象徵的分隔線。由於警覺到東方力量的攻擊欲望高漲，西方人認為自己不得不採取非常的防衛手段，同時還以為自己的義正辭嚴很光采。

西方人沒有看到他自己的惡劣處，他想以良好的國際禮儀掩飾過去，卻被共產世界寡廉鮮恥、有條不紊地全數丟回他臉上。西方人忍受的這一切，其實在暗中也不無心虛可恥之處（他們自己也搞外交謊言、有系統地欺瞞、巧飾過了的恫嚇），它從東方全數迴向給西方，將大家糾纏在精神官能症的糾結(neurotic knots)上。西方人的邪惡影子投影在他自己的臉上，從鐵幕的另一邊向西方人露齒冷笑。

核武競賽與經濟賽於事無補

這種事態，可以解釋西方社會裡為何有那麼多人有異樣的無助感。他們開始了解，我們面臨的是道德的困境，而採取囤積核武或經濟「競賽」政策根本於事無補，因為那樣做是道德的騎牆派。現在，我們很多人都了解道德或心靈的對治會更有效，因為它們能夠提供我們心靈上的免疫力，抵抗日益高張的壞習氣。

但是，所有這些努力後來都被證明為枉然，而且，只要我們想說服自己錯是在他們（即我們的對手）那一邊，上述的努力就一直不會有什麼作用。如果要真正從重點下手，我們就必須好好嘗試著承認我們自己的陰影及惡劣行徑。**我們若能直視自己的陰影（我們天性的陰暗面），應該就能免於任何道德上或心靈上的壞習氣和鄉愿媚俗**。以今天的態勢來看，我們對任何的惡劣習氣都沒有抵抗力，因為我們在實際中的作為跟他們實在沒有兩樣。而且，我們還多了一道困境，在禮數周到的粉飾下，我們既沒有看到、也不想了解我們自己做了些什麼。

我們可以看到，共產世界有個巨型神話（我們稱之為幻象，一廂情願地以為我們超然的裁判可以令它消匿無蹤）。這個神話來自於黃金時代（或天堂樂園）的神聖時間原型夢，在此樂園中，人人不虞匱乏，一位偉大、公正、明智的首領統治一切。這個威力十足的原型，以幼稚的形式擄獲了共產世界，不過，如果我們只是用自以為超然的觀點來看待它，它就永不會從世上消失。其實，我們也用我們的幼稚助長了它，因為，我們的西方文明也是同一個神話的囊中物，我們也潛意識地珍視同樣的成見、希望與期待，我們也想要幸福繁榮、普世和平，我們也想要人類平等、普遍的人權，我們也想要正義、公理和（別說得太大聲）在俗世建立上帝之城。

然而，悲哀的事實是，人類的真實生活中充斥了無情的對立，日與夜、生與死、快樂與傷悲、善與惡。我們甚至無法肯定，究竟哪一方佔上風，善能否超越惡、喜悅能否克服痛苦。生活是個戰場，它一直都是這樣，也一直會是這樣，**如果生活不再是戰場，人的存在就走到了盡頭**。

人類的這個內在矛盾，使得早期基督徒癡心盼望這個世界提早結束，也讓佛教徒捨棄了所有俗世的欲望功名。如果這些根本的解答不跟形構兩大宗教的龐大心靈觀念、道德觀念及實踐工夫合而觀之，如果不靠這許多觀念與修行工夫修正它們對世界的徹底否定，所謂根本的解答，只有自殺一途。

我之所以特別強調這一點，是因為在我們這個時代，有無數人失去了所有信仰，這些人不再了解宗教，當生活沒有宗教仍然平平順順時，失去信仰根本不被當一回事。一直要等到傷痛來臨，人們才開始尋找出路、反省生命的意義、反芻生命中種種困頓苦惱的經驗。

依我的經驗來看，猶太人與新教徒比天主教徒更常向心理醫師尋求諮商，此中玄機，頗值玩味。其實這種狀況並不令人意外，因為天主教教會仍認為自己有責任「照顧靈魂的幸福」(cura animarum)。只不過在這個科學的時代，大家比較會將從前向神學家求助的問題，轉而求助於精神醫師。今天的人們會覺得，一旦他們肯定信仰了某種有意義的生活、信仰上帝和永生，就會造成極大的改變，然而，這種想法其實是引向死亡的幽靈最常丟出來的強力誘餌。從不復有記憶的時代以來，人類就擁有至高存有(一個或多個)與死後世界的想法，只有今天的人類才會認為他們不需要這類觀念。

由於我們無法用無線電波望遠鏡發現空中有上帝的王位，也無法確證親愛的已逝雙親是否仍多多少少具有某種肉身型態，於是，我們就認定這樣的現象「不真實」。我卻寧可說這些觀念不夠「真實」。因為，這類觀念自史前時代即與人類相伴，它們隨時會因為刺激而突然躍昇到意識中來。

宗教信仰需要科學證明嗎?

現代人也許會斷言，他可以廢除這些宗教觀念，而他的看法的強力支撐點就是要求拿出科學的根據來，如果科學真可以提出證明，他便會後悔自己不再有堅信。可是，既然我們面對的是不可見、不可知的事物(因為上帝超越了人類的理解範圍，我們也無法證明永生不朽為何物），那我們為什麼要被證據所困擾？就算我們不曉得為什麼我們必須在食物裡放鹽，我們依然受惠於這樣做。我們也許會主張，用鹽只是在滿足味覺的幻象，只是一種迷信，但加點鹽到食物裡，確實會增進我們的福祉。那麼，我們為什麼要讓自己放棄有助於渡過重重危機、且能為我們的存在給出意義的宗教觀點呢？

我們又如何知道這些宗教觀念並不真實？如果我們斷然認為這類觀念可能只是幻象，必定有許多人會同意。他們不了解的是，對於宗教信仰的主張來說，不論是否證或是「證實」，都同樣不可能。我們選擇如何看待宗教，是完全自由的，因而，我們這類判斷時的觀點均屬專斷的抉擇。

然而，有一個很強的經驗理由，足以支持我們去涵養一些無法被證明的思想。很簡單，這些思想的效用已廣為人知。人類是真的需要堅定信仰和普遍觀念，讓他的生命獲得意義，讓他在宇宙間找到安身立命的位置。**如果人堅信某些困境對他有意義的話，他便可以忍受最匪夷所思的困阨**，在他的不幸達到最極端，他不得不承認自己在參演一齣「白癡說的故事」之後，他才會倒下去。

宗教象徵可以給出人生的意義。巴布羅印第安人相信他們是太陽之子，這種信仰使他們的生命有了觀點（也有了目標），使他們有限的存在有了超越意義，讓他們的人格發展有了廣闊的視野，終至讓他們得以過著充實的全人生活。他們的宗教誓約帶來的無限知足，遠超過今日文明人的想像，文明人知道他只是（將來也一直會是）一個猥瑣無名、生活空洞無趣的失敗者。

能對自己的存在感受到較廣闊的意義，便能讓人獲得提昇，超越單純短視的得失算計。如果人缺乏這種意義感，便會感到迷失與悲哀。一旦聖保羅深信他只不過是個流浪的製帳篷匠，他當然不會變成後來的他。他真正有意義的生活，在於他堅信自己是上主的信使。有人會以為他其實有誇大狂，但是，依據後人提供的歷史證據來判斷，這種說法是站不住腳的。他所深信不疑的神話，使他感到自己不只是個工匠，而是不凡的人物。

然而，這類神話所滿溢的象徵，並非有意識地被發明出來的。它們如其所如地發生，而不是耶穌這個人創造了神人神話。在耶穌誕生前，這個神話已經流傳數千百年以上了。耶穌自己也被這個象徵所吸引，才會像聖馬可告訴我們的，耶穌因而脫離了拿撒肋木匠的狹隘生活。

神話可以溯源到原始說故事人和他的夢，也可以溯源至一些被奔放幻想所感動的人。這些人跟後來所謂的詩人或哲學家並沒有太大的差別。原始說故事人並不在乎其幻想的來源，而是在很久很久以後，人們才開始對故事的源頭感到好奇。然而，遠在幾千年前我們所謂的「古」希臘時代，人類的心智即已進步到足以推測諸神傳說的起源，諸神應只是年代久遠的國王或首領生平，加上誇大渲染所形成的傳統。一般人已抱有成見，認為神話的內容是絕不可能的事，因此，他們會把神話化約為一般人可理解的形式。

在比較晚近的時代，針對夢的象徵活動，我們看到的狀況如出一轍。當心理學還在搖籃裡的時候，我們發現夢還有點地位。但希臘人說服了自己，認為他們的神話只是從理性或「正常」歷史裡渲染出來的東西，某些心理學的拓荒者也提出相應的論點：夢的意涵不等於它們表面的意思。夢中出現的形象或象徵被簡單歸納為特異形式，心靈的潛抑內容以這種特異的形貌呈現給意識心智。據此，夢會被認為是表裡不一、另有所指，乃理所當然之事。

我已經說明我為何反對上述觀點，這種不滿，引領我去研究夢的形式與內容。為什麼夢的內容不等於它們所意指的東西？夢跟自然界中的萬物有何差異？夢是正常自然的現象，它並不會言不由衷。猶太法典甚至告訴我們：「夢就是它自己的詮釋。」然而，由於夢的內容具有象徵性，意義繁複紛歧，所以才產生了各種混淆。象徵會指向與意識心智理解活動不同的向度，串聯上潛意識，或至少牽連上意識範圍之外的某些東西。

象徵研究為何令科學心智困擾

科學心智對這類象徵現象一向感到棘手，因為，我們不可能為象徵找到足以滿足理智或邏輯的說明。其實，這在心理學中並非特例。「情緒」或情感現象是麻煩的開端。心理學者絞盡腦汁，要為情緒現象按上最終的定義，可是情緒卻不斷逃脫任何界定。不論是象徵，還是情緒，這些令人難堪的題目都有相同的原因：潛意識的干擾。

我很瞭解科學的觀點，不消多說，科學最討厭面對無法完全精確掌握的事實。這些現象造成的麻煩在於：雖然我們無法否認這些事實，卻不可能用智性的詞彙去描繪它們，因為真正的麻煩其實是，我們不得不去理解生命本身，而情緒和象徵正是生命所創造出來的。

學院派心理學者儘可以不理會情緒現象或潛意識這個概念，然而，事實畢竟是事實，連臨床心理學者也不得不對這些事實寄予應有的注意，因為，情緒衝突和潛意識干擾本來就是心理學的經典特色。如果他全程照顧一位案主，他就會碰上這些非理性的冰冷事實，而且，他根本無暇考慮自己是否有能力用理智的說法解釋這些現象。更何況，一般人並沒有臨床心理學者的經驗，他們自然很難弄清楚發生了什麼事。至此，心理學已不再是科學家在實驗室裡的寧靜追求，而是積極參與真實生活的冒險。定向標靶的瞄準射擊練習，跟戰場的真槍實彈射擊，相距不可以道里計，醫師必須處置一場實戰中的因果關係，即使他無法以科學的定義來具體說明，他也必須自己動手處理這些心靈事實。這也就是為什麼心理學沒有教本，只能透過實際的體驗來學習。

讓我們來檢視一些眾所周知的象徵，以便清楚敷陳出我的論點。

舉例來說，基督宗教的十字架就是一個饒富意趣的象徵，它表達了多重的形貌、觀念和情感，不過，在這一大堆名相意指的後面，十字架卻只是表示這個人已經死了。陽具在印度教中是個總括萬物的象徵，但如果是個街頭頑童把陽具畫在牆上，那不過是反映了他對陰莖深感興趣。由於童年和青少年時期的幻想通常會延續到成年生活中，成年人的夢中因此會出現明確的性暗示，若以為這些性暗示另有所指，豈不荒謬。當水泥匠說僧人和修女應該彼此交疊、配對躺好，電氣工隨口講說陽插頭應該對準陰插座時，我們卻說他耽溺於火辣辣的青春期幻想，豈不貽笑大方。他只不過是用一些有色的形容詞、代名詞在描述手邊的建材電料罷了。如果一位有教養的印度人跟你談到lingam（男性生殖器像，代表印度神話中的濕婆神Siva）時，你會聽到一些我們西方人絕不可能與陰莖聯想在一起的事情。lingam當然不是在暗示淫猥之事，十字架也不只在指稱死亡，其意義端視創造此形象的做夢者有多成熟而定。

夢的象徵與詮釋亟需智巧，不可能從中抽繹出一套機械性的體系，然後填塞到毫無想像力的腦袋裡去。我們必須盡可能認識做夢者的個體特質，詮釋者也需要盡可能對自己的角色有所覺察。在這個領域裡，任何老練的工作者都不會否認，有一些粗略的規則很有用，但這些規則的應用卻必須審慎而明智。我們可能遵守了所有正確的規則，卻陷入陰森恐怖的荒謬泥淖中，只因為我們忽略了某個看來完全不起眼的細節。然而，如果我們保持較佳的理智態度，就不容易錯失此一細節。不過，即使一個人的智力高超，也可能因為欠缺直覺或情感而錯到不可收拾的地步。

我們在嘗試了解象徵時，不僅僅面對了象徵本身，更是在面對創造象徵的完整個體。

這意味著我們要研究他的文化背景，在研究的過程中，我們會用自己的教養背景填補中間的許多鴻溝。我給自己訂了一條規則，將每個案例都視為全新的命題，把我從前的見聞與經歷都放下。處理表面的事象時，制式的回應或許比較實際、有用，但我們一旦深入碰觸到活生生的問題時，生命本身就會接管一切，即使是最震懾人的理論前提，至此都化成廢話一堆。

直覺與想像對我們的知性至為重要，雖然時下流行的看法認為，它們主要是對詩人和藝術家有價值（換言之，我們不該信任這類「多愁善感」的事物），事實上，直覺與想像在所有層次較高的科學活動中都十分活躍。在科學的深層探究時，它們的角色特別重要，因為，它們能夠補充並輔助「理性的」智巧及其於特定問題上的應用。即便是所有應用科學中最嚴格的物理學，也在令人訝異的程度上仰賴直覺，並透過潛意識的方式順利運作（當然，很可能後來可以證明，某種邏輯程序也可以推導出與直覺同樣的結果）。

詮釋象徵時，直覺幾乎是不可或缺的要件。通常，直覺可以保證做夢者立即理解這些象徵，但是，我們在主觀上深信不疑的幸運徵兆，卻也是相當危險的徵兆，它會很輕易就導向虛浮不實的安全感。譬如，它會引誘詮釋者和做夢者一起進入話題不斷、比較輕鬆自在的關係，並結束在共同分享的夢中。如果我們滿足於這種「徵兆」帶來的模糊感受，真正知性理解和道德理解的審慎基礎將流失殆盡。只有某個人能由種種直覺中走出來，歸納為對事實的精確認識和邏輯關聯，我們才可能進行解釋和認識。

一位誠實的探究者必須承認，他無法一直做到上述的要求，但如果他沒有一直牢記上述的要求，就等於是不誠實。科學家也是人，因此，他跟一般人一樣，自然會憎恨他所無法解釋的事實。許多人都有一種偏見，以為我們今天知道的事情，都是自古皆然的事情，其實，科學理論是十分脆弱的，它致力於讓事實暫時得到解釋，而非致力追求亙古不移的真理本身。

象徵的角色

臨床心理學者關注象徵時，基本上關切的是「自然」象徵，而有別於「文化」象徵。自然象徵源自心靈的潛意識內容，因而彰顯了基本原型形象的種種變體，許多狀況下，還能經由溯源，返歸其原初的根系——也就是我們在原始社會與最古老的紀事中所接觸到的觀念和形象。另一方面，文化象徵則用以表達「永恆真理」，許多宗教至今仍在使用文化象徵。它們歷經了多次形變，甚至是多多少少有意識的發展過程，最後才變成文明社會所接受的集體形象。(註5)

然而，這樣的文化象徵仍保存了許多原初的神祕性和「符咒魅力」(spell)。我們會發現，它們能激發一些特定個體，出現深度的情緒反應，這種心靈上的異樣變化，使這些文化象徵產生了與成見類似的效能，讓心理學者不得不將它們列入考量的因素。雖然從理性的眼光來看，文化象徵不是荒誕不經便是風馬牛不相及，但若對它們視而不見，卻是愚不可及。人類在建立社會時，他所需要的心靈配備和生猛之力裡面，這些文化象徵乃是關鍵性的組成要素，一旦它們被連根拔除，就會造成重大的損失。如果文化象徵被壓抑或輕蔑，其特定能量便會消失，轉入潛意識，釀成無法想像的後果。事實上，以此方式在表面上消失的心靈能量，會轉化為鼓動與強化潛意識中浮現之物的力量，振奮起種種的自然傾向，或許，這些傾向本來沒有機會表現自己，至少，它們不曾肆無忌憚地橫行在我們的意識之中。

這樣的傾向形構出一道「陰影」，如影隨形，悄悄伴著意識的心智，而具有潛在的毀滅性。即使在某些環境條件下，這類傾向可能努力做出好的影響，但只要它們被壓制，就會轉變為邪靈。可想而知，這就是為什麼有很多好心人都害怕潛意識，還連帶地害怕心理學。

這個時代已經擺在我們面前，告訴我們什麼叫做陰間大門即將洞開，窮凶惡極的事情在我們眼前發生，整個人間顛倒了過來，其慘烈是廿世紀最初十年悠閒無爭的人們壓根兒想像不到的。自此爾後，這個人世就停滯在精神分裂狀態，不僅已開化了的德國傾吐出其可怖的原始本能，俄國被原始本能所宰制，連非洲也被點燃了戰火。難怪西方世界如此坐立難安。

現代人不了解，他的「理性主義」（使他無力感應到神祕的象徵和觀念）已經把他推向可憐的心靈「陰間」。現代人讓自己從「迷信」中解脫（或者他以為他已解脫），但他也同時失去了他的精神依歸，心靈空虛到了無以復加的境地。他的道德與精神傳統已然解體，現在，他正在為這項全球性的迷失、分裂與崩潰付出代價。

人類學者經常告訴我們，一個原始社會的精神價值暴露在現代文明的衝擊之下，會有什麼樣的下場。這個社會的子民失去了生活的意義，他們的社群組織分崩離析，自己也走向道德的腐敗墮落。現在，我們的處境亦復如是，只是我們永遠沒有真正了解我們失去了什麼，因為，很不幸的，我們的精神領袖寧願致力於維護其體制，而不願了解象徵所呈現的奧祕。依我的看法，**信仰並不排斥思考（思考是人類最強的武器），不幸的是，好像許多宗教信徒都對科學心懷恐懼（包括對心理學），使他們無法面對永遠控制著人類命運的神祕心靈力量**。我們剝光了所有事物的神祕性、超自然性，所有的事物都不再神聖。

在稍早的時代，人類心靈湧出一些本能的念頭時，他的意識心智無疑能夠將之整合（integrate）到圓融的心靈模式中，但「開化的」人類卻做不到這一點。他那「進步的」意識，讓自身不再能消化（assimilate）從本能和潛意識額外貢獻來的養分，而這類整合（integration）和消融同化（assimilation）的機能，就是由已公認有神聖地位的神祕象徵來擔當。

人類心靈的整合與同化能力

譬如，我們今天談到「物質」（matter）時，會描述其物理特徵，會透過實驗室中的實驗操作，證明其某些向度。但「物質」這個字眼依舊乾巴巴的，沒有一點人味，純屬智性上的概念，對我們不具有任何心靈意義。然而，古老時代的物質卻有迥然不同的形象——萬物之母（Great Mother），這種說法足以統攝和表現出大地母親（Mother Earth）的深沈情感意義。同樣的，今天的神靈（the spirit）也是透過理智來認定，因而不再有萬物之父的地位，神靈的概念被掏空，退化到人類有限的自我執著想法中。「我們的天父」這個形象所表現的無限情感能量，如今已化為烏有，沈沒於理智沙漠的沙河之中。

整合與同化，這兩個原型之道，位於東西體系交會的基礎上。然而，芸芸眾生和他們的領導者並不了解，西方人以雄性與父親（神）來稱呼世界的原理，跟共產黨以陰性與母親（物質）來指稱世界的原理，兩者之間並無扞挌。基本上，我們對前者的認識與對後者的認識一樣膚淺。過去，這些原理在所有的儀式中都會被崇拜，而這些儀式至少表現了這兩種原型為人類提供的心靈意涵，可是，它們今天卻變成了純粹抽象的概念。

隨著科學理性的擴展，這個世界變得越來越沒有人味。人類覺得自己孤立於宇宙之中，因為他不再徜徉於自然，失去了與自然現象在情感上的「潛意識認同」，自然現象漸漸失去了象徵意涵。打雷不再是神憤怒的聲音，閃電也不再是祂用以復仇的導彈；河川裡不存在河神，樹木也不會是人的守護神；蛇不再是智慧的化身，山洞也不再是巨魔的家屋；石頭、植物、動物不會跟人講話，人也不再跟它們說話，不相信它們能聽到什麼。人類與自然失去了聯繫，隨之而來的是，兩者接觸時的象徵關係所帶有的深刻情感能量也消失無蹤。

我們的夢的象徵，彌補了這種巨大的損失。**夢吐露出我們的自然本性**——自然本能及其獨特思維。然而不幸的是，夢以自然的語言表露其內容，讓我們覺得陌生不解。因此，我們眼前的工作，是將夢轉譯為理性的語言及現代的口語化概念，讓夢得以從它的原始氛圍中解放出來，尤其是由它所描述事物的神祕領受中解放出來。今天，當我們談到鬼魂和其他超自然的事物時，我們不再能召喚它們現身，那些一度具有召魂效力的用語，已枯竭殆盡，不再具有生猛的威力。我們不再相信魔法咒語，禁忌和類似的忌諱也凋零得所剩無幾，這個世間似已經過徹底消毒，抹除了所有「迷信的」精靈，視之為「巫婆、術士、唬人的玩藝兒」，更別提狼人、吸血鬼、叢林遊魂和所有棲息於原始森林裡的異類存在。

講得精確一點，表面上，今日世界似已清除了所有的迷信與非理性的成份，然而，人類真正的內在世界（而非刻劃內心卻寫得一廂情願的小說）是否已擺脫了所有的原始性，則應另當別論。對許多人來說，13這個數字不仍是個忌諱嗎？不是一樣有許多個體被非理性的成見、心理投射和幼稚妄想迷惑得無法自拔嗎?人類心智的現實景象，暴露出許多這類原始行徑的蛛絲馬跡，它們的地位依舊耀眼，就好像過去五百年什麼事都沒發生一般。

這個論點頗值得我們好好玩味。其實，現代人是其心靈長期發展中學習到之種種特徵的詭異混成體，此一混成的存在就是我們要處理的人類及其象徵，而我們必須特別小心翼翼地檢視人類的心靈產物。懷疑論和科學信仰在他的內心攜手並進，塡塞給他一大堆過時的成見、老舊的思維與情感習慣、冥頑不化的錯誤詮釋及盲從無知。

這就是當代人類，他們創造了我們心理學者所欲探究的象徵。要解釋這些象徵及其意義，就必得先搞清楚這些象徵的表象是純屬個人經驗，還是經過夢的揀選，從一般的意識知識庫藏中被挑出來配合夢的特殊目的。

拿一個出現13這個數字的夢當例子。問題在於，做夢者自己是否一向就相信這個數字帶有的不祥性質，或這個夢是否只對仍舊耽於此一迷信的人產生暗示。不同的答案，會造成詮釋上極大的差距。若是前一種狀況，你心裡必須有數，這個個體仍然臣服於不祥13的魔咒之下，因此，不論是在飯店的13號房裡，還是跟13個人共坐一桌，他心裡都會毛毛的。若是後一種狀況，13只不過是個不禮貌或咒罵的用語。「迷信的」做夢者仍會感受到13的「魔咒」，比較「理性的」做夢者則已將13的情緒暗示完全排除了。

夢的象徵是心靈能量的顯現

上述論證顯示了實務經驗中原型的現身方式：原型同時是形象與情緒，只有我們同時提出這兩個向度時，才算是在談論某個原型。如果只有形象，只能產生一些看圖說故事的簡單聯結。但如果再注入情緒，形象獲得了超自然的向度（或心靈的能量），形象便有了動態，某些聯結也就會自此源源流出。

我很明白，這個概念很難掌握，因為我想以文字來描述某種本質上難以明確定義的事物。但由於有那麼多人選擇把原型看成某種機制系統的一部分，好像只要反覆背誦就可以懂得原型是怎麼回事，因此，我有必要強調原型不只是一組名相，也不是純粹的哲學概念。原型是生命本身的組件，在情緒的仲介下，種種形象跟活生生的個體統整聯結起來。這就是為何所有的原型都不可能有任意（或普遍）的詮釋，它必須跟特定個體關聯起來，將他整體生命處境的指向琢磨出來，才能進行解釋。

因此，一位虔敬派基督徒的夢，其中的十字架的象徵就只能用相應的基督教脈絡來進行詮釋，除非夢裡產生了其他更強的理由，足以蓋過十字架的宗教象徵意涵，即便真的發生上述情形，其基督教特有的意義還是必須加以牢記在心。但我們不能說，在任何時空條件下，十字架象徵都具有相同的意義。如果這樣做的話，十字架象徵的神祕、活力均將蕩然無存，成為純粹的文字遊戲。

不了解原型的特殊情感基調的人，會以為原型只不過是神話概念的大雜燴，這些概念被串連起來，以證明每個事象都指示著任何事象——等於毫無所指。世上所有屍體的化學成分都相等，但活生生的個體卻有不盡相同的化學成分，我們只有耐著性子，努力去發掘原型為何、又如何對活生生的個體產生意義，原型才會開始接近生命。

當你弄不懂某些字眼代表什麼意義時，盲目使用它們，只是徒勞。對心理學來說尤其是如此。縱使我們可以討論像安尼瑪(anima)、安尼姆斯(animus)、智者(the wiseman)、萬物之母等原型，也可以認識世間的聖者、賢人、先知、神人和所有的偉大母親，但如果它們只是你從未體驗過其奧妙的形象，那你就好像在說夢話，因為你根本不曉得自己在講些什麼，你用的字眼將是一派空洞、了無生趣。只有你盡力將這些字眼的超自然性善加考量，仔細斟酌它們與生活個體間的關聯，這些字眼才會獲得生命與意義。只有到了那個時候，你才會領悟，它們的名相稱號其實頂不重要，它們如何與你產生關聯，才是至關緊要之處。

由此可知，我們做夢時創造象徵的機能，是努力將人類的原初心靈轉化出「發達」或細分化的意識，使意識達到前所未有的境界，也使意識臻於之前未加自我批判反省的境地。因為，在長時的過往中，原初心靈就等於人類性格的整體，當人類擴展了意識，他的意識心智也跟某些原始的心靈能量失去了接觸，甚至使它渾然不知有那原初心靈的存在。雖然，也只有歷經演進分化了的意識才能覺察到這種原初心靈，但在意識分化演進的過程中，那原初心靈卻早已被拋在腦後。

還好，我們所稱的潛意識，保留了累積在原初心靈中的原始特徵。夢的象徵經常就是在指涉這些原始特徵，好像潛意識企圖召回心靈在演化過程中所拋棄的老東西——幻象、幻想、原初思維形式和基本本能等等。

於是，人們在接近潛意識事物時所經常產生的抗拒、甚至恐懼，都是可以瞭解的。這些遺留下來的老東西一點都不超然物外，相反的，它們飽含能量，造成的效果絕不只是一點點的不舒服，而是觸動真實的恐懼感，它們越被壓抑，就越會造成整個人格的精神官能問題。

正是這種心靈能量，使得夢的象徵有了鮮活的重要角色。如果一個人的一段潛意識浮現出來之後，一定會突然領悟，好似他的記憶中有一道裂縫，裡面有許多曾經發生過的重大事件，只是他根本記不得。由於他假定心靈絕對只跟個人相關(這是個很普遍的假設)，於是，他會追溯已經失落的童年記憶，但是，他童年記憶的裂隙其實只是一個更巨大失落的表徵——失去了原初心靈。

身體的胚胎發育過程會重演它的演化史，心靈也同樣要通過一系列的史前階段，才能得到發展。夢的主要任務，就是要「喚回」史前及童年的記憶，直透入最原始的本能層次。弗洛依德老早就看出來，對某些個案來說，這樣的記憶喚回會產生宏大的療效。

他的觀察證實了一個觀點，童年的記憶裂隙(所謂失憶amnesia)，反顯出某種確實的失落，只要讓它還原過來，就可以增進生活的幸福。

兒童的夢會呈現原初心靈的演化過程

因為，一個小孩的身體還小，他的意識思維也還幼稚單純，所以，我們不瞭解他認同於史前心靈的童年心靈具有多麼深遠的內涵。「原初心靈」(original mind)至今仍充分呈現、運作在小孩身上，就如同在身體的胚胎發育過程中，呈現了人類演化的各個階段。我先前曾提到一個小女孩，她把自己非比尋常的夢當做禮物，送給爸爸，如果讀者沒忘掉這一段，就會很清楚我上面在講些什麼。

透過童年的失憶內容，我們會發現很奇異的神話片斷，也同時出現在後來的精神病(psychoses)中。這類形象具有高度的神秘性，因此而更顯出它們的重要。如果這類回憶重現於成年生活，某些狀況下，它們會引發深度的心理障礙，然而，對其他人來講，它們反而可能產生神奇的療效或宗教上的悔悟皈依。它們常常會帶回生命的一個片斷，已經遺忘很久的片斷，卻因此為人生憑添更多的目標和色彩。

喚回童年記憶，心靈活動可以重新啟動種種原型樣式，為意識創造更廣闊的視野、打開更大的伸展空間，但有一個條件，就是必須成功同化和整合意識心靈中失而復得的內容。既然這些內容不可能毫無偏頗，它們在同化之後就會修正原有的人格，同時它們自身也會承受某種程度的改變。在這所謂的「**個體化過程**」(the individuation process)(弗蘭茲博士在此書稍後的章節中會對此加以描述)中，象徵的詮釋在實務上扮演了非常重要的角色，因為這些象徵正是自然而然的嘗試，試圖在心靈中緩解、統合種種的對立項。

當然，只是看看這些象徵，然後就把它們拋在腦後，這樣不會有什麼效果，只會重新強化了既有的精神官能病況，進而摧毀了整合的企圖。可惜的是，那些少數並未否認原型存在的人，幾乎一成不變地將原型理解為語言文字，而遺忘了原型是活生生的實在。如果原型的神秘性因此而(不合法地)被抹煞掉，無止無盡的輪替取代就展開了，換言之，我們會因此在不同的原型間的滑來滑去，使每件事都可能跟任何一件事穿鑿附會在一起。雖然原型的種種外顯型態在很大程度上可以互換，但原型的神秘性仍然是事實，一個原型事件的意義仍需藉其神秘性來體現。

在詮釋夢的整個理智過程中，我們心裡必須牢記上述的情緒意義，並允許它伴隨整個過程。我們太容易失去這方面的意義了，因為思考和情感是如此戲劇性地對立，以致兩者幾乎都自動地拋棄了對手的存在價值。事實上，唯一一門要仔細考慮情感要素的科學，就是心理學，因為情感要素正是物理事件與生活間的橋樑。通常，心理學會因為它的這種特性而被批評為不夠科學，但心理學的批評者卻未能了解到，對情感意義投注以應有的考量，有其科學上和實務上的必要性。

治療分裂

我們的智識宰制了自然，並且利用巨大的機器迅速擴展。無疑的，這些機器很有用，我們不可能沒有它們，也不可能不依賴它們。人類順從其科學發明的心智，冒險奮進，並以其耀眼成就洋洋自得，這是無可厚非的事。在此同時，人類的才份也顯示，他發明新事物的微妙心思變得越來越危險，因為，這些新事物表現得越來越適於集體自殺。

人類看到世界人口急速暴增，且已開始謀求辦法來防治此一燃眉之急。但是，自然會助我們一臂之力，以扭轉人類自己的創造心智。譬如，氫彈會有效停止人口過剩。雖然我們沾沾自喜於對自然的宰制，我們仍然是自然的祭品，甚至在還沒有學會控制自然之前，已一步一步招致無可避免的災難。

我們已經無法找到任何神靈來幫忙，世界各大宗教因為與日俱增的失憶而每下愈況，守護神從森林、河流、山岳中出走，遠離了動物生靈，神人消失，潛遁於地下，進入了潛意識之中。我們欺騙自己，說這些神靈是過去歷史灰燼中不體面的東西。其實，我們現在的生活是被理性女神所宰制，她是我們最龐大、也是最悲劇性的幻象，理性幫我們撐腰，讓我們自以為已經「征服了自然」。

但這不過是一句口號，我們所要征服的自然，已經把我們壓制在人口過剩的自然事實之下，政治分配的困難度遽增，使我們因為心理上的無力，倍感困擾。自然而然，人類就會為了爭強求勝而彼此征戰不已。這就是我們「征服自然」的成果嗎？

不管改變會從哪裡開始，體驗改變、貫徹變革的必然是單一的個體。個體才是改變的真正起點，我們之中的任何一個人都可能是起點。任何人都不能忍受袖手旁觀，等著讓別人做一些他自己不願見到的事，只是，似乎沒有人知道該從哪裡下手改變。也許我們都該問問自己，自己的潛意識是否可能碰巧知道一些對我們有幫助的事。當然，意識心智在這方面似乎已完全無能為力了。今天，人類正痛苦地覺察到一個事實，各大宗教和各色各樣的哲學都不再能夠提供生猛有力的觀念，讓人類在必須面對今日世界的千變萬化時，心安理得。

我知道佛教徒會說：只要遵循佛法(Dharma)的「八正道」，對自我產生正見，事態就會好轉；基督徒會告訴我們，只要人們堅信上帝，世界就會更好；理性主義者則堅持，如果人們夠聰明、夠理性，我們的所有問題都可以得到解決。麻煩的是，說這些話的人，沒有一個親自動手去努力解決問題。

基督徒常常問，上帝為什麼不跟他們說話，因為他相信從前上帝都會跟信徒講話。

當我聽到這類問題時，總會想到一位猶太教牧師，他在被問到為什麼古老的時代裡上帝常常顯靈，今天卻沒有人見過祂時，這位牧師回答道：「今天，已經沒有人在彎腰鞠躬時彎得夠低了。」

這個回答真是一針見血。我們是如此執著纏繞在主體意識中，以致遺忘了一個古老的事實：上帝主要是藉著夢和顯靈來說話。佛教徒棄絕了潛意識的夢幻世界，認為它不過是無用的幻象；基督徒用教會和聖經擋在自己和潛意識之間；講求理性的知識份子則還不曉得，他的意識不等於他的整體心靈。雖然潛意識成為基本科學概念已有七十年以上的歷史，使它在嚴格心理學研究中已是不可或缺的要素，但上述的無知仍未稍變。

人類再也受不了把自己捧成神一般無所不能的審判者，判定自然現象的優劣長短。今天的植物學分類，不再侷限於植物有用沒有的古老區分，動物學也不再自限於動物有害無害的天真分類，可是，我們卻自以為是地假定意識有意義，潛意識沒有意義。以科學的觀點來看，這樣的假定實在不值一笑，試問，細菌是有意義還是沒有意義？

夢是自然象徵的一部分

不論潛意識以什麼樣貌現身，它都是出產象徵的自然現象，而這些象徵已被證明是有意義的。我們不能期望從來沒用過顯微鏡的人成為細菌研究的權威；同樣的道理，沒有嚴肅研究過自然象徵的人，就沒有資格判斷這方面的事情。但是，由於對人類靈魂的蔑視已到了無以復加的地步，各大宗教、哲學和科學理性主義都不願對人類靈魂多看一眼。

雖然天主教會事實上承認夢是上帝的信使(somnia a Deo missa)，但大多數的天主教思想家卻不曾認真去理解夢。我懷疑新教是否有任何教理或教義會如此謙卑，而能承認上帝的聲音(vox Dei)可能從夢中感知。如果一位神學家真正信仰上帝，他憑什麼主張上帝不會透過夢說話？

我已經花了五十年以上的時間研究自然象徵，所得到的結論是，夢及其象徵絕非愚蠢無稽之事。相反的，夢境為那些煞費苦心去理解夢的象徵的人，提供了至為有趣的訊息。當然，這種成果跟買賣賺賠的世俗算計沒什麼關係，但人生的意義絕不只有生意往來一端，人類內心深處的深沈欲望，也絕不是一個銀行戶頭可以解決的。

人類史上有一個階段，所有可用的能量都集中去研究自然，只有少部分注意力花在研究人類的本質——心靈上，而且，仍有不少研究是針對心靈的意識機能的。但是，心靈本身真正複雜和陌生的部分——生產出象徵的部分，卻仍未經過實質的探索。不可思議的是，我們雖然每夜都收到心靈傳來的訊號，卻只有少得可憐的人會認真看待這些訊號，會自討沒趣地費力解開這些溝通上的謎團。人類不僅很少去思考他最偉大的工具——他的心靈，而且還經常擺明了對心靈不信任、對心靈不屑一顧。「那只是心理作用」

經常意味著：那算不了一回事。

這個巨大的偏見到底是從哪裡來的？我們總是忙著搞清楚我們所思考的問題，卻全然忘記問一問**潛意識心靈怎麼思考我們**。弗洛依德的想法，剛好證實了大多數人對心靈都抱有的輕蔑態度。在他之前，心靈只是被忽視、輕視，現在，心靈變成了道德滓渣集中的垃圾場。

這種現代的見解確實偏頗不公，它甚至無視於已知的事實。我們對潛意識的實際認識顯示，**潛意識是自然現象，而且也如同自然界本身一樣，是中性的。它包涵了人性的所有層面：光明與黑暗、美麗與醜陋、善良與邪惡、深刻與膚淺**。研究個體與集體的象徵作用是一件極為浩大的工作，一件至今仍有待努力的工作。然而，我們終於有了一個開端。初期的成果頗為令人振奮，這些成果似乎暗示了某個答案，可以解決人類許多迄今尚未解答的問題。

註釋：

註1：榮格在〈論所謂超自然現象的心理學〉(On the Psychology of So-called Occult Phenomena)中曾討論尼采的秘密記憶(cryptomnesia)，見《榮格全集》卷I。與尼采作品相對應的航海日誌相關章節

如下：

J. Kerner, *Blätter aus Prevorst*, vol. IV, p.57，標題為「令人毛骨悚然的重大事件摘錄」(原文發表於一八三一—三七年)：「四位船長和一位商人貝爾先生上了岸，到史東波利火山島(Stromboli)上去獵兔子。三點鐘時，他們召集所有船員到甲板集合，可是，他們卻目瞪口呆得楞住了，他們看到兩個人從空中快速地飛向他們，其中一個人穿了一身黑，另一個穿的是灰色。他們幾乎是近身擦掠而過，速度極快，在驚魂未定的目擊者眼前，降落到可怕的史東波利火山口裡去了。他們認出來，這兩位仁兄是他們在倫敦認識的人。」

尼采，《查拉圖斯特拉如是說》(*Thus Spoke Zarathustra*)，第四十章，〈大事〉(Great Events)，原文發表於一八八三年：「當查拉圖斯特拉在幸福之島上小住的時候，有一艘船來到這火山矗立的島泊碇，然後，船員都上岸去獵兔子。然而，到了中午，船長和水手們再度碰面的時候，忽然看到一個人騰空向他們飛來，同時口中清晰地高喊：『時候到啦！現在正是時候啦！』當那人逼近他們，說時遲、那時快，卻像個影子朝火山的方向飛掠而去，他們大為詫異地認出他就是查拉圖斯特拉……『注意看！』老舵手說道，『查拉圖斯特拉往地獄去了！』」

註2：史帝文生是在《跨越曠野》(*Across the Plain*)一書中〈關於夢的篇章〉，討論了他關於「化身博士」(Jekyll and Hyde)的夢。

註3：關於榮格的夢的細節，可參見*Memories, Dreams, Reflections of C. G. Jung*, ed. Aniela Jaffé, New York, Pantheon, 1962. 中譯本見榮格著，《榮格自傳—回憶・夢・省思》，劉國彬、楊德友譯，台北：張老師，民八十六。

註4：我們可以在皮耶・賈內(Pierre Janet)的著作中，找到意識邊緣狀態的念頭與形象的例子。

註5：有更多文化象徵的例子出現在Mircea Eliade, *Der Schamanismus*, Zurich, 1947.

※本章亦可參見《榮格全集》*The Collected Works of Carl G. Jung*. vols. I-XVIII; London, Routledge & Kegan Paul; New York, Bollingen-Pantheon.

MAN AND HIS SYMBOLS

〈第二章〉

古代神話與現代人

Ancient Myths and Modern Man

作者：
約瑟夫・韓得生(Joseph L. Henderson)

永恆的象徵

今天，透過古代人遺留下來的象徵形象和神話，我們得以重新發掘古代人類史的多重意涵。隨著考古學者對過去挖掘得越來越深，我們要學會珍視的不再是表面的歷史事件，而毋寧是訴說著古老的信仰的種種雕像、圖案、寺廟和語言；文獻學者和宗教史學者所揭露的象徵不止這些，他們還進一步把上述信仰轉譯為易懂的現代概念；文化人類學者再轉而把這些概念帶進生活，他們已經證明，同樣的象徵模式，也可以在現存的許多小型部落社會的儀式或神話中發現，這些部落處於文明的邊緣，歷經千百年而不曾稍變。

這方面的所有研究都有助於導正一種偏頗的態度，即有些現代人以為這些象徵只屬於古代民族或「落後的」現代部落，跟複雜的現代生活扯不上關係。在倫敦或紐約，我們可能會對新石器時代人類的豐年祭嗤之以鼻，認為那不過是古代的迷信。如果有人宣稱他看到顯靈或聽到神的聲音，他不會被認為是聖人或先知，而會被視為有心理障礙。

我們雖然讀了不少古希臘神話和美洲印第安傳說，卻看不見這些神話傳說與時下的「英雄」或一些戲劇性事件之間的關聯。然而，關聯確實存在。呈現這些關聯的象徵並沒有遠離人類。

當代，致力於理解、重估這些象徵的重大貢獻之一，便是榮格博士的心理分析學派(School of Analytical Psychology)。榮格學派在這方面的貢獻，粉碎了原初人類與現代人之間的武斷二分，這種謬見以為，象徵是原初人類日常生活理所當然的一部分，卻與現代人毫無瓜葛，不需多加理會。

誠如榮格博士在本書第一章中指出，人類的心靈有它自己的歷史，而心靈在各個發展階段都會留下一些痕跡。此外，**潛意識的內容會對心靈造成形塑的作用，我們可能在意識上忽視了這些痕跡，但我們在潛意識上還是會回應它們，而這些痕跡表現自身的方式就是透過象徵形式——包含夢**。

儘管個體會覺得他的夢是自發、不連貫的，但過了一段長時間之後，分析師便可以在觀察了一系列夢的影象後，注意到這些影象中包含了有意味的模式，經過一番理解的工夫，他的案主可能突然會學習到一種嶄新的生活態度。在這些夢當中，有一些象徵是來自榮格博士所謂的「**集體潛意識**」(the collective unconscious)，換句話說，這個部分的心靈傳承了人類共通的心理遺產。然而，這些象徵既古老又陌生，使得現代人無法直接加以理解和消化。

分析師就是在這個節骨眼能幫上忙。可能案主必須掙脫一些陳腐的的象徵束縛，也可能我們必須協助他認識某個古老象徵，它的持久內涵並沒有死掉，而是正在尋求以現代的形式重生。

分析師必須熟悉象徵

在分析師能協同案主有效探索其象徵意義之前，他必須自己學會這些象徵的駁雜知識，包括它們的來源、意義等。以古代神話類比於現代案主夢中出現的故事，既非攀緣附會，亦非任意即興之作。這種類比之所以存在，是因為現代人的潛意識中保留有創造象徵的能力，這種能力，就是原始時期為信仰和儀式建立具體表現的心靈能力，直到今天，它仍在心靈活動中扮演十分重要的角色。我們對這些象徵所傳達訊息的依賴程度，遠遠超過我們自己所知，同時，我們的態度和行為也都深受這些象徵的影響。

例如，在戰爭期間，我們發現大家對荷馬(Homer)、莎士比亞(Shakespeare)、托爾斯泰(Tolstoi)的興趣昇高了，在讀到有關戰爭的章節時，會對戰爭的固有(或原型)意義得到新的體認。這些作品在我們心中引發的共鳴之深，遠遠超過那些從來不曉得戰時緊張情緒經驗的人的想像。特洛依平原上的戰事跟在亞讎角(Agincourt)或波羅狄諾(Borodino)發生的戰役雖然是兩碼子事，但偉大的作家卻能夠超越時空上的差異，表達出普遍的主題。

我們之所以產生共鳴，是因為這些主題具有根本上的象徵性。

另一個更明顯的例子，任何從基督宗教社會長大的人應該都會感到親切。儘管我們可能不相信基督因聖母瑪利亞處女受胎而誕生的說法，也可能沒有任何宗教信仰，耶誕節時，我們卻都會對此神話的半神子(semi-divine child)誕生表達一下內心的感受，不知不覺當中，我們落入了重生(rebirth)的象徵。這是一個非常古老的冬至慶典遺風，它帶來了一個希望，蕭瑟的北半球冬日景象將會得到新生。經過我們各色各樣的增生潤飾，使我們在這個象徵節日中得到滿足，就像我們和小孩一同參與復活節的歡樂儀式，玩復活節彩蛋和兔子。

但我們真的知道自己在幹什麼嗎？我們了解基督誕生、死亡、復活(resurrection)的故事與復活節的民俗象徵間的關聯嗎？通常，我們甚至不願動腦筋去想想這類問題。

其實，這兩者是互補的。耶穌在受難日被釘在十字架上，乍看之下似乎是屬於豐年的象徵模式，同樣可以在埃及地府神(Osiris)、塔穆茲(Tammuz)、希臘奧斐斯神(Orpheus)這些「救世主」的儀式模式中發現。祂們也是神或半神所生，祂們出世、被殺，然後重生。事實上，祂們屬於輪迴的宗教體系，這些體系中，神王的死亡與重生乃是永恆復現的奧秘(eternally recurring myth)。

但從儀式的觀點來看，基督在復活日的復活並未滿足輪迴宗教的象徵條件。因為基督昇天了，坐在天父上帝的右側：祂的復活不會再有輪迴。基督宗教復活概念的終局(基督宗教觀念中的最後審判也有類似的「封閉」用意），使得基督宗教與其他的神話奧祕有所區別。它只發生一次，儀式只是用以紀念。這種型態的終局，或許是早期基督宗教徒感到基督宗教需要補充一點古老豐年祭的儀式要素，或許他們仍受到前基督宗教傳統的影響，需要不斷復現的重生允諾，才用彩蛋和兔子來象徵復活。（註1）

我用了兩個相當不同的例子來證明，現代人如何繼續去回應某種深沉的心靈感應。雖然在表面的意識上，現代人會對這些事物嗤之以鼻，認為是愚夫愚婦才有的迷信傳說。但是，還有必要更進一步。我們越仔細考察象徵的歷史，以及象徵在許多不同文化的生活中扮演的角色，就越能了解，這些象徵也包含有重新創造的意義。

有些象徵跟兒童過渡成青少年有關，有些跟轉換為成年人有關，有些則跟老年人的體驗有關，老人正準備面對他的死亡。榮格博士在上一章向我們描述過，一名八歲的小女孩的夢裡，如何暗藏了跟老年人相關的象徵。她的夢所呈現的向度，不僅有朝向生命的原型，也有朝向死亡的原型。這種象徵觀念的演進，很可能也發生在現代人的潛意識心靈之內，就像它們發生在古代社會的儀式中一樣。

對於分析師來說，原始神話和潛意識象徵之間的關鍵聯結，在實務工作上極為重要，這些聯結使分析師能夠在脈絡上辨認與詮釋這些象徵，而此脈絡會為這些象徵提供歷史角度和心理意義。現在，我要再舉出一些很重要的古代神話，並顯示這些神話如何、又為何與我們在夢中遭逢的象徵材料相類似。

英雄與英雄創造者

世界上流傳最廣的神話就是英雄神話，我們在古希臘羅馬神話裡發現它，在中世紀發現它，在遠東、在許多當代的原始部落裡，都有它的蹤跡，它甚至出現在我們的夢裡。英雄神話有顯著的戲劇訴求，也具有較隱晦深沉的心理訴求。

這些英雄神話在細節上有極大的變異，但我們越深入檢視它們，就越會發現它們在結構上非常相近。也就是說，不管是非洲部落、北美印第安、希臘還是秘魯印加文化的英雄神話，雖然它們透過彼此未曾直接接觸的個人或社群發展而來，卻有共通的模式，我們一次又一次聽到這樣的故事，描述一位英雄卑微卻奇蹟式的誕生，他很早就顯現超人的力量，並迅速長出超卓的神力，光榮地與邪惡的力量抗爭，卻輕易干犯了驕傲(hybris)之罪，最後因背叛而殞命，或因「英雄式」的犧牲而步向死亡終局。

待會兒我會更詳細解釋，為何我相信這個模式同時對個體和整個社會具有心理意義，當然，這兒的個體指的是敢於冒險犯難、發掘並伸張其人格的人，整體社會指的是對建立集體認同有相當需要的社會。英雄神話的另一個重點特徵可以提供一條線索：這些英雄故事中，許多英雄早年的弱點會被強力守護神的出現所平衡，守護神會幫助他實現超人的職責，如果沒有守護神，這些任務便無法達成。在希臘的各路英雄當中，帖色斯(Theseus)的守護神是海神波塞頓(Poseidon)，波色斯(Perseus)的守護神是雅典娜，阿基里斯(Achilles)的守護神是聰慧的人馬闕容(centaur Cheiron)，事實上，這些神一般的人物，是整個心靈的象徵呈現，它們呈現了更大、更完整的認同，這種認同可供給個人自我所欠缺的力量。英雄的特殊角色提醒我們，英雄神話的基本功能即是個體自我意識的開展——個體覺察到自己的強勢與弱點，透過神話，個體得以武裝自己，準備面對人生逼他面對的重大考驗。一旦個體通過成年禮的測試(initial test)，進入了成年生活，英雄神話就變得不是那麼要緊了，因而，英雄的象徵性死亡就等於到達了成年狀態。

目前為止，我指出了完備的英雄神話，會把生到死的循環，鉅細靡遺地展示於其中。但必須有一點根本的體認，這個循環中的每個階段，又都有特定型態的英雄故事，用於指出個體自我意識發展到達的特定關卡，也可用於凸顯他在特定時刻所面臨的特定問題。換句話說，英雄形象涉及某種作風，這種作風反映了人類人格演化的某個階段。

如果我舉例來說明上述概念，就比較容易懂了。我的例子採自罕見的北美溫巴哥印第安部族(Winnebago)，因為，這個例子非常清晰地呈現了英雄演化的四個不同階段。保羅・瑞丹(Paul Radin)博士在一九四八年出版的《溫巴哥的英雄周期》(*Hero Cycle of the*

Winnebago)(註2)所敘說的故事當中，我們可以看到，從最原始到最繁複的英雄概念確切演進歷程，這種歷程也是其他英雄周期的特徵。雖然不同故事中的象徵人物各有不同的名字，他們的角色卻相去不遠，一旦我們掌握了此例所列舉的重點，就會得到比較深切的理解。

英雄演化的四個周期

瑞丹博士指出，在英雄神話的演化中有四個不同階段。他稱之為**搗蛋鬼周期**(Trickster cycle)、**野兔周期**(Hare cycle)、**赤角周期**(Red Horn cycle)**和雙生子周期**(Twin cycle)，並指出：「英雄神話呈現了我們努力藉著永恆虛構的幻想之助，以解決成長問題。」這種說法，很適切的點出英雄演化的心理學意義。

搗蛋鬼周期相當於最早、最低度發展的人生階段。搗蛋鬼這類人物的行為受制於他的生理需求，他的心態跟小孩子沒兩樣。除了基本需求的滿足以外，他沒有什麼目標，他殘酷、憤世嫉俗、麻木不仁(我們的「找碴兔」(Brer Rabbit)或「搗鬼狐狸」(Reynard the Fox)故事都保有搗蛋鬼神話的基本要素)。這個人物以動物的外型出現，不斷尋找搞鬼、惡作劇的對象，但是他在搞鬼耍賴的過程，卻漸漸發生了改變，最後，他開始有了和成人相似的體態。

下一個人物是野兔，他和搗蛋鬼一樣(搗蛋鬼的動物行徑以小狼的面貌呈現在某些美洲印第安人之間)，開始時以動物的外貌出現。雖然他還沒有獲得成熟的人類體態，卻仍然成為人類文化的創建者——變形人(Transformer)。溫巴哥人在舉行著名的靈療儀式(Medicine Rite)時，相信野兔已成為他們的守護神及文化英雄。瑞丹博士告訴我們，這個神話的威力之強大，大到基督宗教開始滲透到部落之後，培藥特儀式(Peyote Rite)的成員仍不願放棄野兔，把野兔與基督的形象融合為一，還有些溫巴哥人認為他們不需要基督，他們已經有了野兔。這個原型人物呈現了比搗蛋鬼更進一步的一面：我們可以看到他正在變成社會化的存有，修正了搗蛋鬼周期中的本能衝動與幼稚衝動。(註3)

英雄形象系列的第三期是赤角期，他是個撲朔迷離的傢伙，傳說他是十兄弟中的老么。他吻合原型英雄的要求：贏得賽跑，藉著戰鬥考驗自己的實力。他的超凡力量展現在以狡計(擲骰子遊戲)或以體力(角力比賽)打敗巨人。他擁有一位威力十足的同盟，其形為雷鳥，其名為「行如暴風」(Storms-as-he-walks)，其威力足以彌補赤角所顯露的任何弱點。赤角已走進了人的世界，然而卻是個原始世界，必須憑藉超凡力量或守護神之助，才能確保人類戰勝困擾他的邪惡力量。到了故事的結尾，神話英雄離開了，留下赤角及子嗣在世間。至此，人類幸福和安全的威脅，將來自人類本身。

事實上，這個基本的主題(重覆出現在最後的雙生子周期)突顯了一個至為關鍵的問題：人類能成功地堅持多久，不犧牲在自己的傲慢之下？用神話的語言來說，就是如何不犧牲在諸神的妒嫉之下？

雖然有人說雙生子是太陽之子，但基本上他們仍是人類，並一起形成一個獨立的人。本來他們統合在母親的子宮裡，卻因為誕生而被迫分離，然而，他們仍彼此相繫，而必須排除萬難，重新統合在一起。這兩個小孩，讓我們看到了人類天性的兩個側面。其中一個是肉體(Flesh)，他默默順從、溫厚老實，另一個是肢體(Stump)，他活力十足、反叛性強。雙生子英雄故事中，有一些故事將這兩種態度精煉成一個重點：一個人物較內向，他的力量來自於反省，另一個人物較外向，他訴諸行動而能夠完成重大任務。

長時間以來，這兩位英雄所向無敵，不論他們是以兩個分開的個體現身，還是以兩位一體的面貌現身，都是攻無不克、戰無不勝。然而，就像在納瓦荷(Navaho)印第安神話中的戰神，他們因為濫用自己的能量而走向病態，從天上到地下，他們打敗了所有的怪物敵手，最後卻因為自己的荒唐行徑而遭到報應。溫巴哥人說，到了最後，所有的東西都難逃他們的毒手，連地球的支柱都無法倖免。當這對雙生子殺了撐起地球四角的四隻野獸之時，他們踰越了最終的界限，走到了生命的盡頭，應該受到死亡的懲罰。(註4)

於是，不論是在赤角周期還是在雙生子周期，我們都看見，唯有透過英雄的死亡，那份玩火自焚的傲慢(hybris)，才得治癒。在文化水準相應於赤角期的原始社會裡，這種危險似乎被安撫性的人類犧牲制度所掩蓋掉了，這個主題在象徵上具有極高的重要性，並在人類史中不斷復現。跟易洛魁族(Iroquois)和少部分阿貢根族(Algonquin)一樣，溫巴哥族可能以吃人肉為圖騰儀式，藉以撫平他們的個體衝動和毀滅衝動。

在歐洲神話裡，英雄的背叛或敗北故事有個主軸，特別偏愛以儀式上的犧牲來懲罰傲慢。但溫巴哥人和納瓦荷人的故事沒有那麼極端，雖然雙生子錯了，雖然他們該受死亡的懲罰，但由於他們自己都被自己不負責任的威力嚇到了，所以，他們承諾永遠活在休息狀態：人類天性中的矛盾又回復了平靜。

英雄演化與夢的詮釋

我在上面比較仔細描述了四種型態的英雄，這樣的描述可以具體呈現歷史神話和現代人英雄夢中的特有模式。有了這般的背景了解，我們便可以考察一位中年案主的夢。透過這個夢的詮釋，可以顯示分析心理學者如何運用他的神話知識，幫助他的案主找到答案，否則，他的夢只是個無解的謎團。這個男人夢到自己在一間劇院，飾演一位「重要的觀眾，他的意見很有份量。」有一幕戲是一隻白猴站在一個檯子上，周圍圍著許多人。重述他的夢時，這個男人說：

我的導演向我解釋戲的主題：一位年輕水手受到嚴酷的考驗，他必須冒著風、逆向前行。起初，我質疑這隻白猴根本不是水手，但轉眼之間，一位穿黑衣的青年立刻站了起來，我想他必定是真正的英雄。這時，卻有另一位英俊挺拔的青年大步走上祭壇，平躺在祭壇上。他們在他赤裸的胸膛上做了記號，準備把他當做人類犧牲的祭品。

然後，我發現自己跟很多人在一塊平台上，我們可以從一個小階梯走下去，但我猶豫不決，因為有兩個年輕的兇惡之徒站在梯邊，我以為他們會把我們擋下來。可是，人群裡有個女人若無其事地下了梯子，我才知道不會有事，於是，我們通通跟著那個女人走下了平台。

這樣一個夢的詮釋，不可能草草地一筆帶過。我們必須小心闡釋，才能揭露這個夢跟做夢者自己的生活有什麼關係，同時也勾勒出它廣泛的象徵意涵。做夢的案主是個在生理上已臻成熟、事業上如日中天的男人，同時也是個稱職的好丈夫、好爸爸。然而，他在心理上卻還不夠成熟，青年期的發展猶未完成。這種心靈上的不成熟，在他的夢裡呈現為英雄神話的種種面貌。他的日常生活現實中，雖然這些形象毫無深意，但它們在他的夢裡卻讓他的想像力如野馬奔騰。

因此，我們在夢裡會看見一系列人物，戲劇性地呈現出一個人物的諸多面貌，而做夢者不斷期望這個人物會變成真實的英雄。剛開始是一隻白猴，然後是一位水手，第三位是黑衣年輕人，最後是一位「英俊挺拔的青年」。本來，較早的表演是想呈現水手受到的嚴酷考驗，做夢者卻只看到白猴。黑衣人突然出現，又突然消失，他是一個新人物，剛開始跟白猴形成對比，過了一會兒，又跟真正的英雄混淆在一起。(這類混淆在夢裡並不稀罕，做夢者通常無法透過潛意識顯示出清晰的形象，他必須從一連串的對比和弔詭中拼湊出意義來。)

有趣的是，這些人物出現在一場戲劇表演的過程中。這個脈絡似乎直接反映了做夢者自己的分析治療。他所提到的「導演」，想必就是他的分析師，然而，他並不認為自己是正被醫師分析治療的案主，反而覺得自己是「意見很有份量的觀眾」。從這樣一個有利的位置，他看到了某些讓他聯想到成長經驗的人物。例如，白猴提醒他七歲到十二歲小男孩的淘氣好動、無法無天，水手暗示著青少年早期的愛冒險，以及隨後因肆無忌憚的惡作劇「失風」而被懲罰。做夢者無法從黑衣青年得到任何聯想，但從將被犧牲的英挺青年身上，做夢者看到了青少年晚期自我犧牲理想主義的倒影。

分析至此，我們可以將歷史素材(或原型英雄形象)和做夢者的個人經驗合而觀之，看看它們之間是相得益彰、相互矛盾，還是相互限定。

第一個結論是，白猴似乎呈現了搗蛋鬼——或至少是溫巴哥人心目中搗蛋鬼的人格特質。但對我而言，白猴也代表做夢者自己未曾好好親身經歷過的狀態，事實上，他在夢裡只是一名觀眾。我發現他小時候過度依賴雙親，因而自然比較內向。因此，他從來沒有完整發揚過童年晚期特有的喧鬧特質，也沒有好好參與童年玩伴的遊戲。就像俗語說的，他不曾「學會猴把戲」，也不曾「著了猴道」、瞎胡鬧、惡作劇，這些俗語就是很好的線索，其實，夢中的白猴是搗蛋鬼的象徵面貌。

但是，何以搗蛋鬼一定要以猴形現身？何以牠是白色？我在前面已經指出，溫巴哥神話告訴我們，這個周期的末尾階段，搗蛋鬼在體態上開始出現擬似人的特徵，以這個夢來說，猴子就是這個階段的顯現，猴子跟人類很接近，牠是人類的滑稽諷喻，而且沒什麼危險。做夢者自己沒辦法提出什麼個人聯想，無法解釋猴子何以是白的。但依據我們對原始象徵的知識，可以推測，白色具有「擬神的」特質，否則，這隻白猴就沒什麼特別之處了。(許多原始社群都認為白子是神聖的。)這恰好可以解釋搗蛋鬼具有的神通力量。(註5)

所以說，這隻白猴似乎象徵了做夢者童年喜好玩鬧的正面特質，可惜，他小時候並沒有充分發揮這種特質。現在，他想要發揮這種童年精神，他的夢告訴我們，他把白猴放「在一個檯子上」，這已不只是重拾失落的童年經驗，對成年人來說，它象徵了創造實驗的精神。

接下來，我們該為猴子下個結論了：必須忍受煎熬、頂著強風航行的究竟是猴子還是水手？依據做夢者自己的聯想，指出了這項形變的意義，無論如何，人類在下一個發展階段裡，小孩的淘氣、不負責任要讓位給社會化，而必得要開始遵守嚴苛的紀律，因此，我們可以說，水手是搗蛋鬼的進化型態，經過了成年禮的嚴格考驗(initiation ordeal)，搗蛋鬼變成了一個肯在社會上負責任的人。證諸象徵的歷史，我們可以推測，強風在整個過程裡代表了自然要素，逆風而行則代表人為的努力因素。

就此而言，我們可以參考溫巴哥對野兔周期的描述，這個文化英雄雖然虛弱，卻是個奮戰不懈的角色，他準備犧牲掉童真，以便得到進一步的發展。這個夢境階段使案主再度認識到，他沒有體驗到童年與青少年的整體關鍵向度，沒有一點童年的淘氣頑皮，也沒有一點少年十五二十時該有惡作劇心態，因而，他正試著找一些可以復原這些失落經驗與人格特質的途徑。

下一個階段的夢境，有了奇特的轉變，黑衣青年出現，讓做夢者一度以為他就是「真正的英雄」。我們對黑衣青年的所知僅止於此。然而，短短驚鴻一瞥，卻引入了做夢現象中常見的一個深度關鍵主題。

自我與陰影的戰鬥

「陰影」(shadow)這個概念，在心理分析學裡扮演著十分重要的角色。榮格博士指出，個體意識心靈所投射出來的陰影，包含了人格上隱晦、壓抑和邪門(或邪惡)的部分。但是，這種陰暗無明不只是意識自我的簡單倒轉而已，就像自我含有邪門和毀滅性的成分，陰影也含有正面的質素——正常的本能和創造的衝動。其實，自我(ego)和陰影雖然是兩碼子事，卻如同思考與情感的關聯一般，彼此緊緊糾結，難分難捨。

無論如何，自我和陰影總是陷於衝突之中，榮格博士曾稱之為「解放的戰鬥」(the battle of deliverance)，這種衝突在原初人類奮力發展意識的過程裡，表露在原型英雄與巨大邪惡力量的對抗當中，進一步被擬化為英雄與巨龍或其他怪獸的爭鬥。個體意識在這種鬥爭中漸次開展，英雄人物便是象徵意識開展過程的手段，憑著此一手段，慢慢浮現的自我，戰勝了潛意識心靈的蒙蔽，使成熟的人不會再動不動就想要倒退回媽媽主導的世界，不再退縮。(註6)

通常，神話裡的英雄會打敗怪獸(我待會兒再詳加說明)。但另外還有一些英雄神話，裡面的英雄向怪獸俯首稱臣，約拿(Jonah)和鯨魚即是大家耳熟能詳的例子，這種類型的神話裡，英雄被海怪吞進肚子，載著他由西到東，做了一趟黑暗的海上旅程，以此象徵一般人心目中太陽由日初到日暮的轉換。英雄陷入黑暗，代表了某種死亡，在我自己的臨床診療經驗裡，也碰過這類的做夢主題。

英雄與巨龍間的戰鬥，是這類神話更突出的型態，它更露骨地彰顯了自我戰勝退縮傾向的原型主題。對大多數人而言，人格的黑暗面或消極面是保留在潛意識當中，英雄卻恰恰相反，他必須明白陰影的存在，並從中獲得力量。如果他要變得可怕到足以戰勝巨龍，必須與巨龍的毀滅力量取得妥協，換句話說，在自我能取得勝利之前，它必須將陰影征服或同化。

值得一提的是，我們可以在一個眾所周知的文學英雄人物身上看到這個主題——歌德(Goethe)的浮士德(Faust)角色。浮士德接受了孟斐斯特(Mephistopheles)的賭局，讓自己投身到「陰影」人物的力量之中，歌德形容浮士德「扮演了一股力量，它意欲行惡，卻發現了善。」跟我在前面討論過的做夢男子一樣，浮士德童年生活過得並不充實、不完整，於是，他成為一個不真實、不完整的人，沉迷在不著邊際、無法落實的形上目標追尋當中。他不願意接受生命的挑戰，同時活在既善且惡之中。

我案主夢中的黑衣青年，似乎就是在指涉潛意識的這個側面。黑衣青年提醒了他的人格的陰暗面，提醒了它具有的潛在力量，以及它在武裝起英雄、為生命戰鬥時所扮演的角色。黑衣青年是一個根本的轉捩點，讓夢境由較早的階段轉入英雄犧牲的主題：英俊挺拔的青年自己平躺在祭壇上。這個人物所呈現的英雄型態，通常是跟青少年晚期的自我建構過程有關。在生命的這個時期，一個人會展現出他的理想原則，並感受到這些不但使他脫胎換骨，也改變了他與其他人的關係，換句話說，他青春洋溢、引人側目、充滿了活力與理想。然而，他為何想要讓自己成為人類的犧牲品？

其中的道理，想必和溫巴哥神話中雙生子的行徑如出一轍，他們因毀滅帶來的痛苦而放棄了自己的力量。青年的理想主義固然令人熱血沸騰，卻必然導致剛愎自用：在這個時期，人類自我可能被提昇到無以復加，體驗到像神明般崇高的屬性，但要付出的代價卻是自我欺瞞、陷入危機。(這正是依卡若斯(Icarus)的故事所要說的。這個年輕人揮舞著一雙靠人力振動的脆弱羽翼，飛向青天，可惜他飛得太靠近太陽，步上毀滅的命運。）毫無例外，所有年輕的自我都必須冒這種風險，因為，**如果一個年輕人不奮力追求比他唾手可得還崇高的目標，他就無法超越青春期與成熟期之間的障壁**。

至此，我所談的種種，都是由我的案主在對自己的夢的聯想當中，引伸出來的結論。然而，這個夢還有一個原型的層面——人類犧牲獻祭的神話。很明顯的，因為它是個表現在儀式行為中的神話，透過它的象徵作用，我們被引回人類古老遙遠的歷史中。就此而言，這個英挺青年平躺在祭壇上的時候，我們看到了一幕比英國石柱群神廟的石頭祭壇上更原始的行為。我們可以想像，許多原始祭壇，每年冬至夏至日所上演的儀式中，裡面包含了一位神話英雄的死亡與重生。儀式當中有悲傷，也有喜悅，隱隱承認了死亡同時也帶來了新生命。不論是表現在溫巴哥印第安人的散文史詩，還是挪威冰洲詩集中悼念巴爾得(Balder)死亡的悲歌，不論是惠特曼(Walt Whitman)哀悼林肯(Abraham Lincoln)的輓詩，還是一個人藉以返歸其青春希望與恐懼的做夢儀式，都是同一齣戲的主題——通過死亡、獲得新生。

夢的結尾演出了發人深省的收場白，做夢者最後涉入了夢的情節動作中。他和一些人站在一塊平台上，他們必須從台上下來。他很擔心那道階梯，因為旁邊可能會有流氓的騷擾，但有一個女人鼓舞他，相信自己能安全地走下來，而他們真的做到了。從他的聯想當中，我發現他所目睹的整場演出，即是他正在經歷的內在轉變過程，這恰是他心理分析的一部分，而且，想必他正在思考再度返回日常生活現實的困難。他害怕他所謂的「無賴」，顯示他害怕搗蛋鬼原型可能會以某種集體面貌現身。

夢裡的救援要素是人造的階梯，或許這是理性心靈的一個象徵，而出現的女人則鼓勵做夢者使用梯子。她的現身是夢的最後階段，指出心靈需要將一種陰性原理(feminine principle)涵納進來，以補充下梯子這個過於陽剛的舉動(masculine activity)。

從我上面所說所舉的溫巴哥神話來闡釋那個夢的情事，我們不應就此以為可以一一對號入座，可以在夢和神話史材料之間找到機械性的對應關係。對做夢者來說，每個夢都有個別差異，其外顯形態是由做夢者自己的存在處境所決定的。我想盡力證明的是，潛意識用什麼方式來引用這種原型的素材，如何因應做夢者的需求而修改其模式。因此，對於這個夢來說，我們不直接對照溫巴哥人對赤角周期或雙生子周期所做的描述，而應該參考這兩個主題的本質——兩者所包含的犧牲成分(原理)。

神話和夢中的安尼瑪

我們可以說，有這樣一條普遍法則，當自我需要堅強起來的時候，換句話說，當意識心智在某項職志上需要協助，如果沒有來自潛意識心靈源源不絕力量的幫助，意識心智就無法完成此項職志時，英雄象徵的需求就出現了。譬如，在這個夢的討論中，我並沒有提到典型英雄神話更重要的一個面向：護花的英雄或英雄救美(陷入危難的少女是中世紀歐洲廣為流傳的一個神話)。神話或夢的這個向度涉及了「安尼瑪」(anima)——男性心靈中的陰性成分，歌德稱之為「永恆的女性」(the Eternal Feminine)。

稍後，弗蘭茲(von Franz)博士會在本書中討論這種女性要素(female element)的特性和機能。在此，我們可以透過另一位案主的夢，來揭示女性要素與英雄人物的關係，這位案主也是成年的男子，他的開場白是這樣的：

我從徒步穿越印度的長途旅行回來。出發前，有個女人負責為我和一位朋友打點一切裝備，回來以後，我責備她沒有給我們黑色的雨帽，並告訴她，因為她的粗心大意，讓我們淋了個落湯雞。

後來我們漸漸明白，這個夢的開場白，跟這個男人所做的一項「英雄」行徑有關，年輕時，他曾和一位大學中的友人結伴穿越危險的山野。(其實他根本沒去過印度，就他自己對這個夢的聯想脈絡來看，我認為夢中的旅行意指他在探索新領域，換言之，不是真有那樣的地方，而是潛意識領域。)

案主在夢裡似乎覺得某個女人沒有為這趟探險旅行打點妥當，而這個女人大概就是他的安尼瑪的化身。少了一頂合用的雨帽，表示他感到心靈處於未受保護的狀態，這樣一來，他就不能免於暴露在層出不窮的麻煩經驗中，受到令人不悅的干擾。他認為那個女人應該幫他準備好雨帽，就像小時候媽媽為他打點好一切裝扮一樣。這段夢境，讓他想起他早年曾經使壞、浪蕩過一段時間，那時，他對媽媽原始的陰性形象會保護他免於遭受任何危險，深信不疑。等到他長大一些，他瞭解到這只是小孩幼稚的幻念，現在，他責備的是自己安尼瑪造成的不幸，而非責備他媽媽。

夢的下一個階段，案主談到：

> 參加一群人的徒步旅行。他變得很疲憊，回到一間野外旅店時，他發現了他的雨衣，跟他早先丟掉的雨帽放在一起。他坐下來休息的時候，看到一張海報，公告有一位地方中學的男孩，在一齣戲裡扮演波色斯的角色。然後，海報上的男孩出現了，但他不再是一個男孩，而是一個愛斯基摩青年。他穿著灰衣，戴著黑帽，然後坐下來，跟另一個穿著黑衣服的年輕人談話。緊接著這一幕，做夢者立刻感到一股新的活力，發現自己已經能夠重新回到旅行團去。隨後，他們一起攀越了下一座山頭，往下眺望，他看見了他們的目的地：一個溫馨可愛的港口小鎮。發現了目的地之後，他振奮不已，精神百倍。

對照第一段夢境中的不安、不舒服與孤單，做夢者這次參加了旅行團。相形之下，他早年的孤絕、年輕時抗拒與他人關係中的社會化影響，已有顯著的改變。這當中顯示其關係能力已獲新生，也顯示他的陰性特質現在必定比從前運作得好得多，他找到了早先遺失的帽子就是一個象徵，而這頂帽子是安尼瑪人物先前沒有拿給他的。

但是做夢者已感疲憊，在旅店裡那一幕，反映了他需要有新的角度來看待他早先的態度，須要透過一段韜光養晦，以求力量的更新。於是，事情有了變化。首先，他看到了一張海報，暗示了一位青年英雄角色的設定——一位高中男孩扮演波色斯一角。然後，他看見了那個男孩如今已長大成人，還帶了一位跟他有尖銳對比的朋友在身邊，前者穿著淡灰色，他的朋友著的則是黑衣，由我前述的脈絡來看，可以看出這兩個人等於是雙生子的翻版，他們是英雄人物，表現出自我與其另一面的對立組合，只不過，兩者在這兒的組合關係和諧無間。

案主的聯想證實了上述的分析，同時也強調出灰衣人代表的是適應良好、隨遇而安的生活態度，然而黑衣人卻代表了精神生活，像牧師般一身勁黑。兩人都戴了帽子(他現在已經找到了自己的帽子)，意指他們兩人已經相對地取得了某種成熟的身份認同，這種認同，是他在少年時期感到嚴重匱乏的東西，雖然當時他理想的自我形象是要成為智慧的追尋者，「搗蛋鬼精神」卻緊緊巴著他，揮之不去。

他聯想中的希臘英雄波色斯，其實非常古怪，後來，我們才發現原來是個明顯的錯誤，這更證明了其中玄妙，殊堪玩味。原來，他以為波色斯乃是殺死牛頭人身怪(Minotaur)，將亞莉雅德(Ariadne)從克里特島迷宮中拯救出來的英雄。一直到他寫下這位英雄的名字，他才發現他搞錯了，殺牛頭人身怪的是帖色斯(Theseus)，而非波色斯(Perseus)，突然，這個錯誤變得意趣盎然。就像說溜嘴的狀況一樣，正因為搞錯，才讓他注意到，這兩位英雄有其共通之處。他們兩個都必須戰勝對潛意識邪惡母性力量(demonic maternal powers)的恐懼，也都必須從這些邪惡力量的手中救出一位年輕的單身女性人物。(註7)

波色斯必須砍下蛇髮女怪梅杜莎(Medusa)的頭，她有一張恐怖的臉和一頭萬蛇鑽動的捲髮，只要誰看到她的臉孔，就會變成石頭。然後，他還必須戰勝守護衣索比亞公主安德洛美達(Andromeda)的巨龍。帖色斯代表了雅典的年輕父性精神(patriarchal spirit)，他必須勇敢地面對陰森恐怖的克里特島迷宮，以及住在裡面的怪獸牛頭人身怪，這頭怪獸或許象徵了克里特人母性的墮落與腐敗。(在所有的文化裡面，迷宮都有意呈顯母性意識世界的糾結混亂狀態。只有那些準備好了要通過一道特殊的啟蒙儀式，並進入神秘集體潛意識的人，才能超越這種狀態。)帖色斯克服了這個危難之後，拯救了歷盡艱險的少女亞莉雅德(Ariadne)(註8)。

拯救安尼瑪不再依賴母親

這個拯救行動，象徵了將安尼瑪人物(anima figure)由母性形象的耽溺中解救出來。只有這項行動完成以後，一個男人才會真正獲得他與女性建立關係的能力。事實上，這個男人無法好好地區分開安尼瑪和母親，在另一個夢裡，母親成為整個夢的重心，而他在夢中遇到了一頭巨龍——這個形象象徵了他過度依賴他媽媽時所展現的「貪得無厭」(devouring)。這頭巨龍對他窮追不捨，但因為他沒有武器，所以開始節節敗退。

然而，幸虧他太太出現在夢中，由於她的出現，總算讓巨龍變小，變得比較沒有威脅性。夢裡的這個改變顯示，透過他的婚姻，做夢者克服了他對母親的依賴，但已為時過晚，換句話說，他必須找到一條出路，釋放掉他對母子關係依賴所蓄積的心靈能量，以便跟女人建立更成熟的關係，其實，也就是跟整個成人社會建立更成熟的關係。英雄與巨龍的戰鬥，正象徵了這個「長大成人」的過程。

但是，英雄的任務卻遠遠超過生理上的發育，或夫妻關係的調適。英雄的目標，是要解放心靈內在的安尼瑪成分。對任何真正的開創性成就來講，這種成分都不可或缺。就這個案例來說，我們只能推測有多少機率會形成最好的結局。然而，若看看他的登山之旅，以及他在山頭鳥瞰自己的目的地——一個溫馨寧靜的港口小鎮，我相信他一定會肯定我的說法，這個小鎮，其實就飽含著他真正安尼瑪機能的成功希望。他會藉此治癒他的妒恨，治癒他早先印度之旅時，覺得沒受到那個女人的呵護(雨帽)而產生的怨懟。(在夢裡，被明白指認出來的城鎮，通常有可能是安尼瑪的象徵。)

這個男人以接觸真實的英雄原型，來贏得安全的保證，同時，也與團隊建立了嶄新的合作相屬關係。自然而然，他馬上感到精神振奮，油然生起回到青少年的感覺。他招徠了內在的力量泉源，以英雄為表徵(譯按：即灰衣人和黑衣人)；他也弄清楚那個女人象徵了哪一部分，進而將之拓展開來(譯按：即找到了雨衣、雨帽)；最後，他更藉著自我的英雄行徑，讓自己脫離母親，解放出來(譯按：即重回團隊、攀越山頭)。

現代人夢中出現類此的諸多英雄神話顯示，以英雄面貌顯現的自我，總是扮演著文化的信使，而非純粹以自我為中心的愛現狂(egocentric exhibitionist)。即使是搗蛋鬼以誤導或招搖撞騙的姿態出現時，在原始人類的眼裡，也是跟宇宙相關聯的貢獻者。就像納瓦荷印第安人神話中的小狼(Coyote)，他把星辰投上青天，創造了整個宇宙，他發明了必然遭逢又偶然發生的死亡，同時，在萬物生成變化的奧秘中，他引導人們利用中空的蘆葦，漂浮到不同的地方，安然逃過一次又一次的洪水大劫。(註9)

在此，我們已比對出來一套創造演化的模式，這種模式顯然以幼稚、前意識或動物的存在狀態為起點。透過真實的文化英雄，自我被明確提昇到有意識、有效行為。經過同樣的流程，童年或青少年的自我也會將自己從父母期望的壓抑中解放出來，成為獨立的個體。在這個自我意識漸漸浮現的過程中，英雄與巨龍的爭鬥必須一打再打，一直打到釋放出來的能量，足以從混沌中形成文化模式，以應付千百種人類生活上的需求為止。

如果所釋放的能量足以形成新的文化模式，我們便會看到一幅完整的英雄形象冒出來，形成一股自我的勢力(用集體的語彙來說，便是種族的認同)，此時，他已無需進一步去打敗什麼怪獸或巨人，因為這些深沈的力量已足以化為人形，「陰性要素」不再以巨龍的形象出現在夢中，而開始化身為一個女人，同樣的，人格的「陰暗」面也已轉換為不具威脅的型態出現。

這個重要的轉捩點，在一位年近五十的男人的夢裡很明白地顯露了出來。由於有一位疑心病重的母親，使他一生都陷在週期性的焦慮痛苦中，而這些焦慮都起因於他害怕失敗。然而，不論是在職業或人際關係上，他實際上的成就，遠遠超過他的同輩。在夢裡：

他九歲大的兒子現身為一位十八、九歲的年輕人，穿著一身中世紀騎士的閃亮盔甲。這個年輕人被徵召，前來與一群黑衣人戰鬥，剛開始，他也準備衝上去，可是，他卻突然脫掉了他的鋼盔，對領著這群來勢洶洶的黑衣人的首領微笑，顯然，他們不準備打仗，而是要交朋友。

在夢中，這個男人的兒子其實是他年輕時的自我，當時他經常感到自我懷疑的陰影威脅著他，我們可以說，他的整個成年生活都在經營一場成功的聖戰，以求打敗這個魔鬼。現在一方面看著他兒子長大，卻沒有同樣的自我懷疑，他確實感到欣慰與鼓舞。另一方面，更由於透過他親身投入大環境，已樹立了適於他自己的英雄形象，因而頓悟，他不再需要跟那個陰影(shadow)戰鬥，他已經可以接受它了。夢境中的友善行動就是象徵這一點。他不再汲汲於個人優越地位的競爭，而將自己融入形構民主社群的文化職志中。這樣的結局，到達了生命的滿全境界，超越了英雄式的志向，而使他蘊生了一種真正成熟的態度。

然而，這項改變不會自動發生。它需要一段轉化的歷程，這種歷程主要是表現在成年禮(initiation)原型的種種面貌當中。

成年禮原型

依心理學來看，英雄形象不應與自我(ego)同等視之，而不如視之為一種象徵的手法，自我必須憑藉著這種手法，使自己脫離童年早期父母形象所蘊生的原型。榮格博士提醒我們，每一個人生來就有一種渾然一體的感覺(wholeness)，一種強而有力的完整自體感。在個體成長的過程中，個體化的自我意識是從本我(Self)——心靈整體當中慢慢浮現出來。

過去幾年，榮格某些門徒的著作裡已經考證了一系列的事件，在個體由嬰孩轉換到童年的過程中，必須要經歷這些事件，個別的自我才會漸漸分生出來。如果不曾經歷對原始整體感的嚴重撕裂，上述分裂便不會停下來。同時，本我(ego)也必須不斷回頭重建它

與本我(Self)的關係，以便維繫心靈的健康狀態。(註10)

我的研究結果顯示：英雄神話只是心靈分化的第一階段。我也在前面提示過，自我要從原始的渾然一體狀態追求它相對的自主性，似乎要經歷四道週期，除非個體取得了某種程度的自主性，否則它便無法跟成人世界建立良好的關係。但是，英雄神話並不能保證這種自主性，解放一定會發生，英雄神話只告訴我們這種解放發生時所需要的條件，在這些條件的共同作用之下，自我才可能發展出意識。意識發展出來之後，還得考慮如何有意義地維持和拓展意識，讓個體感到自己活得很有用，也能在社會中得到活出自我的感覺。

不論是從古代歷史，還是當代初民社會的儀式裡，我們都發現非常豐富的成年禮神話與儀式的材料，這些神話和儀式當中，青年男女被他們的雙親拋棄，硬生生地被迫成為他們部落的成員。在與童年世界一刀兩段的決裂過程中，原生的父母親原型會遭到破壞，而這道裂痕，必須在融入團體生活的治療過程中加以修復。(團體與個體的認同，通常會以某種動物圖騰來象徵)因此，這個團體補全了受損原型的索求，儼然成為再造父母(second parent)，年輕人先象徵性地委屈犧牲於它，只為了再化現一個新生命。(註11)

如同榮格博士所說的，在此一「激烈的儀式過程中，感覺上很像是犧牲於那些能夠制住年輕人的種種力量」，我們也了解，這種原始原型的力量絕不可能一了百了地超越掉，英雄與巨龍的戰鬥，就是一再演練此種力量的對抗，同時也不要遠離了潛意識的豐饒力量。雙生子的神話告訴我們，他們的傲慢(hybris)造成了自我與本我的過度分裂，其桀驁不遜也因為自己開始害怕後果而受到修正，迫使他們回歸到和諧的自我／本我關係。

在部落社會中，成年儀式就是解決此一問題最有效的方法，這個儀式引領受啟蒙者，回到原始母子關係認同的最深層次，或回到自我與本我認同關係的最深最原始層次，藉此迫使他體驗到一種象徵上的死亡。換句話說，他的認同暫時解體、消融為集體潛意識。然後，他才能從這個狀態中，透過重生的儀式獲得儀式性的拯救。這是自我跟較大群體真正團結在一起的最初行動，而這個群體可以圖騰、部落或種族的型態出現，也可能三者混合出現。

不論是在部落社群還是更複雜的社會裡，這種儀式過程，清一色強調了上述死亡與重生的儀式，它提供了受啟蒙者一種從一個階段到下一個階段的「過渡儀式」(rite of passage)。他可能是從童年早期過渡到童年晚期，也可能是從青少年早期過渡到晚期，或者再過渡到成熟期。

當然，啟蒙事件不只發生於年輕人的心理方面，個體生涯發展的每一個新階段，自我要求與本我要求所產生的原始衝突，都會一而再、再而三地出現。事實上，跟生命的其他階段比較起來，這種衝突在從成年初期轉換到中年的階段(我們社會中卅五到四十歲的階層)，會有較猛烈的表現。另外，從中年轉換到老年階段時，會再度產生確切區分自我與整個心靈的需求，英雄最後一次接受召喚，奮起捍衛自我意識，反抗死亡迫近、大限來臨時的生命崩解。

在這些生命的重要關頭，成年禮的原型都會非常活躍，以推動有意義的轉換，提供更能滿足精神需求的東西，而不只是一些帶著濃烈世俗情調的成年禮儀。從古代的「神秘儀式」以降，這些具有宗教意味的成年禮原型模式就被編納到所有的宗教儀式當中，在出生、婚媾和死亡的時候進行特別的祈禱崇拜。

成年禮的力量試煉

我們在研究英雄神話和成年禮時，必須透過現代人的主體經驗，特別是透過那些經歷過心理分析的人的體驗尋找例證。可想而知，在精神醫生的求助者的潛意識裡，我們應該會發現一些形象，復現了歷史上有案可考的一些主要成年禮模式。對年輕人來說，或許最普遍可見的主題就是力量的嚴苛考驗或試煉。這似乎頗為符合我們在現代夢境中所見的英雄神話，就像那位必須承受風暴逆襲的水手，或是沒戴雨帽、徒步穿越印度的男人所表現的健康體能。在我討論過的第一個夢裡，我們也可以看見這個肉身試煉的主題會帶來什麼樣的邏輯結果：那位年輕英俊的男人變成祭壇上的人類犧牲品。這種犧牲跟成年禮的入門有點相似，只是它的目標有點模稜兩可，似乎是在完成整個英雄週期，為新的主題鋪路。

英雄神話和成年禮儀式間，有一項截然不同的差異。典型的英雄人物竭盡所能，以達成其雄心壯志，簡單的說，即使他們之後立刻因為桀驁不馴(hybris)而遭到懲罰或殺害，但他們畢竟完成了自己的野心。相形之下，成年禮的受教者被要求放棄自己的所有野心和慾望，順從嚴酷的試煉，它必須自願去體驗這項試煉，卻不許奢求成功。其實，他是要準備好死亡，儘管他歷經的試煉可能很溫和(短期齋戒、敲掉一顆牙齒或黥面刺青)、也可能痛楚惱人(割包皮、刺舌穿頰或其他自殘行為造成的傷害痛苦)，其目的卻始終如一：創造象徵的死亡狀態，以便從中反彈出象徵性的重生狀態。

有一位廿五歲的青年，夢到他在爬一座山，山頂上有一塊類似祭壇的所在。靠近祭壇的地方，他看見一具石棺，棺上有一具他自己的雕像。然後，一位蒙面的神父拿著一根權杖走過來，權杖上面閃爍著一片火熱的太陽環(sun-disk)。(稍後，這位青年在討論這個夢時說，爬山讓他想起自己正在努力進行的心理分析，他想藉此獲得自我控制。)他很驚訝地發現，彷彿自己已經死了，但他沒有得到什麼成就感，只感覺到恐懼和匱乏。不久之後，他得到了活力恢復的力量感，沐浴在太陽盤的溫暖光芒中。

這個夢非常簡潔地彰顯了成年禮與英雄神話間的差異，此種差異是我們不可忽視的。爬山的行為似乎暗示著力量的試煉：它代表了一種意願，想要在青少年發展的英雄階段取得自我意識。很明顯的，案主認為，他來尋求心理治療，跟他尋求其他男子氣概的考驗一樣，他採取的是我們社會中一般年輕人所具有的競爭比較心態。可是，祭壇的場景修正了他錯誤的假設，殷殷相告，他該做的毋寧是遵從一股比他還偉大的力量。他必須把自己看成是已經死了，並且被埋葬在象徵的形貌當中(石棺)，這使我們想起原型母親化身為所有生命的原始容器出現，而唯有透過這樣的順從行動，他才能體驗到自己的重生。然後，經歷過成為太陽王的象徵之子的激勵儀式後，他又再度恢復了生命。

在此，我們可能又會跟雙生子的英雄週期搞混了，因為雙生子就是太陽之子。不過，我們別忘了，成年禮並不會讓他過度膨脹自己，相反的，他會因為成年禮而體驗到死亡與重生的儀式，從中學習到謙卑，進而引領他由青年過渡到成年期。

依據他的實際年齡來看，他應該已經完成了這項過渡和轉換，但是，由於發展上的遲滯不前，使他無法向前推進發展。這種遲滯使他陷入精神官能症，就因為精神官能症的困擾，他才前來尋求治療，然而，那個夢向他提出了明智的忠告，其實，他可以從任何一位好巫醫那兒得到這類忠告：他應該放棄以登山證明自己的威力，順從有意義的成年禮改變儀式，這樣才能讓他適應成人的新道德責任。

在推動成年禮儀式順利完成的過程中，「順從」(submission)這個主題成為一個基本態度，女孩或婦女的狀況讓我們特別可以看清楚這一點。她們的過渡儀式從一開始就強調其被動性，加上她們的月經週期，又增強了她們在自主性方面的心理限制。應該注意的是，從女性的觀點來看，月經週期其實是女性成年禮最主要的部分，因為，月經週期的力量足以喚醒她內在最深層的順從感，順從那股凌越於她的生命創造之力。至此，她自願順從於她的女性機能，就像一個男人，讓自己遵從其社群共同生活所分派給他的角色。

女性的成年禮：月經週期和結婚典禮

另一方面，女性經歷的成年禮威力試煉，絲毫不遜於男人，她也要走向最終的犧牲，以便體驗重新做人的感覺。這種犧牲，能使女人從糾葛不清的人際關係中解脫出來，進而更有意識地扮演接近其個體本來面目的角色。相形之下，男人的犧牲，則是讓渡出他神聖的獨立性，而變成更有意識地和女人產生聯繫。我們在此領悟到了成年禮的性別向度，讓男人更熟悉女人，也讓女人更熟悉男人，這樣恰好可以修正男女在先天上的某種對立。於是，男性的知識(道理Logos)邂逅了女性的關係(愛欲Eros)，兩者的統合呈現為神聖婚姻的象徵儀式，這種陰陽調和源自古代神秘宗教，也正是成年禮的核心狀態。但是，現代人要理解這一點卻相當困難，如果真要他們領悟這一點，常常會為他們的生活帶來嚴重的危機。(註12)

許多案主都告訴過我相似的夢，在夢中犧牲的主題與神聖婚姻的主題相伴出現，其中一個做此種夢的年輕人，他雖然談了戀愛，卻不願結婚，因他害怕婚姻會變成一座牢獄，被一個威力無窮的母性人物所看管，他自己的母親對他的童年影響巨大，而他「未來的繼母」也具有類似的威脅：難道他未來的妻子不會像這些母親宰制他的童年一樣，宰制他的未來嗎？

他在夢裡參與了一場儀式舞蹈，跳舞的還有另一個老男人和兩個女人，其中一個女人正是他的未婚妻。較老的男人及其妻子留給做夢者很深的印象，他們雖然狀甚親密，卻好像還為彼此的個體差異留有空間，而不會令人有黏膩的感覺。

因此，這兩個形象向這位年輕人顯示，已婚的情況並沒有對夫妻個體特性的發展施加任何不合理的束縛。若果真如此，他會願意結婚。

在這場儀式舞蹈中，每個男人都面對著他的女伴，而四個人分佔了一塊方形舞池的四個角落。當他們翩然起舞時，顯然他們跳的也是某種劍舞，舞者的手上都握著一柄短劍，並用它表演一個難度頗高的芭蕾單腳伸展(arabesque)，連續舞動手臂和腳部，暗示彼此間侵略與順從的交互衝動。整支舞的最後一幕，四位舞者都必須將短劍戳進自己的胸膛，迎向死亡。只有做夢者拒絕完成最終的自裁。

在其他人倒下之後，他獨自佇立在台上，對自己的懦弱，無法和別人一起犧牲，感到非常慚愧。

這個夢讓我的案主深深了解到一個事實：他早已準備好要改變生活的態度了。過去，他一直很自我中心，尋求個人獨立所帶來的虛幻安全感，但內心卻受制於從小以來母親宰制所造成的恐懼。他需要挑戰自己的男子氣慨，以便了解到，除非他犧牲掉自己心靈的童稚狀態，否則他就會感到孤立、羞愧。這個夢以及他後來因此得到的洞察，讓他的疑慮煙消雲散。他已經通過了象徵的儀式，這個儀式讓年輕人放棄了他的絕對自主性，接受自己的生命是可以在關係中彼此分享，而不只是英雄壯懷的型態。然後，他結婚了，也跟他的妻子建立了美滿適切的關係，他的婚姻不但沒有妨礙他的逍遙生活，反而改善了他的生活。

遠離精神官能上的恐懼，不再害怕隱形的父母親潛伏在婚姻的面紗後面窺伺，任何一個年輕人都可以充分體會到結婚典禮的深刻意義。基本上，結婚典禮是女人的成年禮儀式，而男人在其中感受到自己像是一個凱旋英雄。無怪乎我們會在部落社會發現一些反恐懼的儀式，如搶婚或強暴新娘。這些儀式會使男人在他必須屈從於妻子，承擔起婚姻責任的前一刻，還可以胸懷著他英雄角色的灰燼。

但婚姻這個主題雖然是如此普遍的意象，它本身也有較深層的意義。對於男性心靈中的陰柔成分而言，婚姻是個較合人意、甚至是必要的象徵性發現之道，當然做太太的從中學到的也一樣多。就此而言，只要給予相應的適當刺激，我們可以在任何年紀的男人身上，遇到這樣的原型。

然而，並非所有女人的反應都是放心地進入婚姻狀態。一位女性案主一直很想找回她的工作，之前因為一段非常艱難而緣淺的婚姻，放棄了工作，後來，她夢見她跟一個男人面對面跪著。男人有一只戒指，準備好要戴在她的手指上，但是，她伸出右手戴戒指的指頭卻非常緊張，顯然她在抗拒這種婚姻的結合儀式。

我們很容易便可以指出她意味深長的錯誤(譯按：婚戒通常是戴在左手無名指上)。她沒有伸出左手無名指(這樣她才能接受與陽性原理的平衡自然關係)，而誤以為她必須用整個意識上(即右邊的)認同來服侍那個男人。其實，婚姻只要求她與他分享自己的潛意識、自然的(左邊的)部分，這個部分的統合原理會具有象徵意義，而非表面的意義或絕對的意義。她的恐懼是女人特有的恐懼，害怕在一份強勢的父權婚姻中喪失了自我認同，因此才產生了抗拒。

總之，對於女人的心理來講，神聖婚姻這種原型型態具有特別重要的意義，同時，這種原型也是她們在青春期啟蒙過程中，許多預備的功夫所準備要完成得目標。

美女與野獸

在我們的社會裡，女孩跟男孩一樣在分享陽性的英雄神話，因為，她們也必須發展可靠的自我認同，得到良好的教育。但是，她們的心靈有一個更古老深沉的層面，隱隱約約出現在她們的情感表徵上，其目標是讓她們變成女人，而非一味模仿男人。當心靈這部分的古老內容開始浮現時，現代的年輕女子可能會壓抑它，因為這種內容會威脅到她，讓她斷絕自由自在的朋友關係，斷絕與男人競爭的機會，而這些關係和機會都已成為現代女子的基本人權了。

這種壓抑可能非常成功，使她暫時會強調認同於從學校或研究所學來的陽性知識目標。即使她結了婚，不得不在表面上順從婚姻原型，不得不屈從而成為一個媽媽，但她卻仍然留有某些自由的幻象。之後，如同我們今天常見的狀況，上述的矛盾衝突最後會以一種令人痛苦但最終會有回報的方式，逼使女人重新發現她深藏已久的女性氣質。

我見過這方面的一個例子，這位年輕已婚女性還沒有小孩，但她很想要有一兩個小孩。然而，她的性反應卻很冷淡，為此，她和丈夫都感到困擾，也找不出任何恰當的解釋。她以良好的成績畢業於一所著名的女子學院，和她的丈夫與其他一些男人過著愉快的知識夥伴生活。不過，雖然她在這方面的生活大都十分愜意，有時卻也會鬧點脾氣，用疏離的男性特有的尖銳口吻跟人說話，使她對自己極度不滿，難以忍受。最近她做了一個夢，感覺上這個夢非常重要，使她決定尋求專業諮商。

她夢見自己排在一隊跟她很相近的年輕女性行列中，她引頸向前張望，要看看她們往哪兒去時，她看到每個走到排頭的女人都被一具斷頭台斬首。做夢者毫無所懼，仍留在列子裡，認為輪到她的時候，她也願意接受相同的處置。

我向她解釋，這個夢意味她已準備好放棄「用頭生活」的習慣，她必須學習釋放她的身體，發現身體自然的性反應，滿足身體在母性氣質上的生物角色。這個夢表達了這個重點，告訴她需要做一個徹頭徹尾的改變，而必須犧牲掉「陽剛的」英雄角色。

我們可以料想得到，在理智層面上，這位教育程度頗高的女人，對上述詮釋的接受毫無困難，同時她也開始嘗試改變自己，使自己變成一個較為溫順的女人。然後，她真的改善了她的愛情生活，也變成兩個快樂活潑小孩的母親。當她漸漸成熟到更能了解自己，她才恍然大悟，對一個男人(或心智經過陽剛訓練的女人)而言，生命必須是歷經猛攻而奪來的東西，必須有雄心壯志的英雄作為，但是，一個女人要覺得自己很對味的話，生命最好是經歷一連串醒悟的過程而獲得實現。

女性的自我認同：生命點滴的醒悟

關於這種覺悟，有一個古今共通的神話表達得很好，就是美女與野獸的童話(Beauty and the Beast)。這個故事流傳最廣的版本如下：美女是四姊妹中年紀最小，卻最受父親疼愛的女兒，因為，她有無私的好心腸。當她的姊姊們紛紛向父親要求花費不貲的禮物時，她只要求有一朵白玫瑰，因為她只想到自己純潔無瑕的內心情感。她所不知道的是，她的要求將會危及她父親的性命，也會破壞她與父親的理想關係。因為，他從野獸下了魔咒的花園裡偷摘了白玫瑰，野獸由於玫瑰被偷採而勃然大怒，並要求他在三個月之內回來接受懲罰，牠要將他處死。(這野獸實在有點不夠稱頭，牠不僅對這位父親處以緩刑，並允許他帶著白玫瑰回家，更離譜的是，牠居然在他回家時還送了他一箱黃金，不過，依美女的父親下的許諾來看，野獸似乎集殘酷與仁慈於一身。)(註13)

美女堅持要代替父親受懲罰，三個月之後，她回到了受詛咒的城堡。在城堡中，她被安置在一個美侖美奐的房間裡，除了野獸偶而來訪之外，她無須擔心受怕，野獸每次來訪，總是會問她是否願意嫁給牠，而她一概拒絕。然後，她在一塊魔鏡裡看到父親臥病在床的畫面，便乞求野獸允許她回家安慰老父，並答應一週之內回來，野獸跟她講，如果她背棄牠而去，牠一定會活不下去，但她可以回去一個禮拜。

回到家裡，她光采耀人的出現，著實讓她的父親大為高興，也讓他的姊姊們妒從心生，於是她們密謀要拖延她的行程，讓她無法在允諾的時限前回到城堡。終於，她夢見野獸因絕望而瀕臨死亡，才明白她已經超過了說好要回去的時間，於是，她回到城堡去讓野獸活過來。面對瀕死的野獸，美女根本忘掉了牠的醜陋，一心一意地服侍牠。牠向她告白，不能一天沒有她，然而，現在她既然已經回來，牠便可以快意赴死了。可是，美女也明白，她也不能沒有野獸，她已經愛上牠了。她於是向牠表白，並答應做牠的妻子，只願牠不要死掉。

一霎時，城堡裡金光四射，樂音裊繞，野獸消失了蹤影。原來的地方站著一位英俊挺拔的王子，他告訴美女，由於他過去被一位巫婆施了咒，才變成了野獸，魔咒不會消退，除非有一位美麗的女孩，純粹因為他的善良而愛上他為止。如果我們對這故事裡的象徵一一加以分解，大概就會明白，美女指的是那些在精神上、在情感上與父親陷於情緒束縛的少女或女人。她只要求白玫瑰做禮物，象徵了她的善良，但如果我們朝反面的意義來看，她的潛意識卻想要把爸爸和自己丟到一種不只表現出善良原理的勢力中去，她希望這股勢力混合了殘酷和仁慈，就好像她希望自己被拯救，從一段逼使她變得太過道德、太不實際的愛情中獲得拯救。

學會去愛野獸，使她覺醒、覺察到包裹在獸性(因而是不完美的)真實愛欲形式裡的人類愛情所具有的力量。或許，這呈現了她真實關係功能的覺醒，使她能夠欣然接受自己原始意願中的愛欲成分，因為對亂倫的恐懼，使得這種成分必須被壓抑。若離棄了父親，她似乎就得接受她的亂倫恐懼，讓自己生活在亂倫恐懼的活現幻想中，直到她漸漸認識獸性的男人，並發現身為女人，自己對獸性男人的真實反應。

她藉此突破了壓抑的藩籬，救贖了自己和她的陽性形象，讓她有意識地盡情信任自己的愛情，相信愛情是精神和自然的最佳結合。

我的一位女性案主，她已歷經過婦女解放，她做的一個夢就呈現了這種消除亂倫恐懼的需求。這位案主的想法裡有非常真實的恐懼，因為她母親去世之後，她的父親就有點過度依賴她。

夢境裡，有一頭瘋狂的公牛在追她，開始時她還試著逃跑，後來她明白逃也沒用，於是她倒下來，公牛就站在她身旁。她知道，自己只想對公牛唱歌，於是她就對牠唱歌，雖然她的聲音不停顫抖，公牛卻平靜下來，開始用舌頭舔她的手。

後來的詮釋顯示，或許，她現在已學會以更有自信的陰柔方式與男人建立關係，不只是性關係，而是在她意識認同層次上，更廣泛意義的愛欲關係。

更年期女人的心靈啟蒙

但是，在另一個較年長女人的案例裡，野獸這個主題可能指的並不是發現個人病態的執著(fixation)的緣由，也不是發現如何釋放性的禁忌，更不是發現運用精神分析心靈的理性主義者在神話中看見的任何東西。事實上，它可能是在表達某種女性的啟蒙，不論它出現在青春期的顛峰或更年期的開端，都同樣有意義。野獸的主題可能出現在任何年紀，出現在精神與自然的整合受到阻礙的任何狀態裡。

一位到了更年期年紀的女人報告了下面這個夢：

我和許多不知名的女人在一起，裡面我好像一個都不認識。在一幢怪異的房子裡，我們走下樓，突然碰上了一群醜怪的「猿人」(ape-men)，他們面露凶惡神情，披著灰色獸皮，戴著黑鼻環，搖動著尾巴，惡形惡狀地斜睨著我們。我們完全在他們的掌控之下，但我突然發覺，我們唯一的自救之道便是不要慌亂、逃跑或反抗，同時要人道對待這些猿人，讓他們覺察到自己較好的那一面。然後，一隻猿人對著我走來，我迎向他，就像是他的舞伴，於是我開始與他共舞。

不久之後，我被賦予了超自然的治療能力，有個男人正徘徊在死亡的門口，我擁有某種羽毛莖或鳥喙子，我用它把空氣灌進他的鼻孔，然後他又開始呼吸。

在她結婚生養子女的的這些年裡，這個女人不得不放棄她的創作天賦，從前，她曾經是個小有文名的作家。在她做這個夢的時候，她曾試圖強迫自己回頭寫作，同時她又無情的挑剔自己，不是一個好老婆、好朋友和好媽媽。上面的夢顯示，她的問題和其他女人可能需要經歷的轉換頗為相似，就像夢裡出現的那樣，從一幢怪屋子裡一個過高的意識層次下降到較低的區域去。我們可以據此推測，這意味著進入集體潛意識裡某些意義向度的入口，這個入口帶有一項挑戰：必須要接受化身為猿人的陽性原理，要接受這些英雄式的、小丑般的搗蛋鬼人物，他們正是我們在原始英雄週期循環裡第一個會碰到的人物。

對她而言，與這種猿人建立關係，藉由激發他內在良善的一面來使他人性化，意味著她首先必須接受她自然創造精神裡某些不可預測的成分。這樣，她才能迅速超越她生命中的傳統束縛，學習到新的寫作方式，更切近她的第二生涯。

這種衝動與創造性的陽性原理有所關聯。這種關聯顯示在夢境的第二幕裡面，她運用類似鳥嘴的東西把空氣吹進一個男人的鼻子，因而使他活了過來。這個灌氣的過程提示我們，對精神復甦的需求，遠勝於對愛欲溫情原理的需求。這個象徵是世所皆知的：

儀式行為帶來生命的創造性吐納，也帶來了新的成就。

另一位女士的夢，突顯了美女與野獸的「自然」面：

窗外有個東西飛進來或被丟了進來，像是一隻大昆蟲，張著螺旋形旋轉的腿，黃黑相間。然後，牠變成一隻很酷異的動物，身上像老虎一樣有黃黑斑紋，張著像熊一般接近人掌大小的爪子，臉上則有豹一樣的斑點。牠可能會四處遊蕩，傷害小孩。那一天是星期天下午，我看到一個小女孩穿了一身白，正在去主日學的路上，我必通知警察來幫忙。

但我又看見牠又變成了半女人、半動物的東西。牠跟我撒嬌，希望被愛，我這才感覺到身處於一個童話的情境或夢境裡，只有慈愛才能幫助牠改變。我想給牠溫暖的擁抱，但我做不來，於是我又把牠推開。可是我感覺到自己必須留在牠身邊，慢慢習慣牠，有一天，或許我能夠吻牠。

這個夢呈現了與前一個夢不同的情境。這個女人被她內在過於強勢的陽性創造機能帶著走，這股勢力已成為一股強制的心理(亦即以空氣為媒介)成見。藉此，她被阻止以自然方式卸除其陰性、為妻之道。(對此夢做聯想時，她說：「丈夫回家時，我的創意面就縮到檯面下去了，我馬上變成規規矩矩的家庭主婦。」)她的夢發生了意外的轉折，將她越來越糟糕的精神，形變為那個她必須接受、必須自己加以陶養的女子，這樣，她可以借助與別人熱情交往、打成一片的本能，使她的知性創作志趣得到和諧的發展。

此中蘊含了對二元原理的嶄新體會，自然中的人生，殘酷中有仁慈，或者貼著此女的案例來說，便是在無情的冒險中，謙遜而富創意地守著家園。顯然，除非處於一個高度複雜的心理覺察層次上，否則，上述的對立項不僅不可能獲得和解，而且還一定會傷到那位穿著主日學裝扮的天真小女孩。

我們可以從這位女士的夢延伸出的詮釋是，她必須超越掉她某些過於素樸的自我形象，進而願意去擁抱她感情上全然的兩極狀態，就像美女必得要放棄她天真的信念，以為她可以有一位父親，他能夠給她純白玫瑰般的感情，而不帶有野獸那種狂暴的慈愛。

奧菲斯與人子

「美女與野獸」這個童話，宛若一朵野花，它的出現如此令人稱奇，使我們產生了一股自然的驚艷之感，剎那之間，我們忘了探問它是屬於哪一科、哪一屬、哪一種的植物。這樣一個故事當中所蘊藏的奧秘，不僅普遍被運用在更大的歷史神話中，也應用於此神話所表現的儀式中。

這類儀式和神話適切地表現了相應的心理經驗，最好的例子就是希臘羅馬的戴奧尼索斯(Dionysus)宗教，以及由它演變而來的奧菲斯(Orpheus)宗教。這兩派宗教都為上述所謂的「奧秘事象」(mysteries)提供了深刻的啟蒙。它們都提出了許多象徵，關於雌雄同體(androgynous)的一位神人，祂被認為具有了解動植物世界的神通，因而祂也是了解動植物奧秘的啟蒙導師。

戴奧尼索斯宗教包含了酒神祭儀，此祭儀是祈求找到一個竅門，讓自己出神，進入其動物本性，藉此體驗到「大地母親」(Earth Mother)孕育萬物、涵養萬物的完整力量。

戴奧尼索斯儀式中，酒扮演了此過渡儀式的觸媒。一般認為酒具有象徵上減弱意識的力量，這樣才能夠引導受啟蒙者進入被嚴密護持的自然奧秘中，而這些奧秘的本質，表現在情慾滿足的象徵上：戴奧尼索斯神與他的配偶亞莉雅德(Ariadne)，在一個神聖的結婚典禮上相互結合。

等到戴奧尼索斯祭儀失去了感染情緒的宗教力量時，出現了一股東方式的解脫渴望，它們希望由純屬生命與愛欲的特定自然象徵成見中解脫出來。於是，由精神層次急速轉向身體層次的戴奧尼索斯宗教，又開始向精神層次回流，或許，酒神宗教太過於狂野，其喧囂擾嚷不適於某些禁欲傾向較重的靈魂。這些靈魂透過奧菲斯宗教祭儀，由內在去體驗宗教狂喜。

奧菲斯可能實際上真有其人，他是歌手、先知和導師，也是一位殉教者，於是，他的墳墓變成了神廟。難怪早期的基督宗教會，視奧菲斯如基督的原型。兩種宗教都向晚期的希臘化世界允諾，未來可以獲得神性的生命。雖然他們是人，卻也是神的傳媒，在羅馬帝國的統治之下，他們為奄奄一息、希臘文化所陶養的子民指出了一種值得想望的未來生命。(註14)

然而，奧菲斯宗教與基督宗教間存在著一項重要的差異。奧菲斯祕儀雖已提昇為神秘的型態，卻仍然讓古老的戴奧尼索斯宗教保持活力，其精神動力來自一位半神半人(demi-god)，祂保留了根植於農業文化藝術中的最特出的宗教特質：依季節更迭而降臨的豐年神祇模式，換句話說，即生育、成長、豐盈、敗壞的永恆周期回歸。

另一方面，基督宗教卻摒棄了神秘祭儀。基督是一個父權、游牧、田園宗教的產物，也是宗教的改革者，此一宗教的先知們顯示，他們的彌賽亞(Messiah)救世主是一個絕對神聖的源頭。人子(Son of Man)，雖然由人類的處女所生，卻淵源於天界，來自上帝化為人身的行動。當基督死後，祂回到天堂，不再離開天堂，坐在上帝的右手邊進行統治，直到基督再度降臨(Second Coming)，那時「死人將會活起來」。

彌撒儀式中的象徵

當然，基督宗教早期的禁欲苦行不再延續，然而周期性的祕儀仍留存在信徒的記憶裡，使得教會終究必須由異教中採納許多教儀的儀軌，納入自己的儀式中來。最明顯的莫過於在文獻紀錄中，有所謂的復活日前一日(Holy Saturday)、復活日(Easter Sunday)，以慶祝基督的復活，中世紀教會將整個洗禮的流程，化為配套而深具意義的啟蒙祭禮。但是，這種儀式到了現代卻漸漸式微，在新教教儀中，它已完全消失，在儀式方面保存比較好的，對虔誠信徒包含有較根本的啟蒙祕儀的，是天主教的聖杯高舉儀式(the evelation of the chalice)。榮格博士曾在他的〈彌撒中的轉化象徵〉(Transformation Symbolism in the Mass)一文中對此加以描述：

高舉聖杯在空中，以迎向酒的聖靈化……透過隨後的召請聖靈(Holy Ghost)，進一步加強這種淨化……召請聖靈是為了讓聖靈貫注在酒中，而真正進行招引、貫注、轉化的其實是聖靈……經過高舉之後，原來置於聖體右側的聖杯，就成了相當於從基督右側流出來的寶血。(註15)

領受聖餐的儀式在世界各地都一樣，不論它用的是戴奧尼索斯的酒杯，還是基督徒的聖杯；不過，兩種宗教為參與儀式的個體所帶來的覺察層次是不同的。戴奧尼索斯教儀的參與者回顧事物的根源，回到神明的「誕生風暴」，回到神明從「大地母親」(Mother Earth)強韌子宮中噴發出來的那個當下。在龐貝城古老壁畫上展演的儀式所喚醒的神，只是恐懼的化身，這種恐懼，反映在酒神的教士提供給受啟蒙者的戴奧尼索斯酒杯上，然後，我們在壁畫上還看到篩選米穀的簍筐、大地在裡面留下來的珍貴果實，以及象徵神的創造力的陽具，在此過程中，神展現為生育和成長的原理。

與戴奧尼索斯教儀的返觀源頭相形之下，基督宗教把中心焦點對準了自然界永恆的生死循環，而且，基督宗教的奧秘為受啟蒙者指出一條未來的路，指出與超越的上帝結合的終極願望。儘管「自然母親」(Mother Nature)有著美麗繽紛的季節變化，基督宗教對她卻置而不顧，基督宗教的中心人物提供的是精神上的確信，因為祂是在天堂的上帝之子。

然而，這兩種宗教取向多少都融合在奧菲斯的形象中，祂使人想起戴奧尼索斯，卻又翹首期盼著基督。瑞士作家琳達(Linda Fierz-David)對這種調停者形象的心理意義曾加以描述，她在對龐貝城奧菲斯儀式壁畫的詮釋中說：

奧菲斯邊彈七弦琴、邊唱歌、邊施行教誨，祂的歌聲法力無邊，整個自然界無不風行草偃；當祂和琴而歌，鳥兒往他身邊飛舞悠轉，魚兒躍出水面向他跳來，風平了，浪靜了，河水對著祂倒流，雪不再落下，冰雹也不見了。樹林和石頭都跟隨著奧菲斯，老虎和獅子也躺臥在離祂不遠的地方，緊靠著綿羊，而狼群則躺在鹿兒和山羌的身邊。這一切意味著什麼？它肯定意味著對自然事件意義的神性洞察……自然發生的種種現象產生了內在和諧的秩序。只有在祭祀崇拜的過程中，這位調解之神揭露了自然之光時，一切才會充滿了光，所有的動植物才會和諧共處。奧菲斯是虔誠祈禱的具體化身，祂象徵化解一切衝突的宗教態度，因為，這種態度已引導整個靈魂，轉向所有衝突另一面的世界去了……當祂這樣做時，真正的奧菲斯、奧菲斯的原始面貌才體現出來：一位好牧人……

(註16)

既是一位好牧人，又是一位調停者，奧菲斯觸及了戴奧尼索斯宗教與基督宗教間的平衡點，因為，我們發現，戴奧尼索斯和基督扮演的角色其實非常類似，只是時空的取捨上有所不同——一個是冥界的周期循環宗教，另一個是天界的、來世的或終結的周期循環宗教。從宗教史的脈絡，我們抽取出這一系列的啟蒙事象，然而，它們其實仍反覆發生在現代人的夢和幻想之中，只不過在不同的個別脈絡中，必須加以辨識其稍有扭轉的意義罷了。

重生與復活：洗禮的本質

在極度疲憊、沮喪的心情下，一位正在接受心理分析的女人出現了下述幻想：

我在一間挑高拱形屋頂、沒有窗戶的房間裡，坐在一張又窄又長的桌旁。我彎著腰，渾身發抖，身上除了一襲從肩膀拖到地板的白亞麻衣之外，什麼也沒穿。有件嚴重的事情發生了，我再也活不了多久。我眼前出現了金環上的十字架。我想起我很久以前曾經起過誓，無論我身在何處，都必須遵守誓約。我在那兒坐了很久。

這時，我慢慢睜開眼睛，看到一個要治療我的男人坐在身邊，他善良而自然，對我説話，但是我聽不到。他似乎知道我去過的所有地方，我覺察到自己非常醜陋，而且，我周圍一定有股死亡的味道，不知道他是否會被嚇跑。於是我盯著他看，經過很久，他都沒有離開，我才鬆了一口氣。隨後，我感到有股冷風或冷水，澆了我一身。我用白色亞麻衣裹住自己，準備好好睡一覺。那個男人療病的雙手放在我肩膀上，我隱隱約約想起自己的肩膀曾經受過傷，但他的雙手按壓在上面，好像在給我力量和治療。

這女人先前由於懷疑自己原來所信的宗教，而倍感困頓。她從小就是個虔誠的舊派天主教徒，因為年輕，她奮力想掙脱家裡一貫信守的宗教傳統。然而，在教會裡發生的種種象徵事件，歷歷在目，它們所蘊含的豐富意義，不免伴著她一起渡過心理轉換的過程，在她的心理分析中，我發現這種仍在運作的宗教象徵知識幫了很大的忙。

經過挑選，她覺得幻想中最有意義的元素是：白布料，她認為這是一塊獻祭的布；拱形屋頂的房間是墳墓；她的誓願，則讓她聯想到順服(submission)的體驗。依據她的回憶，這個誓願暗示進入死亡拱墓的危險啟蒙儀式，象徵她擺脱教堂和家庭，以自己的方式去體驗上帝的道路。她歷經了象徵意義上真實的「模擬基督」(imitation of Christ)，而且，像基督一樣，她忍受著死前傷口的疼痛。

獻祭布暗示著屍布或壽衣，被釘在十字架上的基督就裹在這種布裡，然後再埋進墳墓。幻想的末尾出現了一位治病的男人形象，可以簡單聯想成我，也就是她的分析師。但就這個男人的自然角色來看，他也是一位完全覺察她的體驗的知己。他對她說著她還聽不到的話，但他的雙手卻令人感到安慰，帶來療效。我們可以感覺到，這個人物是個好牧者，他的觸摸和話語，如同來自奧菲斯或基督，他是一位調解人，當然，也是一位治療者。他站在生界，必須說服她，現在可以從死界的拱形墳墓中回到生界來了。

我們可以將此稱之為再生(rebirth)或復活(resurrection)嗎？或許兩者都是，或許兩者皆非。在最後，根本的儀式現身了：冷風、冷水澆淋她全身，這才是淨化、洗滌死亡之罪的原初行動，這才是洗禮的本質所在。

同樣的女人，還有另一個幻想：她感到她的生日正好是基督的復活日。(這個幻想比她對她母親的回憶還有意義，她媽媽在她童年的時候，從沒給過她重新活過、安心過日子的保證。)但這並不代表她把自己與基督的形象等同，因為，祂的力量與榮耀如此超凡，也造成了某種匱乏，當她想要透過禱告來觸及祂時，祂和祂的十字架卻高舉在天堂，是她這樣一介凡人所無法觸及的。

在這第二個幻想裡，她又回到以日昇為表象的重生象徵，同時，一個嶄新的陰性象徵也開始現身。首先，它現身為「水袋裡的胎兒」，隨後，她領著一個八歲的小男孩從水中「渡過危險水域」，然後，出現了一個新情節，使她不再感到威脅，或在死亡的陰影下。

她正在一片靠近一個小流泉瀑布的森林裡……周遭長滿了綠色的蔓草，我手中有個石碗，裡面有些泉水、有些綠苔，還有一些紫羅蘭。我在瀑布下洗浴，四處金光閃閃、「滑溜潤澤」，我覺得自己像個小孩。

儘管用如此繁複變化的形象，進行如此神秘的描述，但這些事件的意味仍舊十分清楚。這裡面似乎有一個重生的過程，一個較大的精神自我在此過程中重生了，並且像個孩子一樣，在自然中接受了洗禮。同時，她拯救了一個較年長的孩子，從某方面來講，這個孩子就是她最受傷的童年時代的自己。然後，她領著這個小孩渡過水域的危險地帶，這暗示她如果離開家庭的傳統宗教太遠，會害怕自己對罪惡感麻木不仁。但是，宗教象徵的意義，是透過其不現身(absence)而獲得展現。這一切都掌握在自然界的手裡，我們顯然是生活在牧人奧菲斯的王國，而非升了天的基督庇蔭下。

之後，她又做了一個夢。這個夢把她帶到了一個像是阿西斯教堂(Assisi)，有喬托(Giotto)畫的聖法蘭西斯(St. Francis)壁畫的教堂，在這裡，她比在任何別的教堂都感到自在，因為，聖法蘭西斯和奧菲斯一樣，都是自然界的宗教徒。這又挑起了她入教時的種種情感變化，過去，她曾為此而痛苦不已，現在，有了來自自然界的鼓舞，她相信自己能喜樂地面對這一段經歷。

這一系列的夢，最後以遙遙呼應戴奧尼索斯宗教做為結束。(我們可以說，這提醒我們，即使是奧菲斯，有時候可能也距離人類心目中動物神的豐富生殖力太遠了。）她夢見自己用手牽著一個金髮小女孩。

我們興高采烈地參加一個喜慶節日，四周充滿了陽光、森林和花朵。這個小女孩手裡拿著一朵小白花，又把花別在一頭黑牛的頭上，這頭牛是節日的一部分，身上掛滿了節日的裝飾物。

這使人想到紀念戴奧尼索斯的古老儀式，就是以牛來慶祝。

面對死亡的啟蒙儀式

但這個夢並沒有到此結束。那個女人補充說：「不久之後，那頭牛被一支金箭射穿了。」就此而言，除了戴奧尼索斯祭典，在另一個前基督宗教儀式中，牛也扮演了一個象徵角色。波斯太陽神米特拉斯(Mithras)也獻祭牛，這位神祇和奧菲斯一樣，代表對精神生活的渴望，希望透過精神生活，克服人類原始的動物激情，透過啟蒙儀式，使人類獲內心的平靜。

這一系列形象證實了一個暗示，而我們可以在這類型的夢或幻想中發現這種暗示

——沒有最終的內心平靜，也沒有可以倚靠的東西。世間男女的宗教追尋，特別是對那些生活在現代西方基督宗教社會文化裡的人來說，那些古老的傳統力量仍在他們內心爭鬥，爭著要冒出頭，這可以說是異教信仰與基督宗教信仰的衝突，也可以說是重生(rebirth)與復活(resurrection)的衝突。

要解決這個兩難，較直接的線索可以在這個女人的第一個幻想中發現，這類怪異陌生的象徵片斷很容易被我們忽視。這個女人說，在那拱形的死亡墳墓裡，她看到眼前有紅十字架在金環上的幻景。後來，在她的心理分析中，越來越清楚，她正準備體驗一個深刻的心靈變局，從這種「死亡」中躍昇而出，獲得生命的更新。因此，我們可以想像，這個死亡形象是在她對生命深感絕望時出現在她面前的，從某方面來看，它也預示了她未來的宗教態度。在她後續的分析過程中，她的確證實了這種想法：紅十字架呈現了她獻身於基督宗教的態度，而金環則代表她對前基督宗教神秘宗教的獻身。她的幻視告訴她，她必須把這些基督宗教與異教的成份加以調解，安排到未來的新生活當中去。

最後，也是最重要的一個觀察，是關於古代啟蒙儀式及其與基督宗教的關係。古希臘穀神祭典(Eleusinian mysteries)中舉行的啟蒙儀式(豐年女神狄米特 Demeter 和泊絲芳 Persephone的崇拜儀式)，不只適於想讓生活更富饒的人，它也用來為死亡做準備，彷彿死亡也需要一個類似的啟蒙過渡儀式。

在艾斯基林山(Esquiline Hill)上的古羅馬靈骨塔(Columbarium)裡的骨灰罈上，我們發現了一個清晰的淺浮雕，呈現了成年啟蒙儀式(initiation)最後階段的場面：受啟蒙者被容許面見女神，並與之交流。圖案的其餘部分，細緻刻劃了兩種初步的淨化禮：獻祭「神秘的豬」(mystic pig)以及神聖婚姻的神秘儀軌。這一切都指向跨入死亡的啟蒙式，只是在外在形式上少了哀悼的告別式罷了。它也暗示了後續的神秘要素——特別是奧菲斯的宗教儀式——死亡同時蘊含了永生的希望。基督宗教則更進一步，允諾了比永生更超越的東西(以古老的周期輪迴神秘說而言，永生可能只意味著投胎再生)，基督宗教還為信徒指出了在天堂的永續生命。(註17)

由此，我們在現代生活中再度看到重覆舊模式的傾向，那些必須學會面對死亡的人們，可能必須再學習，去認識一個古老的訊息：死亡是個奧秘，一如我們在為生活做準備所學到的教訓，我們必須以順從和謙卑的精神，好好為死亡做準備。

超越的象徵

象徵依人類的目的不同而發生不同的作用，有些人需要被淬勵奮發，去經歷戴奧尼索斯「轟天雷儀式」(thunder rite)暴力下的成年啟蒙禮；有些人需要的是被壓服抑制，被引導服從教區或神廟所安排的規範，這教我們想起晚期希臘的阿波羅宗教。一套完整的成年啟蒙，會同時含有上述兩個主軸，不論是在古代的史料中，還是在現代活生生的案主身上，我們都可以見證到這一點。但是，成年啟蒙禮的根本目標，顯然還是要馴服青少年本性中搗蛋鬼式的原始狂野，因此，儘管成年啟蒙禮含有儀式上的暴力，以求其順利運作，但它其實具有文明化或精神化的目的。

然而，在最早為人所知的神聖傳統中，還有另一種象徵，也跟人生的階段轉換習習相關。但是，這些象徵並不尋求以任何宗教信條或世俗的集體意識讓受啟蒙者獲得整合，相反的，這類象徵指出，人類需要從任何過於不成熟、執著或僵化的狀態中解放出來，換言之，這些象徵關懷的是，人類要從任何限定的存在模式裡超越、解脫出來，以便走向更優、更成熟的發展階段。

我曾經說過，小孩擁有完滿自足的狀態，但一旦他的自我意識(ego-consciousness)出現，就另當別論了。對成人來說，完滿自足的狀態要經由心靈的意識與潛意識的融合才能達成，榮格所說的「心靈超越功能」(the transcendent function of the psyche)才會出現，透過這種超越功能，人才可能達成他的最高目標：讓他個體本我(individual Self)的潛力完全實現。所以，我們所謂的「超越的象徵」，即是呈現人類努力達成上述目標的象徵。這些象徵提供了潛意識內容得以進入意識心靈的途徑，而這些象徵本身也是潛意識內容的積極表現。(註18)

這些象徵在形貌上多采多姿，不論我們是在歷史上見到它們，抑或在面對人生關卡的當代人夢中見到它們，我們都能明白它們的重要性。在這種象徵的最原初層次上，我們又一次碰上了搗蛋鬼主題。但這一次，他不再現身為無法無天、剛愎自用的英雄，而變成了一位薩滿(shaman)巫醫，他的法術和靈通，使他成為成年啟蒙禮的原始導師，而他的法力在於他能靈魂出竅，像鳥一樣飛翔於宇宙之間。

鳥：生命階段轉換的靈媒

在這種狀況下，鳥是最上選的超越象徵。這兒的鳥呈現了「靈媒」天生的特殊直覺所產生的功用，換句話說，這個個體能夠藉著進入恍惚狀態，取得遠方事物與事件的知識，而這些事物與事件的知識，他原本在意識上毫無所悉。遠在史前舊石器時代，就可以發現這種法力的證據。誠如美國學者坎伯(Joseph Campbell)在評述最近在法國發現的拉斯可壁畫時指出的：

有個薩滿被畫了下來，他處於出神恍惚狀態，戴著鳥的面罩，旁邊有一隻鳥形的東西棲息在一根竿子上。西伯利亞的薩滿至今仍穿著這種鳥裝，他們之中有許多人也相信，是因為一隻鳥降落下來，使母親懷孕，才生下了他……因此，薩滿不僅僅是個一般的住民，也是我們一般清醒意識所看不到的力量領域的親裔，我們的意識只能透過幻視在瞬間瞥見那個領域，他卻能不受拘束，漫步於那些力量領域中。(註19)

在這類啟蒙活動的最高層次上，已經不會再看到取代真正精神頓悟的法術賣弄，我們可以看到印度的瑜珈大師，他們在入定(trance)狀態中，已遠遠超脫了正常人可思議的範疇。

對於這種通過超越而獲得解脫的類型，最普遍的夢的象徵之一，便是孤獨之旅或朝聖之旅，不過，這種朝聖似乎是精神上的朝聖。透過這個旅程，受啟蒙者才得以熟識死亡的本質。但是，這兒所說的死亡，並不是最後的審判，也不是成年禮的威力試煉，而是在某種慈悲的精神統轄與潤澤下，進行一趟解脫、斷念與贖罪的旅程。其精神通常由一位啟蒙的「女導師」來呈顯，而非「男導師」，她是個無上陰性的(即安尼瑪)人物，如中國佛教中的觀世音，基督諾斯提教派(Christian-Gnostic)中的蘇菲亞(Sophia)，或是古希臘的智慧女神雅典娜。

這種象徵，不僅呈現在鳥兒的飛行與荒野的旅程上，也呈現於任何可以帶來解脫的猛烈行動中。在生命的初期，人們仍然攀附著原初家庭和社群組織，這種象徵則會在啟蒙時刻中被體驗到，在啟蒙的時刻，人必須學會採取進入孤獨生活的關鍵步驟，在啟蒙的時刻，如同艾略特(T. S. Eliot)在《荒原》(*The Waste Land*)中的描述，我們要面對的是：

> 片刻的降服，需要威猛的勇氣
> 審慎精明的年紀，絕不會如此退縮(註20)

在稍後的生命階段裡，我們可能不需要完全跟有意義的受制(containment)象徵撇清關係，然而，我們卻可能充滿了神聖而不滿的精神，這種精神迫使所有自由自在的人去面對某些新的發現、去過新的生活。這種改變可能在中年期與老年期之間特別顯著而迫切，在人生的這個階段，許多人開始思考自己退休後要怎麼辦，要繼續工作還是去玩樂，要待在家裡還是雲遊四方。

如果他們的生活充滿危機、不安和變動，他們可能會渴望穩定的生活及宗教堅信帶來的寬慰。但是，如果他們一向生活在原生的社會模式裡，可能就迫切需要一次解放式的蛻變。這種需求可以通過環遊世界、或只是搬到一間較小的屋子，得到暫時的滿足。不過，這種外在的改變都不會發生作用，除非內心產生了某種超越，超越了舊有的價值觀，而創造——不只是杜撰——出新的生活方式。

這種狀況可以以一個女人的案例來說明。她生活在一個與家人、友人長期安然悠游其間的生活方式中，而這種生活方式已根深蒂固、充滿了文化圈的品味，不受變化的社會風氣所影響。她做了這樣一個夢：

> 我發現幾塊奇怪的木頭，未經雕琢，但都有自然而漂亮的花紋，有人說：「它們是尼安德塔人帶來的。」隨後，我遠遠地看見這些尼安德塔人，他們一片黑鴉鴉的，讓我無法分辨出個別的面貌，我想，我應該從這裡帶走一塊他們的木頭。
>
> 然後，我繼續走，好像自己在進行一次旅行。我往下望，看到一個像死火山一樣的無底深淵，裡面一部分有水，我希望在那邊看到更多的尼安德塔人，可是，我卻看到一些黑水豬，從水中竄出來，在黑色火山岩之前跑進跑出。

這個女人對家庭很依賴，過著教養水準很高的生活方式，相形之下，這個夢把她帶回到史前時代，一個我們眼見的一切都更原始的時代。她在那些原始人之中找不出什麼社會圈子：她把他們視為真正潛意識的具體表現——遙不可及的「烏合」之眾。然而，他們不只是一團鴉鴉烏的東西，而是生猛活跳的，而且，她可以拿一塊他們的木頭。夢裡強調，那塊木頭自然天成、未經雕鑿，因此，它來自最原始、非文化制約的潛意識層次。這塊木頭因其古老而引人注目，它恰好把這個女人的當代體驗與人類生活的遙遠根源接榫起來。

樹木：心靈的成長與發展

我們從許多例子中發現，在象徵上，古老的樹木或植物代表了心靈生活的成長和發展(正如本能生活，通常會藉著動物來象徵)。因此，透過這塊木頭，這個女人獲得了與她最深層集體潛意識取得聯繫的象徵。

接著，她提到獨自繼續旅程，正如我已指出的，這個主題象徵了對解脫、啟蒙經驗的需求。這是另一個超越的象徵。

然後，在這個夢中，她看見一個巨大的死火山口，地球最深層爆發火焰的通口。我們可以推測，這個形象指涉著一個有意義的記憶痕跡，遙指著一個創傷經驗(traumatic experience)。它讓她聯想到自己早年的一段個人經驗，那時，她感受到自己激情的毀滅力量，卻也感受到激情的創造力量，她很害怕自己因此而發瘋。青春期後段，她發現了自己有一種出乎意料的需要：想要脫離她家庭那種過度傳統的社會模式。沒有經歷太嚴重的苦惱，她就達成了自己的想望，而且，最後還終於能回頭跟家人重新和平共處。但是，她還有一個更深的期望：更徹底遠離她的家庭背景，從她自己的存在模式中找到自由。

她的夢讓我想起另一個年輕人的夢。他的問題與此完全不同，但他似乎需要類似的體悟。他也渴望能夠有個分離經驗。他夢見一座火山，而火山口有兩隻鳥振翅高飛，好像害怕火山就要爆發。整個場景是個陌生、孤寂的地方，在他與火山之間，有一潭水。這個狀況下，夢呈現的是個體啟蒙的旅程。

同樣的狀況，也見於過著簡單漁獵採集生活的部落裡。這些部落的家族意識都非常淡薄，他們社群裡的年輕受啟蒙者，必須獨自旅行到一個神聖的地方(在北太平洋岸的印第安文化中，這樣的地方可能是個火山湖)，在那兒，他會在恍惚幻視的出神狀態中遇見他的「守護神」，以動物——鳥兒、或自然物的形貌出現。他自己會跟這個「叢林魂」親密地認同，藉此，使自己變為成人。依據阿區茂依(Achumaui)巫醫所說的，若沒有體驗到這個歷程，這個人就只是個「普通的印第安人，無足輕重。」

這個年輕人的夢，出現在他生命啟動的時刻，指出他在未來生活中想獨立、想成為一個男人。我前面描述的女人，卻正走向自己的生命尾聲，她經歷了類似的旅程，似乎需要取得相似的獨立，她的餘生，或許可以與一條人類的永恆法則和諧共存，這條源遠流長的法則超越於已知的文化象徵之外。

但是，這種獨立存活，並不代表要選擇瑜珈式的捨離狀態，厭離此世及紅塵世間的種種不潔。在她夢見另一種形式的死亡和蕭瑟的地景中，她看見了動物生命的徵兆，也就是「水豬」，她並不知道它們屬於什麼類屬，所以，牠們的意義是一種特別類型的動物，能同時生活在水中和陸地兩種環境。

這是動物乃是超越象徵的普遍特質。這些生靈，頗有象徵意味地出自古老「大地母親」(Earth Mother)的深淵中，象徵了集體潛意識上的外來動物，牠們為意識領域捎來了特別的地府(地底的)訊息，這跟年輕人夢中的鳥所象徵的精神熱望稍有不同。

蛇：深入未知冥界，尋求治療

另外一些精神深淵的超越象徵是齧齒動物：蜥蜴、蛇，有時是魚。這些生靈水陸兩棲，以居間的陸地生活，結合了水中活動和鳥類的飛行，野鴨和天鵝就是過著這種生活。或許，夢中最普遍的超越象徵是蛇，正如羅馬醫神埃司庫拉皮烏斯(Aesculapius)的醫療象徵所呈現的，一直到現代，它仍舊是醫療這一行的標誌。這個標誌裡面的蛇，原本是條無毒的樹蛇，像我們看到的那樣，纏繞在醫療之神的手杖上，似乎具體呈現了大地與天堂之間的調解。還有一個更重要、流傳也更廣的冥府超越象徵，就是兩條交纏蜷繞在一起的大蛇。古印度有聞名的那珈蛇(Naga serpents)，希臘漢密斯神(Hermes)手杖頂端也有兩尾交纏的蛇。希臘早期的漢密斯像，是一根石柱上的半身像，石柱的一面交纏著兩條蛇，另一面是一根勃起的陽具。由於兩條蛇代表了性交合的行為，勃起的陽具也明顯含有性意味，我們因此可以推斷，漢密斯具有象徵生育繁殖的作用。

但是，如果我們以為這只是生物意義上的繁殖，那就錯了。漢密斯除了是個搗蛋鬼之外，他還扮演信使、交叉路神，以及往來於冥府的引路人，因此，他的陽具可由已知世界穿越到未知世界，尋求拯救與治療的精神訊息。

在埃及，漢密斯本來就是長著白鷺頭的神托特(Thoth)，因此，被視為是超越原理的鳥形化身。在奧林匹亞時代的希臘神話裡，漢密斯又重拾鳥類生命的屬性，同時還加上做為蛇的冥府特性，祂手杖上的蛇添了翅膀，變成墨丘利(Mercury)的使者之杖(caduceus)，杖頭多了雙翅膀，而這位神本身則穿著有翼的帽和飛鞋，變成了「飛人」(flying man)。至此，我們看到了他全面的超越力量，他從較低下的冥府蛇意識中超越出來，通過紅塵現實的中介，終至以帶翼的飛行，達成了超人或超個人現實的超越。

這種組合式的象徵，還有其他的呈現方式，譬如，在煉金術的藝術中，就經常可以看到有翼的飛馬、飛龍，或其他的生靈。榮格博士這方面的經典著作有非常完整的闡釋。

我們在與案主一起面對問題時，尋繹了這些象徵的無數變化型態，它們證明，如果我們的心理治療能讓較深沉的心靈內涵解放出來，讓它們成為吾人意識裝備的一部分，更精準有效地領悟生活之道，那麼，我們的心理治療就可以達成原先想要的目標。

現代人實在很難掌握這些象徵的意味，它們或者來自過去，或者出現在我們的夢中，我們也很難明白，受制型象徵(symbols of containment)與解放型象徵(symbols of liberation)間的古老矛盾，要如何聯結到我們自己的困局上。然而，一旦我們瞭解到，變來變去的只不過是這些原初模式的特定外貌，它們的心靈意義其實不曾稍變時，上述的困難就不會再那麼教人傷腦筋了。

我們一直在談野鳥象徵超脫或解放，而今天，我們大可以說噴射機和太空火箭也是同類的象徵，因為，它們是同一個超越原理的不同具體化身，至少讓我們得以暫時脫離地心引力。同樣的道理，古老的受制型象徵帶來的穩定和保護感，今天就顯現在現代人對經濟安定和社會福利的追求之中。

當然，每個人都知道，我們的生活中存在著冒險與紀律、邪惡與美德、自由與安定間的矛盾。但是，這一組一組的字眼，只是我們用來描述困擾我們的矛盾心理的措辭罷了，對此，我們似乎永遠無法找到答案。

啟蒙儀式：統合對立的力量

是有一個答案。受制與解放之間存在著一個會合點，我們可以在我前面討論過的啟蒙儀式中找到這個點。這些儀式，使個體或整個人類群體有可能從自己的內心結合起對立的力量，落實為他們生活中的均衡狀態。

然而，這些儀式並非一成不變、或自動自發地提供這樣的機會，這些儀式跟個體、群體的特定階段都脫不了干係，而且，除非它們被正確地理解、轉化成嶄新的生活方式，否則，上述的統合時機稍縱即逝。基本上，啟蒙(initiation)是一個以服從(submission)儀式開其端、隨後過渡到受制(containment)階段、最後達成進一步解放(liberation)的儀式過程。經過這樣的歷程，每個個體都能調和他性格中的矛盾成分：他終於能夠達到身心平衡，成為真正的人，真正變成自己的主人。

註釋：

註1：關於基督復活的目的。基督宗教是所謂的末世宗教(eschotological religion)，其終極目的，一言以

蔽之，就是最後的審判。其他如奧爾菲宗教(Orphism)，因保留較多母系社會的部落文化，則屬於周期循環宗教(cyclical religion)。其證明參見Mircea Eliade, *The Myth of Eternal Return*, New York, Bollingen-Pantheon, 1954.

註2：參見Paul Radin, *Hero Cycles of the Winnebago*, Indiana University Publication, 1948.

註3：關於野兔，瑞丹博士認為：「野兔是個典型的英雄，世界各地都有牠的蹤跡。不論是已開化或文字發明前，牠打從世界史的最古老時期便已存在。」

註4：關於納瓦荷印第安人雙生子戰神的討論，見Maud Oakes, *Where the Two Came to their Father*, A Navaho War Ceremonial, New York, Bollingen, 1943.

註5：關於搗蛋鬼(Trickster)的討論，見〈搗蛋鬼人物的心理學〉(On the Psychology of the Trickster Figure)，《榮格全集》，卷IX。

註6：關於自我(ego)與陰影(shadow)的衝突，見榮格〈掙脫母親的戰鬥〉(The Battle for Deliverance from the Mother)，《榮格全集》，卷V。

註7：關於牛頭人身怪的神話詮釋，見Mary Renault的小說*The King Must Die*, Pantheon, 1958.

註8：Erich Neumann曾討論迷宮象徵，見*The Origins and History of Consciousness*, Bollingen, 1954.

註9：納瓦荷印第安人的小狼(Coyote)神話，見Margaret Schevill Link and J. L. Henderson, *The Pollen Path*, Stanford, 1954.

註10：自我的出現，見Erich Neumann上引著作；Michael Fordham, *New Developments in Analytical Psychology*, London, Routledge & Kegan Paul, 1957; Esther M. Harding, *The Restoration of the Injured Archetypal*

Image(私人傳印), New York, 1960.

註11‥榮格對成年禮的研究〈分析心理學與世界觀〉(Analytical Psychology and the Weltanschauung)、《榮格全集》，卷VIII。亦見Arnold van Gennep, *The Rites of Passage,* Chicago, 1961.

註12‥Erich Neumann曾討論女人的力量試煉，見*Amor and Psyche,* Bollingen, 1956.

註13‥「美女與野獸」的童話，出現於Mme. Leprince de Beaumont,*The Fairy Tale Book,* New York, Simon & Schuster, 1958.

註14‥奧菲斯的神話，見於Jane E. Harrison, *Prolegomena to the Study of Greek Religion,* Cambridge University Press, 1922.亦見W. K. C. Guthrie, *Orpheus and Greek Religion,* Cambridge, 1935.

註15‥榮格討論天主教的聖杯儀式，見〈彌撒中的轉化象徵〉(Transformation Symbolism in the Mass)，《榮格全集》，卷XI。亦見Alan Watts,*Myth and Ritual in Christianty,* Vanguard Press, 1953.

註16‥Linda Fierz-David詮釋奧菲斯的儀式，參見Psychologische Betrachtungen zu der Freskenfolge der Villa dei Misteri in Pompeji, ein Versuch von Linda Fierz-David, tran., Gladys Phelan(私人付印), Zurich, 1957.

註17‥艾斯基林山(Esquiline Hill)古羅馬靈骨塔的討論，見Jane Harrison上引著作。

註18‥見榮格的〈超越功能〉(The Transcendent Function)，由蘇黎世榮格學院學生協會所編。

註19‥Joseph Campbell討論鳥形薩滿，見*The Symbol without Meaning,*. Zurich, Rhein-Verlag, 1958.

註20‥關於T. S. Eliot的〈荒原〉(The Waste Land)，見其*Collected Poems,* landon, Faber and Faber, 1963.

MAN AND HIS SYMBOLS

〈第三章〉

個體化過程

The Process of Individuation

作者：

瑪莉-路易絲‧弗蘭茲(M.-L. von Franz)

心靈成長的模式

本書開宗明義，榮格博士已將潛意識的概念介紹給了讀者，包括個人潛意識和集體潛意識的結構，以及潛意識的象徵表達模式。一旦人們瞭解了由潛意識產生的象徵所具有的重要性，也就是象徵的療效或毀滅性的衝擊，那麼，剩下的難題便是對象徵的詮釋了。榮格博士告訴我們，關鍵在於是否有哪一個詮釋剛好「敲到」了個體的心坎裡，在他心裡有了迴響。榮格藉此指出了夢的可能象徵意義和作用。

但是，在榮格理論發展的過程中，這種可能性又涉及另外一個問題：個體的整個做夢生活的目的是什麼？不僅是在人類的直接心靈運作方面，並且在人類的生活整體中，夢究竟扮演了什麼樣的角色？

根據對許多人的觀察，以及對他們的夢的研究（榮格估計他至少詮釋過八萬個夢），榮格發現，所有的夢不僅與夢者的各個生命階段有關，而且，它們也是心理因緣巨大網絡的組成要件。他還發現，整體而言，它們似乎都遵循著某種順序或模式，榮格稱此模式為「**個體化過程**」(the process of individuation)。由於每晚的夢都會產生不同的景象和形象，不細心觀察的人，可能不會察覺任何模式。但是，如果誰觀察自己的夢已達數年之久，並且研究了全部的來龍去脈，他就會看到某些特定的內容浮現、消失，然後再出現。許多人甚至反複夢到同樣的人物、風景或處境，如果他前後相貫、始終尾隨著自己的夢，就會發現這些夢在變化，其變化雖緩慢，但可感知。如果夢者的意識態度受到夢的象徵內容適切詮釋的影響，這些變化就會更快一些。

因此，我們的夢生活創造了一個婉轉曲折的模式，在此模式中，個體的困頓或意向變得可見，然後消失，之後又再出現。如果誰花較長的時間來觀察這個婉轉曲折的構造，他就會觀察到一種隱而不顯的規制或主導意向在作用，產生一種緩慢、難以感知的心靈成長過程——個體化的過程。(註1)

漸漸地，一種更開闊、更成熟的人格(personality)會浮現出來，並且慢慢變得引人注目、明晰可見。我們常常講的「發展遲滯」(arrested development) 這一事實表明，我們設想的成長和成熟過程，對每一個體都是可能的。這種心靈成長不可能借助於意志上有意識的努力來促成，卻會不知不覺、自然而然地發生，這在夢中常常以樹為象徵，以緩慢、強而有力、無意識的成長達成了一個確定的模式。在我們的心靈系統中，具有制約力的組構中心似乎是一種「核原子」(nuclear atom)。我們也可以稱之為創造者、組構者和夢中形象的泉源。榮格則稱這個中心為「**本我**」(Self)，將它視為全部心靈的整體，以便把它

與「**自我**」(ego) 區分開來，後者僅僅構成心靈整體的一小部分。(註2)

其實，人們的本能始終都覺察到這種內在中心的存在。希臘人稱之為人類內在的「精靈」(daimon)；埃及人以「附魂」(Ba-soul) 來形容它；羅馬人則把它當作每個人生來就有的「守護神」(genius) 來崇拜。在較原始的社會裡，它常常被視為保護的精靈，附身在一個動物或物神之上。

納斯卡皮獵人的高靈

至今仍生活在拉布拉多 (Labrador) 半島森林裡的納斯卡皮 (Naskapi) 印第安人認為，這種心靈內核異常純潔，未經染污。這些單純的人們以打獵維生，每個家族彼此獨立，而且相距甚遠，以致於無法形成部落的習俗、集體的宗教信仰和儀式。納斯卡皮族獵人一生孤獨，因而不得不仰賴自己內在的呼聲和潛意識的啟示，沒有宗教導師來告訴他該信仰什麼，沒有儀式，也沒有節日或習俗來幫助他過日子。在他的基本人生觀中，人類靈魂只是一個「內在伙伴」，他稱之為「我的朋友」，或密斯達波 (Mista'peo)，意為「高靈」(Great Man)。密斯達波居住在人心中，永世不朽，在死亡或臨死前，密斯達波會離開這個個體，然後化身到另一個生命之中。

那些對夢十分注意、竭力去發現夢的意義、並測試夢的真實性的納斯卡皮人，能夠與「高靈」進行更深入的接觸。因此，每個納斯卡皮人的主要義務便是遵循夢的指示，以藝術的手法，給予夢的內容以永恆的形式。撒謊和不誠實會迫使「高靈」遠離一個人的內心世界，而寬容大度、熱愛鄰人和動物卻會吸引祂，使祂更有活力。夢賦予了納斯卡皮人建立其生活方式的全部能力，不僅是在內心世界如此，在自然世界也是如此，它們幫助他預測天氣情況，在打獵時給他有益的指引，他的生計就靠這些了。我之所以提到這些非常原始的人，是因為他們沒有被我們文明的概念所染污，而對榮格所說的「本我」的本質，仍然保有天生的洞見。(註3)

「本我」可以界定為內在的指導要素，它與有意識的人格不同，只能通過對本人的夢的研究才會理解。這顯示「本我」**是引起人格不斷擴張和成熟的調解中心**。但是，心靈這個較廣闊、較接近整體的向度，最初僅僅是一種先天的可能性。它可能只是奄奄一息，也可能在一個人的生涯中得到比較完整的發展，至於**發展到什麼程度，則要看自我**(ego)**是否願意傾聽「本我」的訊息**。正如納斯卡皮人已經注意到，善於接受「高靈」暗示的人，能得到更美好、更有幫助的夢。我們還可以補充一點，願意接受這位天賦「高靈」的人，會比忽視祂的人，內心更能感受到祂的真實存在，同時，這種人也會變成一個更完整的人。

就好像自我由自然所產生，並不是要任憑它去聽從自己無限度的隨意衝動，而是要它去幫助創造真正的整體——整個心靈，透過自我，正是要去照亮整個心靈系統，讓它變成有意識，因而可以被認識。例如，如果我具有某種我的自我並沒有意識到的藝術天份，那麼，它就不會發生任何作用，這份天賦也可說根本就不存在。只有在我的自我注意到它時，我才能使它成為現實。與生俱來，卻又隱晦不明的心靈整體，跟已經充分實現和活現出來的統一體並不一樣。(註4)

我們可以用以下的方式來描繪這一點：山松的種子以潛在的形式，包含著整棵未來的樹，但是，每顆種子會在特定時間掉落在某個特定地點，在這個地點上，又有著許多殊緣，諸如不同沙石的質量、地面的坡度、及日曬風吹。隨著樹的成長，這個潛在於松樹種子之中的松樹整體，就會對這些環境起反應——避開石塊、趨近陽光。然後，個別的松樹慢慢長成，構成了松樹整體的充實狀態，進入了現實的領域。沒有這棵活生生的樹，松樹的形象只是一種可能性，一個抽象觀念。同樣的，對個別的人來說，這種獨特個性的實現，就是個體化過程的目的。

從某種觀點上看，這個過程會自動在人身上與其潛意識中（以及每一種生物身上）發生；正是依靠這樣的過程，人類才會活出他天賦的人性出來。然而，嚴格說來，只有在個體對個體化過程有所察覺，進而與其建立活生生的聯繫，這個個體化過程才是真實的。我們不知道松樹是否覺察到自己的成長，也不知道它外型的改變帶給它歡樂還是痛苦，但是，人類確實能夠有意識地參與自己的發展，他甚至時常感覺到在自由做決定時，可以主動與發展過程相協同。狹義來說，這種協同合作仍屬於個體化的過程。

然而，上述的松樹隱喻並沒有人類經歷的事包含進去。個體化過程不只是天生胚種的整體和命運的外在條件之間所達成的協調結果，個體化過程的主體經驗還表達了一種感覺，即某些超個人的力量正以創造性的方式介入其中。人們有時會感覺到，潛意識正主導著與一種神秘設計相一致的途徑，好像某些東西正看著我，我看不到它，它卻看著我——也許是心中的「高靈」，祂藉著夢的方式，把他的意見告訴我。

但是，只有當自我捨去了預期目標，而進入到更深刻、更根本的存在層次時，這種心靈內核創造性的積極向度才能體現出來。自我必須要能仔細聆聽，不預設任何的目標及企圖，並且要能獻身於那股內在的成長動力。許多存在主義哲學家試圖對這種情形加以描述，但他們僅僅剝除掉了意識的幻象，他們雖然已直接走到潛意識的門前，卻沒有打開這扇門。

莊子的大櫟樹

生活在根基比我們深厚穩固的文化裡的人，更易於理解到，必須放棄功利式的意識籌謀，才能騰出一條促進人格內在發展的道路。有一次，我遇到了一個一生中沒什麼成就的老婦人——我是指外在的成就。但事實上，她卻跟一位難以相處的丈夫締造了一段良好的婚姻，並且形成了成熟的人格。當她向我抱怨她一生中沒有「做」過什麼事時，我給她講了一個關於中國的哲人莊子的故事。她立刻明白了，並覺得大為寬心。下面是這個故事：

有一個姓石的木匠，在他外出的路上看到一棵巨大的櫟樹聳立在一座社祀旁的空地。他的徒弟們對這棵樹讚嘆不已，他便說：「這是棵無用的散木。如果你想造船，它很快會腐爛；如果你想做器皿，它又很快會壞掉。用它做不出任何有用的東西，正因為這樣，它才能活得這麼長壽。」

但是，同一天夜裡，當這個木匠在一個小客棧裡睡覺時，那棵老櫟樹在夢中現身對他說：「你為什麼把我跟養尊處優的山楂樹、梨樹、桔樹、蘋果樹，以及其他的果樹相比？這些樹等到果實熟落，就遭到人們的折磨摧殘，大枝幹被砍劈、小枝椏被拽斷。它們結出鮮美的果實，害苦了自己的一生，不能自然成長。這種事放眼望去，比比皆是。所以我才一直努力成為完全無用的散木。你這個可憐的凡人！想想看，如果我在任何一方面有用的話，我會長成這麼大嗎？而且，你我都是生靈，一個生靈憑什麼自以為高於其他生靈，去判斷別的生靈呢？你這個無用的凡人，你對無用的散木又知道些什麼呢？」

這個木匠醒來，對他的夢苦思冥想。後來，當他的徒弟問為什麼只有這棵樹保護著土地廟時，他回答說：「住嘴！別再說這些了！他長在這裡是有目的的，

因為長在任何別處，都會受到摧殘。如果他不長在社祀邊，可能早就被人砍倒了。」(註5)

這個木匠顯然理解了他的夢，他瞭解到，**完成一個人的命運就是人生最大的成就**，我們的功利觀念，必須要讓位給我們潛意識心靈的要求。如果我們用心理的學語言來詮釋這個隱喻，那麼，這棵樹就象徵了個體化過程，給我們目光短淺的自我上了一課。(註6)

在莊子〈人間世〉的這個故事裡，在那棵完成了它的命運的大樹下，有一個社祀，這是個天然的、粗大的石頭，人們在此祭祀當地的土地神。社祀的象徵表明了這樣的事實：為了使個體化過程得到實現，我們必須有意識地降服於潛意識的力量，而不是去思考我們該做什麼？正確的思想是什麼、或者常會發生的是什麼？人們必須做的只是傾聽，以便知道內在的整體——「本我」在當下的特定處境中希望我們做些什麼事。(註7)

我們的態度必須跟上面提到的山樹一樣，它不因其生長時受到石頭的阻礙而苦惱，也沒有什麼計劃克服這個障礙，而只是用心去感覺自己是否該向左邊或右邊多長一點，要順向斜坡或者距斜坡遠些。像這棵樹一樣，我們應該讓步給這個幾乎無法感知的、卻威力強大的支配衝動——這衝動來自於對獨一無二、創造性的本我實現(Self-realization)的鼓舞。在這個過程中，人們必須反覆地尋找出某種別人聞所未聞的東西，那些主導的暗示或衝動並非來自於自我(ego)，而是來自於心靈的整體——本我(Self)。(註8)

另外，窺視別人的發展道路是沒有用的，因為我們每個人都有一個本我實現的獨特任務。雖然人類的許多問題都相似，卻絕非完全相同。所有松樹都非常相像（否則的話，我們不會說它們都是松樹），但沒有一棵與另一棵是完全相同的。由於有這些差異的因素，所以很難簡要說明個體化過程的無限變化。事實上，每個人都必須做一些不同凡響的事，一些獨一無二的、純屬他個人作風的事情。

很多人批評榮格學派的路數，沒有提供系統化的心靈材料。這種看法忽略了這些材料本身具有活生生情感的色彩，本質上是非理性、變動不居的，因此，除了最表面的特徵外，它們無法歸約成條理系統。在此，現代深層心理學（depth psychology）遇到了跟微觀物理學遇到的同樣限制。亦即，當我們處理統計上的平均值時，是可能對事實產生合理而有系統的描繪，但是，當我們試圖描述單一的心靈事件時，我們只能盡可能以多樣的角度提供一幅忠實的圖象。同樣的，科學家們必須承認他們不知道光是什麼，他們只能說，在特定的實驗條件下，光似乎是由微小的粒子構成，而在另一個實驗條件下，光似乎由波所構成。但卻難以知道光的「本我」（in itself）是什麼。潛意識心理學和任何個體化過程的描述都同樣遇到了定義上的難題。但是，我將在這裡盡量描述它們某些最典型特徵的梗概。

多數人在年輕時期都會有逐漸覺醒的狀態出現，在覺醒過程中，個體慢慢認識到了世界和他自己。童年時代是情緒波動劇烈的階段，兒童最早期的夢，經常以象徵的形式表現了心靈的基本結構，顯示它以後將如何形成相關個體的命運。例如，榮格曾告訴他的一群學生說，有一個少女，因為經常被焦慮不安所困擾，終於在二十六歲時自殺了。小時候，她夢到自己躺在床上，「酷寒精」(Jack Frost) 進來她的房間，掐住了她的胃，她醒來後發現，自己正用手掐著自己。這個夢並沒有嚇住她，她只記得曾做過這樣的夢。但事實上，對於自己遇到怪異的酷寒精——凍結了的人生——她並沒有情緒上的反應，可是這個夢本身卻是反常的，對她的未來是個凶兆。後來，正是用她那隻冰冷而無情的手，她結束了自己的生命。從這個特定的夢，我們有可能推斷出做夢者悲劇性的命運，這個命運在她童年時代的心靈中已有預兆。(註9)

有時不是經由夢，而是藉由一些令人印象非常深刻、難忘的真實事件，如同預言般，以象徵的形式預示出來。大家都知道，兒童經常忘記成年人看來似乎印象深刻的事件，反而對一些沒人注意到的偶然事件或故事有生動的記憶。當我們細察這些童年記憶時，經常會發現它描述（如果把它當作一個象徵來詮釋）了兒童心靈結構的基本問題。

當兒童到了學齡，建立自我（ego）以適應外部世界的階段就開始了。一般來說，這個階段會帶來不少痛苦的衝擊。同時，某些兒童開始感到自己跟別人很不一樣，這種自覺獨特會引發某些哀愁，伴隨著許多年少的孤寂。世界的不完美，個人內在或外在的邪惡，這些問題都進入了意識之中，兒童必須努力去應對那些急迫的（但還讓他搞不清的）內在衝動和外部世界的要求。

如果意識的發展在其正常開展時受到阻礙，兒童會經常從外在或內在的困境中退入內在的「堡壘」。當這種情況發生時，他們的夢和潛意識素材的象徵圖象，常常顯示一種不尋常角度的圓形、四邊形和「核心」主題（稍後我會對此加以說明）。這裡所指的是前面提到的心靈核心，即性格重心，從這個性格重心裡，開展出意識結構的整體發展。很自然，當個體的心靈生活受到威脅時，此一中心的形象會以特別醒目的樣貌出現。這個中央核心（就我們目前所知）引導著自我意識的整體建構，而自我（ego）顯然是在模擬複製此一原始中心，或與其成為結構上的相應物。

在這個早期階段，有許多兒童渴求一些能夠幫助他們妥善處理本身內在和外在混沌的人生意義。然而，另外一些小孩仍然潛意識地被遺傳和本能原型模式的動力帶著走。

這些少年不在乎較深層的人生意義。因為對他們來說，他們經歷的愛情、自然、運動和工作都有直接了當的意義。他們不一定比較膚淺，卻總是被生活的激流所左右，他們生活中的摩擦和困擾，通常比那些喜歡內省的同儕伙伴更少。如果我坐汽車或火車旅行，從不向窗外看，那麼只有在停車、開車和突然轉彎時，我才會知道自己正在移動。

個體化的實際過程——意識與個人本身內在的中心（心靈核心）或本我（Self）達成協調——通常以人格受到傷害，以及隨之而來的痛苦作為開端。這個啟蒙的衝擊相當於一種「召喚」（call），但自我卻很少將它視為「召喚」，相反的，自我會感到其意願或欲望受到阻礙，並且，通常把這種阻礙投射到一些外在事物上。也就是說，自我會責怪上帝、經濟狀況、上司，或婚姻伴侶，認為他們對所有妨礙自我的事都有責任。(註10)

癱瘓的老國王

或許每件事表面上看來都沒有什麼問題，但在這表面之下，一個人卻因極端的百無聊賴而感到痛苦，好像任何事情都空洞無趣、毫無意義。許多神話或神仙傳說，都以一個年老或患病的國王來象徵這個個體化過程的最初階段。其他眾所周知的故事模式，是一對沒有生育能力的皇族夫婦，或是一個妖怪偷走了所有的女人、孩子、馬匹和王國的財富；或是一個惡魔阻止皇帝的軍隊與船隻的行程；或是黑暗籠罩大地，井乾涸了，洪水、乾旱、霜雪侵襲著整個國家。因此，似乎與「本我」的最初相遇，就預先投下了一個黑暗的陰影，或者恰如「內在的朋友」首先設置一個陷阱，然後捕獲那個無助的、掙扎的自我。（註11）

在許多神話裡，人們會發現，可以治療國王或其國家噩運的巫術或符咒，總是些非常稀罕的東西。在一個故事中，為了恢復國王的健康，需要「一隻黑鶇」（white blackbird），或者是「一尾鰓上戴有金戒指的魚」。在另一個故事中，國王則希望得到「生命之水」或「魔鬼頭上的三根金髮」，或是一根「女人的金髮辮子」（然後，自然是需要這根辮子的擁有者）。無論是什麼東西，凡是能夠驅魔避邪的，總是非常奇特而又難以找到的。

這與個體生活中最初的危機一模一樣：人們尋找一些不可能找得到或對其毫無所知的東西。這種時刻，所有理智而善良的勸告都全然無效，這些勸告催促我們要負責任（努力工作）、去休假、不要拼命工作、多和人（或少和人）接觸、培養某種嗜好。這些勸告，不會有任何用處，即使有，也微乎其微。似乎只有一件事能起作用：那就是在沒有偏見和純真的情況下，直接面對正在逼近的黑暗，盡力弄明白它的神秘目的究竟是什麼，它想從你身上得到什麼。

正在來臨的黑暗所隱藏的目的，通常是一些不尋常、獨特的和出人意表的東西，以致人們只能透過夢和潛意識所湧現的幻想來發現它究竟是什麼。如果人們在沒有任意假設或情緒上有所排斥的情況下，將注意力集中在潛意識上，就會在有助益的象徵形象之流中獲得突破。然而，事情並非必然如此。有時候，它會先使人們對自己做錯過什麼，或意識到態度上的錯誤而取得痛苦的認識，然後，人們必須嚥下所有的痛苦，才可以開始這個過程。

對陰影的認識

無論潛意識的最初出現是以積極的方式，還是以消極的方式，經過一段時間以後，這些潛意識的因素通常會以更好的方式重新調整意識的態度——讓它接受潛意識的「批評」。透過夢，人們熟悉了自己性格的各個層面，而由於各色各樣的原因，通常人們寧願不要太仔細注意自己的性格。這就是榮格所說的「對陰影的認識」(the realization of the shadow)。(他用「陰影」(shadow)這個詞來表示性格的潛意識部分,因為這個部分經常以人格化的形式在夢中出現。)(註12)

陰影並非潛意識性格的全部，它代表未知或所知甚少的自我屬性與特質，這些屬性與特質幾乎都屬於個人的範圍，並且也能被意識到。在某些方面，陰影也包含個體人格生活以外的來源所延伸出來的集體成分。

當個體企圖瞭解他的陰影時，便會開始覺察到(而且心含愧疚)那些他自己否認、別人卻能清楚瞭解的性格特質和衝動——諸如自私自利、精神懶散、粗心大意;不實際的幻想、陰謀詭計；漫不經心、懦弱；對錢財貪得無厭——一句話，對所有這些微小的罪過，他以前會安慰自己說：「沒關係，反正沒人會注意到，而且，別人也是這樣。」

當一個朋友指責你的錯誤時，如果你感到很氣惱，而且控制不住的話，那麼在這個氣惱的爆發點上，你肯定會發現你的一部分陰影，是你之前沒有意識到的。當然，別人因為你「陰影」的錯誤而對你有「惡」評，你自然會很惱怒。但如果你自己的夢——本身內在的判斷——都責備你，你還能說什麼？那是你的自我被卡住的時刻，結果通常是尷尬、無言以對。隨後，痛苦而漫長的自我教育才開始，我們可以說，這項工作在心理上無異於大力士赫克利士(Hercules)的工作。你應該記得，這位不幸的英雄的第一項任務，就是在一天之內清掃乾淨奧基王的牛廐 (Augean Stables)，裡面有累積數十年、數千隻牛的糞便，這個任務太艱鉅了，普通人只要仔細考慮一下，就會十分沮喪。

陰影並不僅僅包含消極怠慢，它常常在衝動和不經意的行為中顯現出來。在人們還沒來得及思考之前，邪惡的念頭已經蹦了出來，策動陰謀，讓我們做出錯誤的決定，讓我們面對不願見到的意外結果。此外，陰影所受到的集體影響，遠比受有意識性格的影響大得多。例如，當一個人獨處時，相對來說，他感到一切都很好，可是，一旦「別人」做一些黑暗、原始的事物時，他就擔心如果自己不參加，會被看做是一個傻瓜。因此，他便屈從於根本不屬於他的衝動。特別是在與自己同性的人接觸時，人們常常被自己和他人的陰影所壓制。雖然我們的確在異性身上也看到陰影，但我們一般比較不會被其困擾，也比較容易原諒它。

夢中的同性人物

因此，**在夢和神話中，陰影會以與夢者同性的人物出現**。以下的夢可以做為例子。夢者是個四十八歲的男人，他竭力想自食其力，過得充實些，他努力工作，自我約束，壓抑快樂和自發性，但這與他的真正本性相去甚遠。

我住在城裡有幢大房子，而我卻不知道屋內所有的格局和內部有些什麼東西。因此，我看了一遍，發現了幾個房間，主要是在地窖裡，許多房間我不清楚裡面有些什麼，還有通向別的地窖、別的地下通道的門。當我看到有幾扇門沒上鎖，有些甚至根本就沒有鎖時，我頓感不安，況且，有一些工人正在隔壁工作，他們可以偷偷溜進來……

我回到一樓，經過後院，發現幾扇通向街道和其他屋子的門。當我想仔細看看這些出入口時，有個男人大笑著向我走來，並說我們是小學時的老搭檔。我也記起了他，當他把他的生活告訴我時，我隨著他向著門走去，相伴在街上散步。

我們走過了一條寬敞的圓形街道，來到一片綠色的草坪。這時，天空有種奇怪的明暗變化，同時，突然有三匹馬從我們身邊疾奔而過。牠們很漂亮、強壯，雖然有些野性，但皮毛梳理得很整潔，三匹馬都沒有騎師。（牠們是從軍營裡逃出來的？）

地窖裡，迷宮般的奇異通道、房間，未上鎖的出入門，令人想起對古埃及地下世界的描繪，大家都知道，它正象徵著潛意識的未知可能性。它也顯示了在人們潛意識的陰影裡，一個人如何對其他的影響「開放」，而怪異和陌生的要素可能如何闖入。我們可以說，那個地窖是做夢者心靈的底層。在那幢奇怪建築的後院（代表做夢者的性格中仍未被知覺的心靈範圍），一個同窗朋友突然出現。這個人顯然是做夢者本人另一個層面的化身——他已遺忘和失落的孩提時代。一個人孩童時期的性格特質（例如：活潑、暴躁或信任），常常會突然消失，而且人們會不知道它們去了哪裡、又是如何消失的。正是做夢者已失去的這種特性現在又回來了（在那個後院），並試圖重新跟他交朋友。這個形象也許代表做夢者忽略掉的享受生活的能力，以及他外向陰影的能耐。（註13）

但我們很快就知道，做夢者在遇到這位看來並無惡意的朋友之前，為什麼會「不安」。當他們倆人在街上散步時，有三匹馬逃跑了，做夢者認為牠們是從軍營逃出來的（也就是說，從那些迄今為止賦予他生命特質的意識紀律中逃出來）。那幾匹馬沒有騎師，表示本能的驅力可以脫離意識的控制。在這位老搭檔和馬身上，所有做夢者以前所缺乏、現在所亟需的積極力量都重現了。

當人們遇到了他自己的「另一面」時，經常發生這樣的問題，陰影往往包含意識所需要的價值，但它們存在的型態，讓人很難把它們整合到他生活裡。這個夢中的通道和大房子，也表示做夢者還不知道自己的心靈範圍，並且尚未能充實它們。

這個夢中的陰影，屬於典型的內向性格的人（一個較傾向於從外部世界退隱的人），而外向性格的人，則更傾向於外在對象和外在生活，其陰影看起來會大異其趣。

有一個性情活潑的年輕人，在事業上獲得了一次又一次的成功。但同時，他的夢卻堅持他應該放棄一件他已動手做的、私密的創作。下面是他的一個夢：

有個男人躺在長椅上，用被子蓋著臉。他是個法國人，一個敢幹下任何犯罪勾當的亡命之徒。一個官員正陪我下樓，我知道有個攻擊我的計劃已經制定：那個法國人會找機會殺死我（這就是從外界看到的狀況）。當我們接近出口時，他實際上已經偷偷地跟在我後面，但我已有警覺。突然，一個高大、肥胖的男人（相當富有、有影響力）好像發病了，斜靠在我旁邊的牆上。我立刻抓準了機會，一刀刺向那個官員的心臟。「人們只注意到了一點潮氣」——這話好像是一句評論。現在我安全了，那個法國人不會攻擊我了，因為下命令的人死了。（也許那個官員和那個成功的胖男人是同一個人，後者以某種方式代替了前者。）

那個亡命徒代表做夢者的另一面——他的內向性格——已到了窮途末路。他躺在長椅上（即他是被動的），而且用被子蓋著臉，因為他希望獨處。另一方面，那個官員和肥胖的富翁（他們在暗地裡是同一個人），是做夢者成功的外在職務與活動的化身。做夢者放縱自己充沛的能量，在外在生活中過猛地發散，使他生了幾次病，而那個胖男人突然生病，與此不無關聯。但是，這個成功的人的血管裡沒有血，只有某種潮氣，這意味著做夢者的外在野心活動，沒有真正的生命和激情，而是無血的機械反應結構。因此，如果那個胖男人被殺，也沒有什麼真正的損失。夢的結局，那個法國人感到滿意了，顯然，他已經改變了消極和危險的形象，重新現出積極的陰影形象，只因為早先做夢者的意識態度與他的不一致。

政治野心與性驅力

這個夢向我們顯示，陰影可以由許多不同的要素構成，譬如說，由潛意識的野心（那個成功了的胖男人）和內向性格（那個法國人）所組成。此外，做夢者對法國人的特殊聯想是，他們懂得怎樣把戀愛處理得很好。因此，那兩個陰影形象也意味著兩種眾所周知的驅力：**權力與性**。權力的驅力暫時以雙重的形式出現，同時是一個官員和一個成功的人。那個官員或公務員是順應集體的化身，反之，那個成功的人象徵著野心，但兩者當然都扮演了權力的驅力。當做夢者成功地阻止了這個危險的內在衝力時，那個法國人突然不再有敵意了，換言之，性驅力原本具有的相同危險如今也被降服了。

顯然，**陰影問題在所有政治衝突中扮演了極為吃重的角色**。如果這個做夢者不曾注意到他的陰影問題，他就會很輕易地認為那個窮凶惡極的法國人是外在生活的「危險共產主義者」，或把那個官員及那個富翁當作「貪婪的資本家」。這樣一來，他就會避免看到自己內在的對立因素。如果人們在別人身上觀察出自己的潛意識傾向，這便是「**投射**」(projection)。任何國家的政治騷動都充滿了這種投射作用，恰如一小圈人和個體在暗地裡的八卦和蜚短流長。各種投射都會使我們對同胞的觀點模糊不清，破壞其客觀性，因而，也破壞了一切真誠人類關係的可能性。(註14)

向外投射我們的陰影，還有一個害處。如果我們認為自己的陰影，比如說，與共產主義者或資本家是一致的，那麼，我們性格的一部分其實仍然處於其對立面上。結果，我們將會不斷（雖然很不情願）在暗中背著自己去做支持對立面的事，這樣，我們無意中反而助長了敵人。反過來說，如果我們認識了這種投射作用，討論事情時能無所畏懼、不怕敵意，與人相處時能敏銳以待，就會有相互理解或至少是休兵的機會。

陰影會成為我們的敵人還是朋友，要看我們自己。正如那幢未經探察過的房子和那個法國亡命徒兩個夢所顯示，陰影並不一定都是敵對者。事實上，陰影跟我們必得與之共處的任何人一樣，有時需要退讓，有時需要抵抗，有時則要給予愛，一切視情況而定。

只有當陰影被忽視或被誤解時，它才會變得有敵意。

某些特定狀況下，個體感到不得不活出他本性中較惡劣的一面，而壓抑其較好的一面。這種情形下，陰影會以積極的形象在他的夢裡出現。但對那些還有著自然情緒和情感的人來說，陰影或許會以冷靜而消極的知識分子形象出現，消極的陰影是被壓抑的有害判斷和消極思想的化身。因此，不論採取何種形式，陰影的作用總是呈現自我的對立面，使自我在別人身上最不樂見的種種特質得以具體化。

如果我們努力保持誠摯，並運用洞察力，我們會比較容易使陰影統整到意識人格裡。不幸的是，這種嘗試不一定會奏效。在一個人的陰影中，含有一種炙熱的驅力，連理性也無法克服。偶而，外來的痛苦經驗也許會有所幫助；或者說，要受到打擊以後，才會阻止陰影的驅力和刺激。有時候，一個英雄式的決定或許有助於遏止它們，但是，只有內在的「高靈」(Great Man)（即「本我」(Self)）幫助個體徹底去實踐時，這種超人式的努力，才有可能達成目的。然而，陰影含有不可抗力的衝動、壓制一切的力量，這個事實並不意味著這種驅力應該施以英雄式地壓抑。有時候，陰影也很有力量，因為「本我」的衝動與它指向同一個目標，因而，人們不知道究竟是「本我」，抑或是陰影隱藏在內在壓力的背後。在潛意識中，我們的不幸處境就像月光下的景色一樣：所有的內容都朦朦朧朧、混沌不清，以致人們永遠也不能精確的知道任何事情是什麼、在哪裡，以及一件事情何時開始、何時結束（這被稱為潛意識內容的「染污」（contamination））。

當榮格把潛意識人格的某一層面稱為陰影時，他是在指涉一種相對明確的因素。有時候，自我尚不知曉的每一件事情都與陰影混成一氣，甚至包括最有價值和最有力量的東西，那麼，誰能肯定我引用的夢中的那個法國亡命徒是個無用的流浪漢，還是最有價值的內向性格的人？而前一個夢裡那幾匹逃脫的馬──它們是否被允許逃掉？在夢本身不能使事情明朗的情況下，有意識的人格就必須出來做個決定。

如果陰影形象包含有價值的、至關重要的力量，它們就應該化入實際經驗中，不受壓抑。這需要自我放棄它的傲慢與死板，並活現出某些看起來黑暗、實際上卻不盡然的事情。反過來看，這正需要一種英雄般征服激情的犧牲。

陰影是敵還是友？

當人們碰上其陰影，會產生怎麼樣的倫理難題，在《古蘭經》第十八章中有詳細的描述。在這個故事中，摩西（Moses）在沙漠中遇到了基達（Khidr）──（綠天使（the Green One）或「上帝的第一天使」），他們一起流浪。基達很擔心，他害怕摩西一旦目睹他的行為，一定會產生義憤。如果摩西受不了他、不信任他，基達就不得不離開他。（註15）

不久，基達把一些窮苦村民的漁船鑿沉了。隨後，在摩西面前殺死了一個英俊的年輕人，最後，他又修復異教徒倒塌的牆。摩西禁不住表現出了他的義憤，因此，基達不得不離開他。然而，在分手之前，他解釋了他做這些事的原因：他把船鑿沉，實際是替船主保護它，因為海盜要來偷船。況且，漁民在事後可以再把船搶救上來。那個英俊的年輕人正打算犯罪，殺死他是為了使他虔誠的雙親不致聲名狼藉。至於修復倒塌的城牆，是為了從廢墟中拯救兩個虔誠的年輕人，因為他們的財富埋在牆下。一直充滿了道德義憤的摩西，這才明白（已經太遲了）他的判斷下得太倉促了。基達的所作所為看起來充滿了邪惡，事實上卻不是。

我們若天真地看待這個故事，可能會以為基達是虔誠守法的摩西的陰影，因為基達是無法無天、反覆無常和邪惡的。但事實上並非如此。基達毋寧是上帝某種神秘創造行動的化身。（在眾所週知的印第安人故事「國王與屍體」（The King and the Corpse）中，經過亨利・齊墨（Henry Zimmer）的詮釋，我們可以發現類似的含義。）我之所以沒有引用夢來說明這個微妙的問題，是有用意的。我從《古蘭經》上選擇這樣一個著名故事，是因為他概括了人的一生的體驗，這種經驗很難在個體的夢中表達得如此清楚。（註16）

當黑暗人物在我們夢中現身，並且似乎有所需索時，我們不能斷定他們是否僅僅是我們自己部分陰影的人格化或是「本我」，還是兩者兼而有之。要猜出我們的黑暗伙伴是在象徵一個我們應該克服的缺點，或者是在象徵某種我們應該接受的生活經驗的意義——這確實是在我們個體化過程中遇到的最大難題。更何況，夢的象徵又常常是如此微妙和複雜，以致人們無法對它們有確切的解釋。在這種情形下，人們能做的只是接受道德上的疑慮造成的焦慮狀態—不要做最後決定或許諾，繼續觀察那些夢。這跟「灰姑娘」的繼母把一大堆好壞摻雜的豆子放在她面前，讓她挑揀豆子的處境類似。雖然要挑完豆子似乎毫無指望，但「灰姑娘」仍舊動手耐心地揀豆子。突然間，許多鴿子（有的版本說是螞蟻）來幫助她。這些生靈象徵了只能透過身體才能感受得到的、有所幫助的和深藏的潛意識衝動，它可以為我們指點一條明路。

就在我們自己心底的某處，我們大都知道該往何處去，該做些什麼。但有時候，我們稱之為「我」的小丑在行為上表現得錯亂乖張，使我們不能感受到內在的呼聲。

有時，所有理解潛意識暗示的企圖都無法奏效，在這種困境中，人們只能鼓起勇氣去做那些似乎是正確的事情，但如果潛意識的暗示突然指向另一個方向，那就要有改變做法的準備。也可能發生這樣的情況（雖然不是經常）：一個人發現去抗拒潛意識的衝動會比較好，甚至覺得這樣做很彆扭也在所不惜，因為他不願遠離人類的狀態。（這是一些活現出犯罪意向，以便使自己更完整的人的情況。）

自我需要的是力量和內在清明，其他一切便由「高靈」在暗中做決定，這個「高靈」顯然不想過分暴露自己。也許「本我」希望自我做個自由的選擇，也可能是「本我」有賴於人類的意識及其決定，以幫助它變得清晰明朗。當它成為如此困難的道德問題時，誰也無法確實判斷他人的行為。每個人都要注意自己的問題，而且，他要盡力去斷定哪些事物對自己而言是對的。正如一位老禪師所說，我們應該以牧牛人為榜樣，他「用一根棍子看管他的牛，免得牠跑去別的草地上吃草」。(註17)

這些深層心理學的新發現，必定會改變我們的集體道德觀念，迫使我們以更個別、更巧妙的方式來判斷人類的所有行為。潛意識的發現是當代影響最深遠的發現之一。但事實上，對潛意識現實的認識，關係到誠實的自我反省以及個人生活的重整，這一切會使得許多人在行為上根本看不出來曾經發生過什麼。因此，慎重對待潛意識及其引發的問題，需要很大的勇氣。大多數人過於疏懶，甚至懶得去好好想想他們能意識到的行為道德問題，當然更懶得去想想潛意識是怎樣在影響著他們。

安尼瑪：內在的女人

困難與微妙的道德問題，並不一定是由陰影本身的出現所帶來的。另外一個「內在的形象」也常常會浮現出來。如果做夢者是個男人，他會發現他的潛意識有個女性的化身；如果做夢者是個女人，潛意識就會化身為一個男性形象。這第二個象徵形象往往隨著陰影之後出現，帶來新的、不同的問題。榮格稱其男性形式為「**安尼姆斯**」（animus），女性形式為「**安尼瑪**」（anima）。（註18）

在男人的心靈中，「安尼瑪」是所有陰性心理傾向的化身，諸如曖昧的情感和情緒、預言徵兆、對非理性事物的敏感、個人愛情的能耐、對自然界的情感——以及最後，但並非最不重要的——他與潛意識的關係。古代的女祭司（像古希臘女巫）通常能揣測神意，而且能與之建立聯繫，這不只是偶發的事件。

在愛斯基摩和其他北極圈部落中的男巫與先知（薩滿）身上，可以發現安尼瑪做為男性心靈中內在形象的上好範例。這些人有些甚至穿著女人的衣服，或在他們的衣服上畫上乳房，以表示他們內在的陰柔面（feminine side）——這個方面可以賦予他們同「靈界」(ghost land)（即我們所說的潛意識）接觸的能力。

有這樣一個案例：

一個年輕人正接受一個老薩滿的教誨，並被埋在雪洞裡。他進入夢一般的狀態，並感到虛脫。昏迷之中，他忽然看見一個光芒四射的女人。她告訴他所有他需要知道的事情，後來還成為他的保護神，幫助他借助陰間的力量完成困難的工作。

這種經歷顯示，安尼瑪是男人潛意識的人格化。（註19）

通常，一個男人的安尼瑪特性，依其個體表現來看，是由他的母親塑造出來的。如果他覺得他的母親對他有負面的影響，他的安尼瑪常常會表現得暴躁易怒、情緒低沈、優柔寡斷、難以取悅。（不過，如果他能夠克服他對自己的消極攻擊，這些力量甚至可以增強他的男子氣慨。）在這種男人的靈魂中，負面的母性安尼瑪形象將會不斷地重複這個主題：「我一無是處。任何事情都毫無意義。對別人來說有所不同，但對於我……我做什麼事都提不起勁。這些」「安尼瑪心境」帶來一種**單調沈悶、害怕生病、害怕無能或害怕發生意外的心理**。整個生活呈現出傷感和沈重的窒息感。這種陰鬱的情緒甚至能誘人自殺，到了那種地步，安尼瑪已變成了死神。柯克多（Cocteau）的電影《奧菲》（*Orphée*）裡就有這樣一個角色。

法國人稱這種安尼瑪形象為「**致命的女人**」（femme fatale）（這個陰鬱安尼瑪的溫和變形，在莫札特的歌劇《魔笛》（*Magic Flute*）中化身為「夜之后」。）古希臘的「海上女妖西倫」或德國的「萊茵河女妖羅麗萊」也是安尼瑪這個危險面的化身，她們以這種面貌象徵了毀滅性的幻象。以下的西伯利亞故事顯示了這樣一個毀滅性安尼瑪的行為：

一天，一個孤獨的獵人看見一個美麗的女人，從河對岸的森林深處走出來。她一邊向他招手，一邊唱道：

噢，來呀！在寂靜黃昏中的孤獨獵人。
來，來呀！我想你，我想你！
我現在想擁抱你，擁抱你！
來，來呀！我的家就在附近，我的家就在附近。
來，來呀！孤獨的獵人，在這寂靜的黃昏。

他脫掉衣服游過河去，但突然間，她變成一隻貓頭鷹飛走了，嘲諷地向他大笑。

當他想游回去找衣服時，卻在冰冷的河中淹死了。

在這個故事中，安尼瑪象徵著不真實的夢想——愛情、幸福和母性的溫馨（她的家），這種夢想會誘使男人脫離現實。那個獵人死了，因為他追求的是不可能實現的痴心妄想。（註20）

蛇蠍女郎與凶殘公主

男人人格中的負面安尼瑪，有另一種顯現方式，即充滿了壞心眼、惡毒的、軟弱無力的見解，他藉此來貶低每件事的價值。這種見解總是廉價地扭曲真相，並且以微妙的方式帶來毀滅。世上的許多傳說中都有「蛇蠍女」（東方人這樣稱呼她）的出現。她是個美麗的生靈，身上藏有武器或神秘的毒藥，在與情郎共度第一個春宵時將他殺死。在這種偽裝中，安尼瑪其實具有大自然本身的某些特質：神秘難測、冷酷而魯莽，在歐洲，類似的安尼瑪偽裝表現在今天對女巫的信仰當中。（註21）

另一方面，如果一個男人對母親的經驗是正面的，那麼他的安尼瑪可能就會顯現出不同典型的影響後果，結果他要麼變得沒有男子氣概，要麼被女人剝削困擾，無法應付生活的苦難。這種安尼瑪會使男人變得多愁善感，變得像老處女般難以取悅，或童話中的公主一樣脆弱敏感，能在三十層床墊上感到墊子下面有一顆豆子。在一些童話裡，負面安尼瑪會以更加微妙的方式出現：一個公主要求求婚者回答一連串的謎語，或在她面前躲起來。如果他們回答不出來，或她能找到他們，他們就得死——而她總是贏家。這種形式的安尼瑪把男人捲入一個毀滅性的智力遊戲中。我們可以在所有精神官能症式的虛矯知識對話中，發現這種安尼瑪詭計的效應。這種對話阻止人直接與生活接觸，也不讓人與生活中的現實抉擇相接觸。他對生活的反省太多，以致不能好好活下去，也失去了所有的自發性和自然流露的情感。(註22)

安尼瑪最常見的表現形式是情色幻想（erotic fantasy）。男人們也許以看電影、脫衣舞或各種色情的東西，來撫平他們的幻想。這是安尼瑪未經修飾的原始狀態，只有當一個男人沒有充分培養好他的情感關係，使他對生活的感情態度依舊幼稚，這種安尼瑪的原始狀態才會產生強迫性。

安尼瑪的這些不同面貌，與我們曾觀察過的陰影具有同樣的傾向：它們都能被投射，因而，它們對男人會經常表現為某些獨特的女性特質。正是這種安尼瑪的出現，會讓一個男人在初次看到一個女人時，一見鍾情，而且立刻知道就是「她」。這種情況下，那個男人感到自己好像早就深心認識這個女人，他愛她愛得難以自拔，以致旁觀者會覺得他瘋了。具有「仙女」性格的女人，對這種安尼瑪的投射有著特別的吸引力，因為男人們幾乎可以把任何事情都歸因於一個如此魅力四射而虛無飄緲的生靈，因而能圍繞著她編織出種種幻想。(註23)

安尼瑪投射在愛情方面，是如此突如其來、充滿激情，它能嚴重干擾一個男人的婚姻，造成所謂的「三角戀愛」難題。或許，也只有把安尼瑪看作一種內在力量，才能解決這類戲劇性事件。帶來這種麻煩的潛意識，有其秘密的目的，它會迫使男人整合更多的潛意識人格，把它帶到真實生活中，以便發展自己，更趨成熟。(註24)

關於安尼瑪的消極面我談得夠多了，其實安尼瑪也有許多重要的積極面。例如，對男人能找到一個合適的婚姻伴侶，這個事實乃是安尼瑪所造成的；另一個作用的重要性不亞於此：無論何時，只要一個男人的邏輯思維無法辨識隱藏在潛意識後面的事實，安尼瑪就會幫助他把它們發掘出來。安尼瑪還有一個更重要的角色，是**把男人的心思與其內在價值相調和**，藉此開拓出一條通往更深奧的內在世界之路。這就像一台內在的、被調到特定波長的「收音機」，排除不相干的波長，只允許聽到「高靈」的聲音。在建立這種內在「收音機」的收音效應時，安尼瑪對內在世界和「本我」扮演嚮導與居中調解的角色。這正說明了我在這一節文字一開始描述過的那個薩滿教誨的例子，為什麼有個女人以那種方式出現；這也正是但丁《神曲》(*Paradisc*)中碧翠絲(Beatrice)扮演的角色，以及繁殖女神愛西斯(Isis)出現在名著《金驢記》(*The Golden Ass*)作者阿普留斯(Apuleius)夢中的角色，以引導他進入更高層、更精神化的人生層次。

內心教會的嚮導

舉一個四十五歲的心理治療醫師的夢來當例子，也許有助於釐清安尼瑪如何成為內在的嚮導。當他晚上就寢做這個夢之前，他想到少了教會的支持，自己很難忍受孤獨的生活。他發現自己嫉妒那些受到教會組織母親般呵護的人。（他出生於信仰新教的家庭，但他已不再加入任何教會。）他的夢如下：

我在一座古老教堂的走道上，跟我的母親和妻子在一起，由於人滿為患，我們坐在走道的盡頭，似乎是特別附加的座位。

做為一個神父，我應該做彌撒。我手拿一本很大的做彌撒的書或者是一本祈禱書、詩集。我並不熟悉這本書，所以找不到正確的段落。我很激動，因為我馬上就要開始做彌撒了。更煩的是，我母親和妻子盡聊些雞毛蒜皮的日常瑣事。這時，風琴停止了，大家都在等著我。因此，我下定決心站了起來，請求一個跪在我身後的修女遞給我她的彌撒書，並為我指出正確的經文在哪兒—她以樂於助人的態度幫了我的忙。然後那個修女像教堂司事一樣，導引我走向聖壇，而聖壇在我身後左邊，我們好像從側道走過去。那本彌撒書像幅畫，一塊厚板，三英呎長，一英呎寬，上面是經文和分欄的古代繪畫，一欄靠著一欄。

在我開始彌撒以前，首先由那位修女讀禱告文的一部分，而我仍然找不到正確的經文。他告訴我是第十五首，但那個號碼不清楚，我還是找不到，然而無論如何，我決定轉向會眾。這時，我找到了第十五首（下一首就在厚板的末端），儘管我還不知道自己能否解讀。我想盡力去試試，但我醒來了。

這個夢以象徵手法透露了一個答案，這個答案回答了睡前的想法。夢告訴他：「你必須在你自己內心的教會—你靈魂的教會中—成為一位佈道者。」因此，這個夢表示做夢者本來就有一個組織在有效支持他，他本來就是一個教會的成員—不是外在的教會，而是他自己靈魂深處的教會。

人們（即他本身全部的心靈特質）要求他扮演神職的角色，親自主持彌撒。但這個夢不能意味著現實世界中的彌撒，因為夢中的彌撒書與真正的彌撒書大相逕庭。似乎彌撒的觀念被當做一種象徵，因此，它意味著對神的一種獻身行動，讓神臨，在以便他能與神溝通。當然，這種象徵性的解決一般而言是無效的，但對這個做夢者來說，卻頗具關鍵性。它是新教徒典型的解決方法，因為一個有真正信仰的人仍然被包容於天主教會內，其本人通常會在教會的形象中體驗到他的安尼瑪，而教會本身的神聖形象正象徵了他的潛意識。

我們的做夢者沒有這種基督宗教教會的體驗，這也是為何他必須遵循其內在的道路。另外，這個夢告訴他該做些什麼。它說：「你無法脫離母親和你的外向性格（由他的外向性格的妻子代表），所以你錯亂，而且，那些毫無意義的談話也妨礙你舉行內心的彌撒。但是，如果你跟隨那個修女（內向的安尼瑪），她就會使你成為一個佈道者、神的僕人。

她有一本由十六幅（4×4）古畫構成的奇異彌撒書，你的彌撒，就是由你對你的宗教安尼瑪向你展示的這些心靈形象的冥想所構成。」換言之，如果這個做夢者克服了由母親情結所引起的內心不安，他就會發現，他的生命職責具有宗教奉獻的本性和特質，而且，如果他深刻思索了他靈魂中各種形象的象徵意義，這些形象就會引導他達到這種開悟。

安尼瑪發展的四階段

在這個夢中，安尼瑪所扮演正是積極的角色——「本我」與自我之間的調解者。繪畫構圖的4×4表明了這樣一個事實：這種內在彌撒是為整體奉獻（the service of totality）而舉行的。誠如榮格已經證明過的，心靈核心（即本我）通常用一些四重結構來表示。「4」這個數也與安尼瑪有關係，因為，如榮格所注意到的，**安尼瑪的發展分為四個階段。第一階段最好以夏娃**（Eve）**為象徵**，她呈現了純粹本能與生物上的關係。**第二階段可以從《浮士德》的「海倫」**（Helen）**身上看到**：她使浪漫美感的層次得以人格化，然而，其根本特徵仍是性方面的。**第三階段可以聖母瑪莉亞為例**——她是一個把愛欲（eros）提高到精神奉獻高度的形象。**第四階段以莎皮恩夏**（Sapientia）**為象徵**，她的智慧無與倫比，其聖潔超越了神的境界。另外還有一個象徵是「所羅門之歌」中的蘇拉米特（Shulamite）。

（在現代人的心理發展中，很少能有達到這一階段的人。蒙娜・麗莎是最接近這種智慧型的安尼瑪。）(註25)

這裡，我僅僅指出四重（fourfoldness）這個概念經常發生在象徵材料的某些類型中。關於這個問題的根本向度，容我在後文再行討論。

那麼，做為內在世界嚮導的安尼瑪，在實務工作中扮演著什麼角色呢？當一個人對其安尼瑪提供的情感、情緒、願望和幻想持嚴肅態度時，當他把這些心態與其他的形式的揉合在一起—如寫作、繪畫、雕塑、音樂創作或舞蹈時，安尼瑪的積極作用就會發生。當他很細緻耐心地從事這些工作時，另外更深刻的潛意識材料就會從深處湧出，並同早先的潛意識材料聯結起來。一個幻想固定在某個特殊形式中以後，它必需帶著評價性的情感反應，通過知識和倫理兩方面的檢查，並且，把它看作絕對的真實也十分必要，不能有任何潛在的「只不過是個幻想」的懷疑。如果這是一個長期專心致志的實踐，那麼個體化的過程會逐漸轉變為唯一的真實，落實為真確的形式。

文學作品中的許多例子表明，**安尼瑪是內在世界的嚮導和居中調停者**：如弗朗西斯科・柯隆那（Francesco Colonna）的《海納若托馬齊亞》（*Hypnerotomachia*）(註26)，萊德・黑格（Rider Haggard）的《她》（*she*），或者歌德《浮士德》中的「永恆女性」。在中世紀的神秘經文裡，安尼瑪的形象就像下面這段話那樣解釋了她自己的本性：

我是野地裡的花，山谷中的百合。我是純潔愛情、恐懼、知識和聖潔的希望之母……我是各種因素間的調解人，使它們彼此一致；使熱的變冷，冷的變熱；乾的變濕，濕的變乾；堅硬的我會使之柔軟……我是佈道者的戒律，先知的語言，聖哲的忠告。我握有生殺大權，誰也無法逃出我的手掌心。(註27)

在中世紀的宗教、詩歌和其它文化素材中，曾發生過一些可感知的、精神上的區分變異(differentiation)，潛意識的幻想世界被認識得比以前任何時候都更清楚。在這個時期，騎士對淑女的狂熱崇拜，指出了男人本性中分化出陰柔面的意圖，使男人本性與外在女人的關係、男人本性與內在世界的關係區分開來。(註28)

騎士向女士宣誓忠誠，並為他表現出英雄行徑，這當然是安尼瑪的人格化。在艾森巴哈 (Wolfram von Eschenbach) 版本的聖杯傳說中，聖杯信使的名字特別有意思：愛情嚮導 (Conduir-amour)，她教英雄對女人要區分自己的情感和行為。然而，這種與安尼瑪發展個體和個人關係的努力後來被放棄了，因為女人的崇高面被融入聖母的形象中，變成無盡奉獻和祈禱的對象。做為聖母，安尼瑪被視為完全積極的形象，安尼瑪的消極面就被表現在對女巫的信仰崇拜中。

在中國，與聖母瑪麗亞可以類比的形象是觀世音菩薩。另外，還有一個更加通俗化的安尼瑪形象是「嫦娥」(Lady of the Moon)，她把詩歌和音樂天賦贈給她最喜歡的人，甚至可以使他們永生。在印度，同樣的原型是由沙克提（Shakti）、帕瓦提（Parvati）、拉提（Rati）和許多其他的神來表現的。回教徒中，她主要由穆罕默德的女兒法提瑪（Fatima）來代表。

安尼瑪崇拜如果成為官方承認的宗教形象，會帶來嚴重的不利情況——使她喪失她的個體層面。另一方面，如果她被當作一個孤絕的個體存在，也會有危險，危險在於如果她被投射到外在世界時，她也只有在外在世界中才會被發現。後一種狀況會引發無止無盡的麻煩，因為這種人會成為其性愛幻想的犧牲品，或者強烈依賴某個現實中的女性。

只有痛下決心（其實不難），慎重看待一個人的幻想和情感，才不致於阻礙內在的個體化過程。因為只有這樣，一個人才會發現作為內在現實的這個形象意味著什麼。因此，安尼瑪又成為她最初的樣子——「內在的女人」，她傳遞著「本我」的重要訊息。

安尼姆斯：內在的男人

安尼姆斯（animus）是女人內在潛意識的陽性化身，他同時展現了善惡兩面，恰如男人內在的安尼瑪的作用一樣。但是，安尼姆斯很少以性愛的幻想或情緒的狀態出現，它比較常以隱蔽而**「神聖」的堅信**型態出現。當有人用響亮、堅定、陽剛的聲音宣揚其堅信，或者用獸性般的情感強迫別人堅信時，女人內在潛存的男子氣慨就很容易被辨識出來。然而，即使是一個外表很陰柔的女性，其安尼姆斯也可能同樣是一股無情而頑固的力量。這時，一個人可能突然發現他自己面對著某個女人的頑固、冷若冰霜、根本難以親近。（註29）

安尼姆斯最喜歡在這種女人的沉思默想中不斷重複這樣一個主題：「我活在世上的唯一願望是得到愛—但他並不愛我。」或者「在這種情況下，只有兩個可能—但兩種都一樣糟」（安尼姆斯絕不相信例外）。人們很少能反駁安尼姆斯的意見，因為他在一般情況下總是正確的，不過他似乎很少適合個體處境，它很容易成為一個看來似乎合理，但又離題甚遠的觀點。

恰如男人安尼瑪特質是由其母親塑造的一樣，安尼姆斯基本上是一個女人受到父親的影響所致親賦予女兒的安尼姆斯帶有無可爭辯、「真實」堅信的特殊色彩──這種堅信不包括這個女人本身實際存在的個人現實。

這就是為何安尼姆斯有時跟安尼瑪一樣，會成為死神。例如，在一個吉普賽人的童話中：

> 一個孤寂的女人接受了一個英俊陌生的男人，儘管她自己的夢曾警告她，說他是死人之王。她跟他相處一段時間後，她強迫他把真實身份告訴她。起先他拒絕了，並說如果他告訴了她，她就會死的。然而，她堅決要知道，於是他突然告訴她，他就是死神，那個女人立刻嚇死了。(註30)

從神話的觀點來看，那個英俊陌生的男人可能是個異教徒的「父親形象」或「神形象」，在此，他以死人之王的身份出現（就像希臘神話中的冥王哈得斯〔Hades〕誘拐波絲芬尼〔Persephone〕一樣）。但從心理學角度看，他呈現了安尼姆斯的特殊形式，即誘惑女人遠離所有人際關係，特別是遠離與真正男人的接觸。他化身為一隻夢中的布穀鳥，並充滿欲望和判斷事情「該如何」的想法，使一個女人脫離了現實生活。

死神、強盜、藍鬍子

消極的安尼姆斯不僅以死神的形式出現，在神話和童話中，他還扮演強盜和兇手的角色。舉一個例子，如「藍鬍子」，他在一幢隱密的房子裡，殺死了他的每一任妻子。透過這種方式，安尼姆斯化身為侵入女人頭腦中半意識的、冷酷而毀滅性的想法，特別是當她在午夜夢迴、沒有認識到感情責任的時候。之後，她會開始想到家族遺產這類事情，這是一種充滿了算計、充滿惡意與陰謀的思想網羅，甚至使她陷入希望別人去死的狀態。（一個女人看到美麗的地中海海岸時，對丈夫說：「當我們之中的一個死去時，我要搬到里維拉。」——由於她已經把這個想法說了出來，反而比較無害。）

餵養著這種幽微的毀滅性態度，妻子會使丈夫生病、出意外或死亡，母親會使她的孩子生病、發生意外，甚至死亡。要不然，她會阻止孩子結婚——一種很少浮現在母親的意識心靈表面、深藏不漏的邪惡形式。（有個單純的老太太，她的兒子二十七歲時淹死了。有一次她給我看她兒子的照片，並對我說：「我寧願他淹死，也比把他送給別的女人來得好。」）

有時候，潛意識的安尼姆斯觀點可能造成這樣的結果：**感情上奇怪的被動和麻木，或者是一種深深的不安全感，而導致一種無用無力之感**。在女性心靈深處，安尼姆斯低語道：「你沒有希望了，努力又有何用？做什麼都沒有意義，生活永遠都不會好轉。」

不幸的是，每當這些潛意識的化身之一支配我們的心思時，就好像我們自己擁有這樣的想法和感情。自我與這些化身認同，而且不能與之分離，也不能瞭解它們為何會如此。人們確實被潛意識的形象所「附身」（possessed）了。只有在這種附身消失以後，人們才帶著恐懼的心情認識到，自己的所言所行很不相稱地與其真正的想法和情感相違背，他變成了某個外來心理因素的犧牲品。

跟安尼瑪一樣，安尼姆斯並不僅僅由諸如殘忍、魯莽、空洞的言談、靜默、頑固、邪念等消極特質所構成，他也有非常積極有價值的一面：它能透過自己的創造活動建立一條通向「本我」（Self）的橋樑。下面是一個四十五歲的女人的夢，有助於說明這一點：

兩個戴面罩的人爬上陽台，走進屋裡。他們身穿有頭罩的黑外套，似乎想要折磨我和我妹妹。她藏在床底下，但他們用掃帚把她拉了出來，拷打她，然後輪到我了。其中領頭的推我面向牆壁，在我面前做一些魔術的手勢。同時，他的幫手在牆上畫起素描。當我看到素描時，我說(以表示友好)，「噢！畫得真好！」突然間，折磨我的人有了藝術家的高貴腦袋，他自豪地說：「當然！」說完便開始擦眼鏡。

做夢者熟知這兩個形象的性虐待意涵，因為實際上，她常常會焦慮不堪，執著於以為她所愛的人將有極大的危險，甚至死亡。然而，她夢中的安尼姆斯形象是兩個暗示了強盜其實是有雙重效應的心理因素的化身，而可能與原本那些折磨人的執念大不相同。做夢者的妹妹，想躲開那兩個人，卻被抓住拷打。實際上，她很年輕時就死了，很有藝術天賦，卻沒能得到發揮。夢接著透露那兩個戴面罩的強盜其實是藝術家裝的，如果做夢者認出了他們的才份（實際上是她本人的），他們就會放棄他們的邪念。

這個夢更深的意義又是什麼呢？在焦慮暗暗抽搐的背後，確實隱藏著真正致命的危險，但對做夢者來說，卻也存在一種創造的可能。跟她的妹妹一樣，她也有當畫家的天份，但她懷疑，繪畫對她來說是否是有意義的活動。現在，她的夢以最誠摯的方式告訴她，必須活出這份天賦，如果她甘願服從天賦心聲，那個毀滅性的、折磨她的安尼姆斯就會轉化為有意義的創造活動。

創新、客觀、勇敢、智慧

正如這個夢中所顯示的，安尼姆斯常常以一群男人的形象出現。潛意識藉此來象徵這樣一個事實：安尼姆斯呈現的是**集體**而非個人的因素。正因為這種集體意識，女人習慣於（當她們的安尼姆斯通過她們來講話時）用「人家」、「他們」或者「每個人」來說話，並且，在這種情形下，她們話裡的常用詞有「都是」、「應該」和「一定」。

在很多神話和童話的故事中，都說到有一個王子被巫術變成野獸或怪物，又被一位姑娘的愛給救了回來，這個過程象徵安尼姆斯轉變到意識層面上來。（韓得生博士在前面的章節中，已解釋了這一個「美女與野獸」的主題。）通常，女英雄不被允許探問她神秘未知的情人或丈夫的身世；或者她只能在黑暗中與他會面，不准注視他。這意味要憑著她對他盲目的信任和愛，才能夠救回她的新郎。但這永遠辦不到。她總是毀掉自己的誓約，最後經過漫長艱難的探尋和更多苦難的煎熬，才重新找到她的愛人。

同樣的，在女人的生活中，她的意識注意力必須花很多時間、經歷許多痛苦，來解決其安尼姆斯問題。但是，如果她知道她的安尼姆斯是誰、是怎麼回事，安尼姆斯對她又發生什麼作用，以及如果她要面對這樣的現實，而不容自己被其附身、支配，那麼，她的安尼姆斯就會變成她無價的內在伙伴，賦予她一些有陽剛氣慨的特質：**創新、勇敢、客觀和精神智慧**。（註31）

安尼姆斯跟安尼瑪一樣，展現了四個發展階段。最初他僅以身體力量的具體形象出現──例如：運動競技冠軍或「健美先生」。下一個階段，他具有創新精神和計畫行動的能力。在第三階段，安尼姆斯轉變為「話語」（word），常常以教授或聖職人員的形象出現。最後他的第四種呈現，成為「意義」（meaning）的化身。在這個最高境界，他轉變（像安尼瑪一樣）成為一個宗教經驗的居中調解者，透過他，生命獲得新的意義。他使女人精神堅定，並以無形的內在支持力來補償她外在的柔弱。有時候，安尼姆斯最發達的形式，會將她年齡的精神演化與她的心靈聯繫起來，因而，甚至能使她比男人更具有嶄新創造觀念的感受能力。正因為這個原因，早期的女性們成為許多民族的占卜者和先知，她們積極的安尼姆斯的創新勇氣，有時會產生刺激男人去從事新事業的思想和觀念。

跟安尼瑪類似的是，女性心靈中的「內在男人」也可能引起婚姻上的麻煩。使事情特別複雜的事實是，安尼姆斯（或安尼瑪）附身在一方身上時，會自動激怒另一方，使他（她）也被附身了。安尼姆斯和安尼瑪總是傾向把談話引向很低的水平，並製造分歧、暴躁和情緒化的氣氛。

正如我之前所提到的，安尼姆斯的積極方面可以化身為進取精神、勇氣、真誠，並在其最高形式裡，達到超脫世俗的精神境界。透過安尼姆斯，女人能夠經歷其文化和個人客觀處境的底蘊，也能夠替自己找到方法，強化其生活的精神態度。這當然要假定她的安尼姆斯不再意味著固執己見，不接受批評。女人必須找到勇氣和內在的寬宏大量，以探究她本人堅定信念的神聖性。只有這樣，她才能接收到潛意識的啟發，尤其是這些啟示與她的安尼姆斯意見相左時；只有這時，「本我」才會從她身上彰顯出來，使她能有意識地理解這些彰顯的意義。

「本我」：整體的象徵

如果個體長期認真地跟安尼瑪（或安尼姆斯）的問題進行角力，以致於個體不再偏頗地與安尼瑪（或安尼姆斯）認同，潛意識便會再度改變安尼瑪（或安尼姆斯）的支配性格，而現身為新的象徵形式來呈現「本我」——心靈最內在的核心。在女人的夢中，這個核心通常化身為一個優越的女性形象——女祭司、女巫師、大地母親以及自然或愛情女神；而在男人的夢中，它以一個具有男子啟蒙者和保護者（印度教的「導師」）、智慧長者、自然精靈等等來顯現自己。有兩個民間故事描繪了這樣的形象所可能扮演的角色。第一個是奧地利的故事：

有一個國王，命令士兵為邪惡的公主屍體守夜。她被妖術所迷惑，每天深夜都起來殺死守夜的士兵。輪到一個士兵守夜時，他很絕望，於是跑到森林裡。在那裡，他遇到了一個「老吉他手，我們的上主本人」，這個老音樂家告訴他躲在教堂的某個地方，並指示他如何行動才不致於被那個邪惡的公主抓到。在神的幫助下，那個士兵居然拯救了公主，最後還娶了她。(註32)

顯然，從心理學角度看，「老吉他手，我們的上主本人」乃是「本我」的象徵化身。在他的幫助下，自我避免了毀滅，而且能克服他安尼姆斯極度危險的一面，甚至還拯救了這一面。

正如我說過的，在女人心靈中，「本我」採取的是女性的化身形式。第二個故事可以說明這一點，這是一個愛斯基摩人的故事：

有個戀愛失意的孤單女孩，在一艘銅板包底船上遇到一個正在雲遊的男巫。他是「月亮精」，賜予人類以各種動物，並把好運氣賜給獵人。他把那個女孩誘拐到天上。有一次，「月亮精」離開她時，她閒逛到一棟月亮精大宅附近的小房子。在房子裡，她發現了一個極小的女人，身穿「海豹的腸膜」。她慫恿女主角反抗「月亮精」，並說他打算殺死她(他似乎是得殺女人的一種「藍鬍子」)。那個極小的女人做了一條長繩子，在新月之時，女孩便可以用這條繩子降回地面，這是那個小女人能削弱「月亮精」力量的時刻。那女孩爬了下來，但當她到達地面時，她沒有按那個小女人叮嚀她，趕快睜開眼睛。因此，她變成一隻蜘蛛，

再也不能變成人了。(註33)

正如我們已經注意到,第一個故事中神聖的音樂家成了「智慧老人」的代表,「本我」的典型化身,他跟中世紀傳奇中的魔法師梅林(Merlin)或者古希臘神漢密斯很接近。而那個穿著奇怪的腸膜衣服的小女人是個對應的形象,當她在女性心靈中出現時,象徵了「本我」。那個老音樂家把那個英雄從毀滅性的安尼瑪中解放出來,而那個小女人則保護那個女孩反抗愛斯基摩人的「藍鬍子」(他以月亮精的形式出現,乃是她的安尼姆斯)。然而,在這個事例中,有些事情不大對頭,我稍後再回頭來討論。

駿馬青年與伸援手的小姑娘

不過,「本我」並非總是以智慧老人或智慧老嫗的面貌出現。這些弔詭的化身企圖顯示一些並非完全包含在時間以內的事情——某些同時是年輕又是年老的事情。(註34)下面這個中年人的夢,表示了「本我」以年輕人的外貌出現:

一個小伙子騎著馬,從街上衝進我們家的花園。(跟實際生活中一樣,沒有矮樹叢和柵欄,花園是完全敞開的。)我不知道他是故意這樣做,還是他的馬不聽話，擅自把他載到這裡。

我站在通向我的工作室的小徑上，十分高興地注視著來者。那小伙子盯著他的駿馬的那種目光，讓我留下了很深的印象。

那匹馬短小精悍，野性十足，是精力的象徵（像一頭野豬），牠的鬃毛濃密，皮毛是銀灰色。那小伙子騎馬從工作室和房子之間走過，經過我身邊，跳下了馬。他小心地牽著牠走，以免踏壞花壇，裡面盛開著紅豔、粉橘的美麗鬱金香。花壇和花都是我妻子最近才弄成的（另一個夢）。

那個小伙子象徵「本我」，透過他，生活更新了，一股創造的「生命衝動」（élan vitale）和嶄新的心靈走向出現了，它們使每件事情都充滿了生命力和進取精神。一個男人如果甘願接受自己潛意識的指示，那麼潛意識就會給予他一份才氣，使他單調陳腐的生活突然變得豐富多姿，充滿無窮的內在冒險和創造可能。在婦女的心靈中，「本我」同樣年輕的化身可能以具有超自然秉賦的小姑娘面貌出現。下面是一個將近五十歲的婦女所做的夢，可以做為這方面的例子：

我站在教堂前，正用水清洗馬路路面。然後，恰好在高中學生放學時，我跑到了街上。我來到一條已經停滯的河邊，河上架著一塊木板或樹幹。可是，正當我想走過去時，一個搗蛋的學生在木板上亂跳，把木板踏裂了，害我差點掉進河裡。「白癡！」我吼道。在河的另一邊，有三個女孩正在玩耍，其中一個伸出手，好像要拉我一把。我以為她的小手還沒有能幫上忙的力道，可是，當我抓住她的手時，她竟不費吹灰之力就把我拉到了河對岸。

做夢者是有宗教信仰的人，不過，依據她的夢來看，她無法再留在教會（新教）裡了。事實上，儘管她竭力使自己更潔淨，以便能進入教會裡，但似乎已失去了這種可能。按照這個夢，她現在必須走過一條滯流的河，這表明她的生命之流已經緩慢下來了，因為她懸而未決的宗教問題（過河常常是根本態度轉變的象徵形象）。做夢者本人釋夢時說，那個學生是她以前曾有過的念頭的化身，換句話說，上高中讀書也許會滿足她精神上的渴望。顯然，對此計劃夢並沒有想很多。當她敢於獨自過河時，「本我」的化身（那個女孩），雖然幼小，卻有超自然的力量來幫助她。

無論是年輕還是年老，人類的外貌只是本我顯現在夢中或靈視中之眾多可能形式中的一種，**本我**裝扮了各種年齡，不僅顯示了它將**貫穿我們的一生**，也顯示它的存在**超越於意識覺知之流**，而此意識生命之流，正是**創造我們時間經驗**的東西。

正如「本我」並非完全被包含在我們時間（我們的時空向度中）的意識經驗裡，它同時也是無所不在的。此外，它常常以一種暗示其特定普遍存在的外貌出現，即它自己現身為一個巨大的、象徵性的人類，這個人類環擁含納著整個宇宙。當這個形象出現在個體的夢中時，我們可以希望對他碰到的矛盾有一個開創性的解決，因為此時，生命的心靈重心動起來了（即全部存在已凝聚為一體），定以克服任何困難。

格優馬、普魯沙、盤古

難怪「宇宙人」（Cosmic Man）的形象出現在許多神話和宗教教義裡，在一般的描述中，他是積極而有幫助的東西。他以亞當、波斯的格優馬（Gayomart）、或者印度的普魯沙（Purusha）的形象出現。甚至，這個形象可以被描繪為整個世界的基本原理。例如，古代中國人認為，在萬物未生之時，有一個叫盤古的巨大神人，開天闢地。(註35)他的眼淚變成黃河和長江；他的呼吸襲捲成風；他說話時聲音化為震雷；他環顧四周，眼神造成閃電。他心情好的時候，便晴空萬里；他悲傷沮喪的時候，便烏雲密佈。他死後，身體分為中國的五大名嶽：他的頭變成東嶽泰山，他的身軀變成中嶽嵩山，他的右臂變成北嶽恒山，他的左臂變成南嶽衡山，他的雙腳變成了西嶽華山，而他的雙眼化為日月。(註36)

我們已經了解到，**似乎與個體化過程有關的象徵結構，都有著以「四」這個數字的主題作為基礎的趨向——諸如意識的四種功能，或者是安尼瑪或安尼姆斯的四個階段。**在這裡，這種情況再現為盤古開天的宇宙形成過程。只有在特殊的情況下，其他的數字組合才會在心靈材料中出現。心靈核心自然流露的表徵，具有四重特徵，換言之，透過四重區分，或從一些如4、8、16等等數字系列中衍生出某些另外的結構。數字16扮演了一個尤其重要的角色，因為它是由4×4組成的。

在我們西方文明中，關於「宇宙人」的相同觀念是亞當象徵—「第一個人類」。有一個猶太傳說，上帝創造亞當時，他首先收集來自世界四個角落的紅、黑、白、黃四色塵土，因此，亞當「跨越在世界的兩個盡頭之間」。當他彎下腰來，他的頭在東邊，腳在西邊。根據另一猶太傳統傳說，從開天闢地以來，所有人類、所有會出世的靈魂就被包容在亞當身上。因此，亞當的靈魂就「像無數細線揉成的燈蕊」。在這個象徵中，清楚表現了全部人類存在的整體統一觀念—它超乎於所有的個體單位之上。

在古波斯，同樣的原始「第一個人類名」叫格優馬，乃是一個光芒四射的巨大形象。他死時，他的體內湧出各種金屬，他的靈魂則流出了黃金。他的精液則灑到地面上，從中產生了大黃灌木形狀的人類第一對夫婦。令人驚訝的是，中國的盤古也被描繪成像植物一樣，是個身披樹葉的人。也許，這是因為「第一個人類」被認為是個自我生長、沒有任何動物衝動或自我意志的存在單位。生活在底格里斯河沿岸的一個族群，現在仍然崇拜亞當，視他為隱密的「超靈魂」或整個人類的秘密「保護神」。這些人說亞當是椰棗樹所生—植物主題至此又一次再現。(註37)

在東方，以及西方某些諾斯提教生活圈中，人們很快就認識到，**宇宙人不只是具體**

的外在現實，更是內在的心靈形象。例如，按照印度人的傳統，宇宙人是一些生活在人類個體內在的東西，並且是唯一不朽的部份。這個內在的「高靈」，通過引導個體從天地萬物及各種苦難中超脫出來，使之回到其原本永恆的境域，來拯救個體，但只有當人們認識到他，並且必須從昏睡狀態中覺醒過來，以便受他引導時，他才能拯救個體。在古印度的神話象徵中，這一形象是普魯沙──這個名字就是指「人類」或「神人」。普路沙生活在每一個體的心中，同時又充滿著整個宇宙。

許多神話都證實，「宇宙人」不僅是全部生命的開端，也是整個天地萬物的終極目標。中世紀聖哲麥斯特・愛克哈特（Meister Eckhart）說：「所有穀類的本質都想成為小麥，所有財富的本質都想成為黃金，所有世世代代的生靈都想成為人類。」(註38)如果從心理學的觀點來看，這是理所當然。所有個體的整個內在心靈現實，最終都指向著這個「本我」的原型象徵。

講得白話一點，這意味著人類的存在，永遠不能以個別的本能或刻意的機械論，作出滿意的解釋，諸如飢餓、權力、性、生存、物種永續等等。也就是說，人類的主要目的不是吃、喝等等，而是要「成為人」。超越在這些驅力之上，我們內在的心靈現實負責表達一個活生生的奧秘，這個奧秘只有通過象徵才能表達出來，而且，潛意識常常選用「宇宙人」這個強有力的形象，用於這種表達。(註39)

我們西方文明中，「宇宙人」在很大程度上一直被認定就是耶穌，而在東方，則被認定是克里希那（Krishna）印度教的教主或佛陀。在《舊約》中，同樣的象徵形象轉化為「人子」（Son of Man）。後來，猶太神秘主義則稱之為亞當・凱德蒙（Adam Kadmon），古代晚期的某些宗教運動乾脆稱之為「人類」（Anthropos即「人」的希臘字）。跟所有的象徵一樣，這個形象指向一個不可知的奧秘──人類存在的終極、不可知的意義。（註40）

正如我們已經指出過的，某些傳統認為「宇宙人」乃是萬物之歸宿，但是，這種成就不應被理解為可能是外在的偶發事件。例如，以印度人的觀點來說，外部世界絕不會在一天之內就全部融解為原始的「高靈」，但是，自我傾向於外部世界的性向會趨於消失，以便為「宇宙人」開闢道路。當自我與「本我」合而為一時，這種情況就會發生。當遭遇到內在的「高靈」時，散漫的自我表象之流（從一個念頭到另一個念頭）及其欲望（從一個對象追逐到另一個對象）就會平靜下來。確實，我們必須永誌不忘，對我們說來，外部的現實只存在於我們的意識生起覺識的範圍內，同時，我們也不能證明它存在於「自在自為之中」（in and by itself）。

神聖婚配

來自各種文明和不同歷史時期的許多例子，可以證明「高靈」（Great Man）象徵的普遍性。他的形象呈現在人類的心靈中時，是在表達我們生命的目標或根本的奧秘之處。

由於這個象徵呈現的是完整與全體，所以，常常被想像為雌雄同體。在這種形貌中，這個象徵調解了心理學中最重要的對立之一——男性與女性。這種統合也會在夢中，以神聖、高貴或其他顯赫的夫妻配對形式出現。(註41)下面是一個四十七歲男人的夢，它以戲劇化的形式，顯示了「本我」的這種統合象徵：

> 我站在一個平台上，看到下面有一隻高大、黝黑、漂亮的母熊，牠的毛皮粗糙，但修整得很好。牠用後腿站立，正在一塊厚石板上磨光一塊扁平的黑卵石，黑卵石逐漸光亮起來。不遠處，一隻母獅和牠的幼仔也正在做同樣的事，不過牠們正磨光的石頭，形狀圓而稍大。不久，那隻母熊突然變成一個裸體、肥胖的女人，黑頭髮，眼睛炯炯有神。我以挑逗的姿態走向她。突然，她靠近我，想抓住我，我怕了，便跑回我剛才站著的台上躲避。過了不久，我身邊圍了許多女人。她們有一半是原始人，頭髮烏黑（好像她們是從動物形變過來的）；另一半則是我們的女人（與做夢者國籍相同），金髮或棕髮。原始的女人們用憂鬱、高亢的聲音唱著一首很傷感的歌曲。然後，一個年輕男子，帶著一頂飾有閃閃發光的紅寶石的金冠，坐著一輛高大、精緻的馬車過來了，這一幕真是令人賞心悅目。在他身邊，坐著一位金髮少婦，可能是他妻子，但沒戴后冠。這對夫婦似乎是從那隻母獅和牠的幼仔變成的，她們屬於原始人的那個圈圈。現在，

所有的女人（原始的和其他的）吟唱著一首莊嚴的歌曲，而那輛高貴的馬車則慢慢駛向地平線。

在這裡，做夢者心靈的內在核心，首度將自己化現為那對高貴夫婦的短暫幻象，這個幻象乃是從他的動物本性深處和他潛意識的原始底層中浮現出來的。開始時的那隻母熊是一個母性女神（例如在希臘，狩獵女神亞特密絲（Artemis）就被當做母熊來崇拜）。牠磨光的扁平黑卵石，也許象徵了做夢者最內在的本性——他真實的人格。摩擦和磨光石頭是眾所周知的上古人的活動，在歐洲許多地區都發現，有纏著樹皮的「聖石」，藏在洞穴裡。石器時代的人們，也許把它們當做有神力的容器，而收藏在洞穴裡。當代澳洲的一些原住民相信他們死去的祖先仍然以其德行和神力活在石頭中，因此，如果他們磨光這些石頭，力量就會增加（像給祂們充了電似的），對生者與死者雙方都有助益。

做這個夢的男人，至今仍然拒絕與一個女人結婚。他害怕生活被婚姻逮住，因此，他要躲避由母熊變成的女人，逃到看台上。在那裡，他可以消極地觀察事情的發展，而不會被捲進去。透過熊摩擦石頭這個主題，潛意識試圖告訴他，他應該放開自己，跟生活的這個層面接觸，唯有通過婚姻生活的磨擦，他的內在本質才能得到塑造和修煉。

當石頭被磨光後，它會像鏡子般明亮，以致那隻母熊可以從中看到自己。這意味著只有通過接受世俗的接觸和苦難，人類靈魂才能轉變成一面鏡子，用這面鏡子，神聖的力量才能夠感受到自己。但是，做夢者逃到一個較高的地方，即逃入各種能使他逃避人生承擔的反思中去。然後，這個夢告訴他，如果他逃避生活的承擔，他靈魂的一部份（他的安尼瑪）將毫無進展，這便是那一群無可名狀、分裂為原始和現代兩部份的女人所象徵的事實。

後來出現的母獅和她的幼仔，乃是個體化發展的神秘動力的化身，並且，由它們磨光圓石的動作顯示出來（圓形石頭是「本我」的象徵）（註42）。獅子—王族夫婦—本身就是總體性（totality）的象徵。在中世紀的象徵中，「哲人石」（philosopher's stone）（對人類整體性的偉大象徵）以一對獅子或者一對騎在獅背上的夫婦來代表。在象徵上，它指出了這樣的事實：趨向個體化的動力，常常以假托的形式，出現在另一個人身上，而隱身在我們對這個人無法抗拒、**激情迷戀**的感情之中。（事實上，超越愛的自然尺度的激情，其終極目的在於合而為一的奧秘，這便是為什麼我們會感覺到，當我們充滿激情地墜入情網時，**與別人合而為一**，會成為人生唯一值得追求的目標。）

由於這個夢中的總體性形象以一對獅子的面貌表現自身，它不免仍沈浸在一些無法抗拒的激情之中。但當雄獅和母獅變成國王和皇后時，趨向個體化的動力便已達到意識理解的層次，這時，它已經可以被自我理解，而作為人生的真正目的。（註43）

在那兩隻獅子變成人類以前，只有原始女人感傷地唱著歌。也就是說，做夢者的情感仍停留在原始和感傷的階段。但為了表示對化為人形的獅子的敬意，原始的與文明的女人一起唱出了共同的讚美詩。她們在感情上共同表達的形式，顯示動物本身的內在分裂此時已轉化為內在的和諧。

「本我」還有另一種化身，出現在一個女人的所謂「**積極想像**」(active imagination)之中。(「積極想像」是一種特定的冥思想像方法，透過這種方法，我們可以刻意與潛意識進行接觸，與心靈現象建立有意識的聯繫。「積極想像」是榮格最重要的發現之一。在某種意義上，它可以同東方的冥想修行方式，諸如禪宗、瑜珈 (Tantric Yoga)，或者跟西方的耶穌會 (Jesuit Exercitia) 教徒的修煉法相提並論，但其根本的不同處在於：冥想者保持在完全沒有任何意識目標或計畫的狀態中。因此，這種冥思變成自由個體的孤獨經驗，這跟想要主宰潛意識的企圖剛好相反。然而，這裡不適於對「積極想像」做具體細節的分析，榮格在〈超越功能〉(The Transcendent Function) 一文中，讀者可以看到他對此的描述。) (註44)

本我的種種象徵

在這個女人的冥想中，「本我」化為一隻鹿出現，牠對自我說：

我是你的孩子，也是你的母親，他們稱我為。「締結關係的動物」。因為只要我進入人、動物甚至石頭中，我就會使他們彼此締結起關係。我是你的命運，也是你的「客觀的我」，當我出現時，我把你從無意義的生活危機中拯救出來。在我內部燃燒的火，也燃燒著整個自然。如果一個人失去了我，他會變得自我中心、孤寂、迷惑和懦弱。

「本我」通常以一隻動物為象徵，代表我們的本能特性及其與我們周圍環境的聯繫。（這就是為什麼在神話和童話故事中，會出現許多提供援助的動物。）「本我」與周圍自然環境甚至宇宙的關係，大概來自於這樣的事實：我們心靈中的「核心原子」緊密交纏在整個世界的內外各種層次當中。所有生命徵象等級較高的存在，都與周圍的時空關係有良好的調整適應。舉例來說，動物有其特定的食物，特定的築巢材料和確切的生活領域，對於這一切，它們的本能模式已確切地做了相應的適應和調整。時間韻律也扮演了重要的角色：我們要想想一個事實，當草最茂盛、最肥美時，大多數食草動物便會準確地在此時懷孕。如果把這樣的認識放在心上，我們就會明白某位知名的動物學家所說的，動物的「內性」（inwardness）會向外放射到周圍的世界當中，並將時間與空間加以「**心靈化**」（psychifies）。（註45）

就像許多事情仍完全超出我們的理解範圍，我們的潛意識以同樣的方式協調融入我們的環境：融入我們的群體、我們的一般社會，同時，更融入了時空關係和整個大自然。

因此，納斯卡皮印地安人的「高靈」不僅僅啟示內在的真理，它同時也暗示獵人什麼時候、去哪裡狩獵。因而，從納斯卡皮獵人的夢中，才會演示出用以誘捕動物的咒語和巫術唱誦的旋律。

但這種來自潛意識的特殊幫助，並非僅限於原始初民。榮格發現，夢也可以給予文明人所需要的指引，以解決其內在與外在生活所產生的問題。確實，我們許多夢都與我們外在生活和周圍環境中的細節有關。恰如窗外的樹、我們的自行車、汽車，或散步時揀起的一塊石頭等，都可以藉由我們的夢生活而被提高到象徵的高度，使之意義非凡。如果我們多注意我們的夢，而不是生活在一個冷漠、無意義而偶然的陌生人世界，我們就可以開始進入我們自己的世界，這個世界充滿了重要而經過神秘安排的種種事件。

然而，我們的夢主要並不是關注我們對外在生活的適應法則。在我們文明世界裡，絕大部分的夢都與（通過自我）發展「正確的」內在觀點以走向本我有關，跟原初民族比較起來，在現代的思考和行為方式之下，這種發展對我們內在所造成的困擾要大得多。未開化的人，一般直接依賴內在中心的指示而生活；而我們現代人漂流無根的意識，則與外在的、完全陌生的事物糾纏在一起，以致於很難接收到「本我」提供給我們的訊息。我們的意識心靈不斷在創造一個清楚有形、「真實」外在世界的幻象，阻礙了許多其他的知覺。不過，透過我們的潛意識特性，我們與我們的心靈和物理環境會產生無以名狀的感應聯結。

我早已提出過這個事實：用石頭象徵「本我」的頻率是頗高的，我們從母熊和獅子磨光石塊這個例子可以看出來。在許多夢中，核心「本我」也會以水晶的形式出現。水晶在數理上的精密排列，喚起我們對許多事物的直覺情感，甚至是那些被宣稱「已死了」的事物，也有一個精神秩序的原理在發生作用。因此，水晶經常象徵極端對立的統合——物質與精神的統合。

也許水晶和石頭特別適合當做「本我」的象徵，因為，它們的性質是「如此恰到好處」(just-so-ness)。許多人無法克制去撿拾一些顏色和形狀都很奇特的石頭，保存起來，也不知道自己這樣做的原因是什麼。好像這些石頭有一種活生生的神秘力量，迷住了他們。自有人類以來，就有人會蒐集石頭，顯然，許多人假定某些特定的石頭，是生命力量全部奧秘的容器。例如，古代日耳曼人認為，死者的靈魂仍繼續活在其墓碑當中。在墳墓上面放置石頭的風俗，一部分是源自這樣的象徵觀念：死者身上有些永恆的東西留存下來，而最適合代表這些東西的便是石頭。雖然人類與石頭截然不同，但人類最內在的中心，卻以一種奇異而特別的方式與石頭相近。(也許因為石頭象徵了距離「自我意識」的情感、情緒、和論辨思維最遙遠的純然存在。) 在這個意義上，石頭象徵的也許是最簡單卻最深刻的經驗——當我們自覺不朽和不變的剎那，我們所能擁有的某種恒常不變之物。(註46)

實際上，我們在所有文明社會都會看到這樣的衝動：立碑來紀念名人或重大事件的現場，這或許也是源自石頭的象徵意義吧。雅各（Jacob）在他做過那個著名的夢的地方放置石頭，一般人也把某些石頭放在當地聖人或英雄的墓前，透過這種「石頭象徵」，顯示了人類有一種原始特質，他有衝動想表達難以表達的經驗。難怪許多宗教祭儀都用石頭來象徵上帝，或標示崇拜的場所。回教世界團神聖的聖所是麥加城內的卡巴，（Ka'aba）所有虔誠的回教徒都希望去朝聖這塊黑石。

根據基督宗教會的象徵，基督是「築屋匠棄而不用的石頭」，因而變成了「房角的頭塊石頭」（〈路加福音〉，二十章十七節），亦可稱為生命之泉湧出的「靈磐石」〈哥林多人前書〉，第十章第四節。中世紀的煉金術士，試圖用前科學的方法來發現物質的奧秘，希望在當中發現上帝，或者希望至少在其中發現神的活效，他們相信，這個奧秘具體化身在大名鼎鼎的「哲人石」裡。但是，某些煉金術士隱約感受到，他們不斷追求的石頭，只是在人類心靈中才能找到的某種東西的象徵。一個阿拉伯煉金術士莫瑞諾斯（Morienus）說：「這個東西（哲人石）是從你裡面萃取來的：你是它的原礦，我們能在你之中發現它，或者說得清楚一點，他們（那些煉金術士）會從你裡面萃取出它。如果你認識到了

這一點，那麼對此石的讚美與敬愛將會在你心中滋長。務必對此深知深信，毫無疑慮。」(註47)

煉金石(lapis)**象徵某些永遠不可能消失或分解的東西，象徵某些永恆的事物，某些煉金術士用以比喻人類靈魂中對上帝神秘經驗。通常需要經過長時間痛苦的經歷，才可以燒去包裹住石頭表面的心魂元素。**(註48)不過，對大多數人來說，「本我」的確是深刻的內在經驗，一生中最少會出現一次。從心理學的觀點來看，真正的宗教態度，乃是奮力去揭露這種獨一無二的經驗，然後逐漸與之交融共鳴，(相同的石頭本身是恆久持續的東西)如果這個人的注意力就此轉而持續投注在這個經驗之上，「本我」就會變成他內在的伴侶。

事實上，以這樣的無機物質做為「本我」最高、最恒常的象徵，還指出了另一個研究和思考的領域：即我們所謂潛意識心靈，與我們所謂的「物質」之間仍屬未知的關係——這也是身心醫學(Psychosomatic Medicine)極力想掌握的奧秘。在研究這種仍然無法明確說明兩者的關係時，(可能可以證明「心靈」和「物質」在實際上是同一個現象的一體兩面，只不過一面是我們由「內在」觀察，另一面是由「外在」觀察的結果。)榮格博士提出了新觀念，他稱之為「同步性」(Synchronicity)，這個概念意指外在與內在事件「有意義的巧合」，它們並沒有因果關聯，重點在於「有意義」這個字眼上。(註49)

如果我正在擤鼻涕時，有架飛機在我眼前墜落，這是一次毫無意義的巧合，這只是隨時都可能出現的偶發事件。但如果我訂購了一套藍色的女裝而商店搞錯了，送來一套黑色女裝，而恰巧在同一天，我的一位近親去世了，這就是一個有意義的巧合。這兩件事情並無因果關係，但它們卻由於我們社會給黑色的象徵意義而聯結起來了。

不論榮格在哪裡觀察到個體生活中的這種有意義巧合，在相關個體的潛意識中，似乎（正如個體的夢所顯示的）有某個原型在活動。以我這個黑色的例子來說：在這種情形下，那個收到黑色女裝的人，也可能做了一個以死亡為主題的夢。就好像潛在的原型在內在和外在事件中同步顯示其本身。其公分母是一個象徵表達的訊息——在此例中是死亡的訊息。

只要我們注意到，在某些時刻，某些特定類型的事件好像會接二連三的同步發生，我們就會理解中國人的態度了。他們的中醫理論、哲學、甚至建築都建立在一門研究因緣巧合的「科學」之上。古代中國的經書，並不追問什麼是事件的「原因」，而寧願找出「好像」會同時發生的事件。我們可以從占星術中看到許多相同的潛在主題，同樣，各種文明都曾經依賴於徵詢神諭、注意預兆。這一切都是為了要給出對於因緣巧合的解釋，它不同於仰賴直接因果關係的解釋。榮格博士在創造「同步性」的概念時，指出了一條我們可以更加深入了解心靈與物質的內在聯繫的途徑。這條途徑的大方向，正是石頭象徵所指出的內在關係。但是，這仍然是一個完全開放、有待進一步研究的問題，也是未來心理學家必須處理的問題。討論了這麼多「同步性」的問題，似乎把我的主題扯遠了，

但我覺得對它做個扼要的介紹還是很必要的，因為它是榮格學派的一個假說，似乎孕育著未來種種研究和應用的契機。(註50)

此外，同步事件幾乎都是在個體化過程的關鍵階段發生，但它們經常被忽略，因為個體還沒有學會去觀察這個因緣巧合，並且，也無法在它們與他的夢的象徵之間建立起有意義的關聯。

與「本我」建立關係

今天，越來越多的人，特別是那些住在大城市的人，經歷著可怕的空虛與無聊的痛苦，彷彿他們正在等待某個永遠不會到來的東西。電影、電視、看球賽和政治參與，刺激也許可以解一時之悶，但當他們看膩了，疲憊地從中清醒過來，便不得不回到其生活的荒原中。

仍然值得現代人從事的唯一冒險活動，其實是潛意識心靈的王國。由於心中抱有這個模模糊糊的念頭，讓今天有許多人轉向練習瑜伽和其他東方的修行工夫。但這些並沒有提供真正嶄新的冒險活動，因為他們僅僅接受了一些印度人或中國人已經知道的事情，並沒有直接碰觸到個人內在生活的核心。東方的方法固然有助於集中精神，並促使其轉向內（這種方法在某種意義，類似一種內向式的心理分析治療），不過這當中有很重要的差別。榮格開展出一種在單獨和無需幫助的情況下，進入內在心靈、並與潛意識活現奧秘的接觸門路，這與遵行某種陳腐的路數全然不同。（註51）

試圖對「本我」的生動現實在日常生活中寄予一定的注意，就好像企圖同時生活在兩個不同的層次或兩個不同的世界一樣。一方面跟平常一樣，我們要對外在的責任付出心力，但同時也要對夢和外在事件中的暗示和徵兆保持警覺，因為，這些暗示和徵兆都是「本我」用以象徵其意向的東西，而本我的意向其實就是生命之流的流向。

這類經驗，在古老中國的有關文獻中常常以貓注視著老鼠洞來譬喻。一本古書上說，一個人這時候不應受其它思緒的干擾，但他的注意力也不應太過尖銳——當然也不要太遲鈍。有一個恰到好處的感知狀態。「如果訓練以這樣方式進行……那麼隨著時間的進行，效果必定會顯現，當種下的因緣帶來了果實，猶如瓜熟蒂落，水到渠成，那些碰巧接觸到或者扣聯上的任何事情，就會突然引起個體徹底的醒悟，在這個頓悟的時刻，那個修行者，恰似如人飲水，冷暖自知。他對自己的所有疑問都釋然了，並且經歷了極大的喜悅，就像迷路時遇到了自己的父親一樣。」(註52)

因此，在一般外在生活的環伺之下，我們會突然捲入激動人心的內在冒險，由于它對個體來說是獨一無二的，因此它既不能被抄襲，也不能被偷走。

人類會與自己靈魂規制力量的中心失去接觸，其主要原因有二，第一個障礙是：有些獨特的本能驅力或情緒形象，驅使他有所偏頗而失去平衡。這種情況也會在動物身上發生，例如，性興奮中的雄鹿會完全忘記饑餓和安全問題。原始人非常害怕偏頗激化和經常失去平衡，他們稱之為「失魂」。另一個對內在平衡的威嚇來自於過多的白日夢，以秘密的方式不斷纏繞著那些特殊的情結而發生。事實上，白日夢的出現恰恰是因為它們讓一個人跟他的情結建立關係，同時它們還威脅了他意識的集中度和連續性。

第二個障礙正好相反，是由於自我意識的過於強固。雖然，受過訓練的意識對完成文明活動來說十分必要(我們知道如果一個火車信號員做白日夢會造成什麼樣的後果)，但這有著嚴重的缺點，因為它易於妨礙我們對來自心靈核心的衝動和訊息的接收。這正是為什麼文明人有如此多的夢，企圖修正意識的態度，以走向潛意識中心或本我，恢復上述的感受能力。

在對「本我」的神話呈現中，我們發現許多對世界四隅的強調，並且在許多繪畫中，「高靈」出現在被分成四部分的圓圈中心。榮格用印度語「曼陀羅」(mandala)來表示這種序列的結構，曼陀羅乃是人類心靈「核心原子」的象徵呈現——人類並不知道自己心靈核心的本質。有趣的是，與此相關的納斯卡皮獵人並不用人形來呈現「高靈」的圖象，而也是用曼陀羅來呈現祂。

觀想曼陀羅與靈魂的修復

納斯卡皮人在沒有宗教儀式或理論的幫助下，直接而單純地經驗其**內在核心**，其它社群則用曼陀羅來恢復失去的內在平衡。舉例來說，納瓦荷印第安人試圖用曼陀羅結構的沙畫，使病人恢復其與自身及宇宙的和諧，進而恢復他的健康。

在東方文明中，類似的繪畫可以加強內在存有，或令人進入深度的冥想狀態。冥想曼陀羅意味著促進內心平和，感到生活重新找到了意義和秩序。對於沒有受到任何宗教傳統影響、甚至對此一無所知的現代人來說，曼陀羅自發地出現在他們的夢中時，也會帶來這種感受。或許由於知識和傳統有時反而會模糊、甚至阻滯自發經驗，因此，在現代人的處境下，曼陀羅的積極作用也許更大。

以下是一個六十二歲的老太太自發地夢到曼陀羅的例子。這個夢後來成為她的新生活階段的序曲，在新的生活階段中，她變得極有創造力：

> 在朦朧的光線下，我看見一片風景。我看見背景有個斜坡隆起，繼而是連綿不斷的山脈。有一個金黃般光亮的四角盤子，沿著斜坡向上移動。在前景中，我看見開始冒出新芽的黑色耕地。突然，我看到一張灰石面板的圓桌，與此同時，那塊四角盤子突然爬到桌面上。它已離開了那座山，但我卻不知道它是如何和為何離開的。

夢中的（如同在藝術中的）風景，通常象徵一種無以言詮的情緒。在此夢中，昏暗光線下的風景，表示白天明晰的意識已變得朦朦朧朧。「本我」的象徵物——盤子，本來大多數是做夢者直覺地對其精神領域的想法，現在在夢中，盤子卻改變了位置，變成她靈魂風景的核心。很久以前播種的種子，已經開始發芽：夢者在這之前花了許多心力觀察自己的夢，現在這個工作開花結果了。（讀者會回憶起，我以前提到過「高靈」與植物生命間的象徵關聯。）現在，那個金盤子突然移動到「右邊」——事情在這邊會進入意識當中。從心理學上說，跟其他許多事物比較起來，「右邊」常常意味著有意識、調整適應和「正確」的一邊，而「左邊」則表示未經調適、潛意識反應的領域，有時甚至是某種「不吉利」的範圍。最後那個金盤停止了移動，進入意味深長的靜止狀態——停息在一張圓形石桌上。它找到了一個永久的基地。

正如安妮拉・賈菲(Aniela Jaffé)稍後將在本書中所描述的，圓（曼陀羅主題）通常象徵自然的整體，四角形構物則代表自然整體在意識中的實現。在這個夢中，四角盤與圓桌相遇，至此，心靈核心在意識中的實現變已唾手可得。順帶一提，圓桌是眾所周知的整體圓滿象徵，並在神話中扮演重要的角色，例如，亞瑟王的圓桌，本身就是源自「最後的晚餐」中的形象。

其實，每當人類真心轉向內在世界，不依靠沉思默想其主觀的思想和感情，而是傾聽他的夢和真實幻想等客觀本性的表達，盡力去認識自己時，「本我」必定遲早會浮現出來，這樣，「自我」才會找到內在力量，促進全面再生的可能。

不過，還存在一個極大的困難，到目前我還只是間接的提到，亦即**每個潛意識的化**

身——**陰影、安尼瑪、安尼姆斯，以及「本我」——都具有光明和黑暗兩面**。我們在之前已經了解，陰影可能是卑鄙或邪惡的，是我們應該克服的本能驅力。然而，它也可能是人們應該好好培養和追隨的生長驅力。同樣的，安尼瑪和安尼姆斯也有兩面：它們會為人格帶來生氣勃勃的發展和創造力，也可能引起僵化和肉體的死亡。甚至「本我」這個無所不包的潛意識象徵，也具有兩面的矛盾效果。正如愛斯基摩人傳說得那個例子，當那個「小女人」雖然努力把女主角從月亮精手中拯救出來，最後卻把她變成了一隻蜘蛛。

「本我」的陰暗面是所有事情中最危險不過的，因為「本我」是心靈中最大的力量。它能使人陷入「編織」誇大的謊言及虛妄的幻想中，無法自拔。處於這種狀態的人，會極興奮地以為他已掌握並解決了偉大的宇宙之謎，因此，他不再與人類實際生活接觸。這種情況有一個較明確的徵兆，即**失去幽默感**及**人際交往**。

不存在的城堡

因此，「本我」的出現也許會為一個人的意識自我帶來極大的危險，「本我」的雙重面向在以下這個古老的伊朗神話故事中得到了美妙的展現，這個故事名為《巴斯巴格德的秘密》（*The Secret of the Bath Bâdgerd*）。

偉大、高貴的王子海提姆泰（Hâtim Tâi）奉國王的命令去調查神秘的巴斯巴格德（不存在的城堡）。他著手調查後，經歷了許多危險的事情。他聽說，沒有任何人能去巴斯巴格德後又活著回來，但他堅持要去。一個手拿鏡子的理髮師，在一幢圓形建築內接待他，並引他進去浴室，可是當王子一踏入水中，突然爆出一聲雷鳴，浴室裡漆黑一片，理髮師不見了，而水開始慢慢升高。

海提姆泰拼命繞著浴室游，直到水升高到浴室的圓頂接縫邊。這時他害怕自己要完了，不斷禱告，並抓住圓頂的中心主石。又是一陣轟隆雷聲響過，一切又都變了樣，海提姆泰獨自一人站在一片沙漠裡。

經過千辛萬苦的長途跋涉，他來到了一座美麗的花園，花園中間有一群石像，他看到在石像群的中心有一隻關在籠子裡的鸚鵡。一陣聲音從天上傳來：「喂！英雄，你本來在浴室中難逃一死。從前，格優馬（Gayomart）（第一個人類）發現了一顆比太陽和月亮更絢麗燦爛的大鑽石，他為了要把它藏在一個誰也找不到的地方，因此他建了那間神秘的浴室來保護它，你在這兒看到的鸚鵡乃是此一魔法的一部份，在牠腳下有金鏈縛著金弓和箭，你可以用弓箭射那隻鸚鵡射三次。如果你射中了，咒語就會被解除，如果射不中，你會跟其他人一樣變成石頭。」

海提姆泰射了第一箭，沒有射中，他的雙腿變成了石頭。第二箭又沒射中，他從腳到胸部都變成了石頭。第三次他乾脆閉上眼睛，呼喊：「上帝保佑！」並盲目射出了箭，居然射中了鸚鵡！霎時，雷聲隆隆，塵霧漫天。當一切平靜下來之後，在鸚鵡站的地方，出現了一顆巨大而美麗的鑽石，所有的石像都復活了，那些人都紛紛來感謝他的救命之恩。(註53)

讀者會明白這個故事中「本我」的象徵——「第一個人類」格優馬、曼陀羅圓形建築物、中心主石和鑽石。但那顆鑽石周圍充滿了危險。那隻鸚鵡精靈乃是學舌邪靈的化身，它使人失去目標，並造成心理上的石化。正如我前面指出過的，個體化過程排除任何對其他人的鸚鵡學舌模仿。所有國族的人們，都曾企圖重複地模仿它們偉大宗教導師的原始宗教經驗，也就是一些「外在事物」或祭儀行為，譬如基督、佛陀或其他一些大師的表面做為，因此變得「石化」僵硬。追隨偉大精神領袖的腳步，並不意味著我們應該模仿和實踐他個人生活所形成的個體化歷程，而是意味著我們應該竭力帶著他在生命中投入的誠摯和奉獻精神，來活出我們自己的生活。

拿著鏡子消失的理髮師，象徵海提姆泰在最需要反思的時候，反而失去了反思能力；上升的水，代表人們可能淹沒在潛意識之中，並迷失在個人情緒中的危險。為了了解潛意識的象徵指引，我們必須慎重，不能疏離自己或者「得意忘形」，而要出於真情地跟自己相處。十分重要的是，自我應該繼續正常運作。只有當我自以為是普通人，意識到自己的不完美，我才能變得善於接受潛意識有含意的內容和過程。但是，一個人如何能忍受既感到他同宇宙融為一體，而同時又只是一個微不足道的凡夫俗子？一方面，如果我輕蔑自己，只把自己當作統計學上的零，那麼，我的生活就會毫無意義，不值得活下去。但另一方面，如果我感到自己是某些更偉大事物的一部份，我又怎能庸庸碌碌地過日子？我們確實很難以不偏不倚的態度來統合自己內心深處的對立。(註54)

「本我」的社會層面

今天，人口急劇增加，尤其是大都市。人口增加越快，我們的情緒壓力就越大。我們心想：「噢！」算了吧，我只是跟其他千百萬人一樣的無名小卒。如果他們中有幾個人被殺，又會有什麼大不了的呢？反正還是有這多數不清的人。」而且，當我們從報紙上看到無數與我們毫無瓜葛的無名小卒死亡的消息時，我們自覺命賤的感覺就會增加。這時，如果我們把注意力轉到潛意識上，就會得到莫大的幫助，因為，夢告訴做夢者，他生活的一個細節要如何與最有意義的現實交織在一起。

每件事都有賴於個體，我們在理論上所知道的一切透過夢就會變得具體易解，而且這是每個人都可以親身經驗的事實。有時，我們強烈感受到「高靈」。想從我們身上得到某些東西，因而交付給我們一些非常特別的任務。我們對這些經驗的感應，可以協助我們獲得力量，以慎重對待我們自己的靈魂，逆向浮泅於集體偏見的激流之上。

當然，這種任務並不一定都會讓我們勝任愉快。舉例來說，下個禮拜天你要跟朋友去旅行，但你的夢禁止你去，反而要求你去做一些有創造性的工作。如果你聽從了潛意識的勸告，那你有意識安排的計劃必定會不斷受到騷擾。你的意願會被其它的意圖所打亂，你必須服從這些意圖，或至少必須慎重考慮。這就是為什麼個體化過程所伴隨而生的任務，常常會是令人感到相當沉重的負擔，而非可喜可賀的祝福。

聖・克里斯托弗（St. Christopher），旅行者的守護神，是這種經驗的一個絕佳象徵。根據傳說，他對自己身體無可匹敵的力量感到十分自豪，因此只願為最高強者效力。最初他服侍一個國王，但當他看到國王害怕魔鬼時，便離開了他，轉而成為魔鬼的僕人。可是有一天，他發現魔鬼害怕十字架，於是他決定如果能找到基督，便侍奉基督。他遵從了一個牧師的勸告，到了一處河灘等候基督。一年又一年過去了，他幫助無數的人渡過了河。但有一次，一個漆黑、風狂雨暴的夜晚，有一個小孩高喊要過河。聖・克里斯托弗不費吹灰之力把小孩舉到肩頭，但他感到步履艱難，因為他肩上的負荷越來越重。走到河中心時，他覺得「好像背著整個守宙」。他於是領悟到他肩負的是基督——基督赦免了他的罪孽，並給他以永恆的生命。

這個不可思議的小孩乃是本我的象徵，即使只有背負這個小孩才能贖他的罪，但他確實使普通人感到「壓力很大」，在許多的藝術作品裡，兒時的基督被描繪成世界的天體，這個主題明顯在象徵「本我」，因為小孩和天體這兩者都是總體性的普遍象徵。

當一個人盡力服從潛意識時，一如我們所了解的，他就不能隨心所欲、任意而為。

同樣的，他也常常不能去做別人想要他做的事。例如，他必須脫離他的群體、他的家庭、伙伴、或其他人際關係，以便尋找他自己，而這種事經常發生。這就是為什麼人們有時候會說，專心於潛意識會教人反社會和自我中心。這並不是普遍情況，因為在這裡還有一個鮮為人知的因素：「本我」的集體層面。（我們甚至可以說是社會的層面）。

從實務的角度來看，這個因素自身顯示在這樣的個體上，這個個體在相當的時間裡觀察記錄了他的夢以後發現，這些夢往往關乎他跟別人的關係。他的夢也許提醒他不要過于信任某人，或者，他也許夢見自己跟一個他素昧平生的人有個愉快而融洽的聚會。假如一個夢以這種方式向我們顯示一個有關他人的形象，會有兩種可能的解釋。首先，這一形象也許是個投射，它意指這個夢中形象是做夢者本人內在方面的一個象徵。例如，一個人夢到他的鄰居不誠實，但夢中的鄰居其實是做夢者本人不誠實的畫像。詮釋夢的任務在於，去發現自己的不誠實是在哪一個特定領域裡發生的（這稱為主體層次的釋夢）。（註55）

潛意識的感應與操縱

但是，夢也常常真的在告訴我們一些他人的事情。這種情況下，潛意識扮演的角色實在是超越了我們的理解範圍。恰如所有其他高級生命形式，人與其他周圍的生物有一種令人驚訝的呼應和諧調。他本能地感受到他們的痛苦，發覺他們的問題，明白他們肯定與否定的觀點和價值，他這方面的感受和領悟能力，完全獨立於他對他們的意識思維。（註56）

我們的夢生活允許我們觀察自己潛意識的感知，並告訴我們這些感知對我們的影響。在做了一個有關某人和藹可親的夢以後，即使沒有解釋這個夢，我也會有意無意地、更感興趣地看著那個人。這個夢的形象可能會迷惑了我，因為我投射了一些東西在上面，它更可能給我一些客觀的訊息。要做出正確的詮釋，需要誠實審慎的態度和周密的思考。但是，跟所有內在的過程一樣，只要意識自我不辭辛勞地探察令人迷惑的主觀投射，並且在其內部而非外部來處理它們，那麼，「本我」最終會安排和調整個人的人際關係。正是在這種情況下，才會使人們的精神達到和諧，而且指引人類找到互相了解的道路，創造出直接超越所有人類日常社會和聯合組織的族群。這樣的族群與其他族群間沒有什麼矛盾，它只是較為不同，獨立自主而已。因此，有意去實現的個體化過程會改變一個人的人際關係。原本熱絡的關係，如親屬關係或同好同道，會被一種不同類型的統合體所取代，這種統合是透過本我組織起來的。

所有完全投向外部世界的活動和職責，對潛意識的秘密活動都會造成一定的傷害。通過這些潛意識的連結，那些相互隸屬的人便會聚在一起。這就是為什麼企圖以廣告和政治文宣來影響人們，是具有毀滅性的原因之一，即使是出於理想主義的動機也不例外。

這就出現了一個十分重要的問題，即人類心靈的潛意識部份能否在根本上被影響。實際的經驗和精密的觀察顯示，一個人不能影響他自己的夢。不錯，有些人堅持說他們能影響夢，但你如果觀察他們夢的內容，就會發現他們所做的跟我對那隻不聽話的狗所做的沒有兩樣：反正我命令牠做那些我注意到牠本來就想做的事，所以我能保持我有權威的錯覺。只有對一個人的夢有長時期的詮釋過程，並且自己能面對夢中出現的語言，才能逐漸轉化潛意識，而且，在這個過程中，意識的態度也必須改變。

當一個想影響公眾輿論的人，為了想影響其潛意識而濫用象徵，這時只要是真正的象徵，自然也會給群眾留下深刻印象。但是，不論群眾的潛意識情緒是否會被這些象徵支配，但這種群眾潛意識是不能預測的，裡面有些完全是非理性的東西。例如，即使一首歌的歌詞、表現手法和音樂旋律都很大眾化，也沒有任何一個唱片發行商能預知它是否會流行，迄今為止，還沒有任何蓄意影響潛意識的企圖產生過任何有意義的效果，群眾的潛意識似乎保持著它的自主權，正如個體潛意識一樣。(註57)

有時候，潛意識為了表現它的目的，可能還用一個從我們外部世界而來的主題，因而潛意識看起來好像受到了外部世界的影響。舉例來說，我們在無意中發現許多現代人做的夢跟柏林有關。在這些夢中，柏林乃是一個心靈弱點的象徵——它是個危險的地方，因而也是一個「本我」容易出現的地方。正是在這裡，夢者被衝突所撕裂，因此，也許在此地他才能使其內在的對立面得到統合。我也在無意中發現，因為電影《廣島之戀》

（*Hiroshima Mon Amour*）所誘發的大量夢反應。這些夢絕大多數都表示了這樣的想法：要不然是電影中相戀情人必須結合（象徵內在對立的統合），否則就會有一場原子彈爆炸（象徵徹底分裂，即瘋狂）。

當公眾輿論的操縱者在活動時採取商業性壓力或暴力行動，他們似乎才能獲得暫時的成功。但實際上，這只能造成對真正潛意識反應的壓抑。並且，群眾壓抑所導致的後果，跟個體壓抑相同，會引發精神分裂和心理疾病。所有壓抑潛意識反應的企圖，遲早都會失敗，因為，它們與我們的本能根本是對立的。

我們從研究高級生物的社會行為中知道，無論是對單一的動物還是對群體本身，小的群體（大約由10—50個個體組成）會創造最好的可能生存條件，這一點似乎對人類也不例外。人類的強壯身體、健康心靈，以及超過一般動物的文化條件，會在上述的社會運作中達到最大的繁榮。就我們目前對個體化過程的了解，「本我」顯然會透過**創造情感聯繫**，同時**嚴格界定特定個體間的情感聯繫**和**所有人相互繫屬的情感**，來產生上述的小群體。只有當「本我」創造了這些聯繫的時候，我們才會感覺到任何厚顏無恥——嫉妒、猜疑、爭鬥，以及所有負面的主觀投射態度，都不會破壞這個群體。因此，對自我個體化過程的無條件投入，也會帶來對社會最好程度的適應。

當然，這並非意味著不會有意見衝突和義務責任的衝突，或者對「正確」的東西看法完全一致，在面對矛盾狀況時，我們必須立即反躬自省，聆聽內在的聲音，以便找到

「本我」想要我們持有的個體體立場。

追求個體自由才能帶動社會改造

狂熱的政治活動而非絕對必要的基本執行義務似乎與個體化過程並不相容。下面是一個完全獻身於將國家從外國占領之手解放出來的男子做的夢：

我和一些同胞走上樓梯，來到博物館的頂樓，那裡是一間粉刷成黑色的大廳，看起來像輪船上的客艙。一位雍容華貴的夫人打開了門，她姓X，乃是老X的女兒。（老X是與做夢者同一國族的著名的民族英雄，他在幾世紀前就試圖解放他的國家。地位堪與聖女貞德或威廉．泰爾(William Tell)媲美，但實際上，他並沒有孩子。）在大廳裡，我們看到兩位身著錦衣華服的貴族婦人肖像。當X小姐向我們講解這些肖像時，她們突然復活了，先是睜開了眼睛，然後胸部起伏、開始呼吸。大家十分驚訝！便來到講演廳，X小姐將在那裡為大家解釋這一現象。她說，通過她的直覺和情感，那些肖像復活了。但我們之中有人不相信，並說X小姐瘋了，有幾個人甚至離開了演講廳。

這個夢的重要特徵是，X小姐——安尼瑪——純粹是此夢的想像所創造出來的。然而，她跟一位著名的民族解放英雄同姓（例如，就好像她是威廉・泰爾的女兒威廉米娜・泰爾（Wilhelmina Tell）一樣）。潛意識假借這個名字裡的含義，指出了這樣的事實：即夢者在今天不應該像X很久以前做過的那樣，用外在的方法來解放其國家。現在，這個夢說，解放已被安尼瑪完成（即被做夢者的靈魂完成），她是運用使潛意識形象復活的方式來完成的。博物館頂樓大廳看來多少有一些像漆成黑色的船艙，這些是很有意義的。黑色暗示黑暗、夜晚、曲折的內心世界，如果大廳是個船艙，那麼博物館也是一艘船。

這就指出當集體意識的陸地被潛意識和野蠻狀態的洪水淹沒時，這條充滿生物形像的博物館之船，也許會變成一艘救命的方舟，把所有搭上這艘方舟的人帶到心靈的彼岸。掛在博物館裡的肖像，通常是過去的遺物，潛意識形象也常常被用相同的方式來看待，直到我們發現它們有生命和充滿意義時為止。當安尼瑪（在這裡，她以靈魂嚮導的公正角色出現）以直覺和情感來凝視冥思這形象時，它們就開始復活。

夢中那些憤怒的人，代表做夢者受到集體意見影響的層面，是他念頭懷疑和拒斥的成分引發的心靈活現形象。他們是對潛意識的阻抗（Resistance）化身，也許可用類似下面的這句話來表達它：「那麼，如果敵人開始向我們投擲原子彈怎麼辦？那時，心靈洞察根本無濟於事！」

這種阻抗的層面，無法讓自己從統計學上的思考和外向性格的理性偏見中解脫出來。無論如何，這個夢指出，在我們的時代裡，真正的解放只能從心靈的轉變開始。如果沒有人生意義的目標，沒有值得去爭取的自由做為目標，那麼，我們解放自己的國家還有什麼意義？如果一個人在他的生活中再也找不到任何意義，那麼，不論他在共產主義世界還是資本主義政權下，同樣都是在醉生夢死，虛度生命。只有當他能利用他的自由來創造一些有意義的東西時，他才配得上說應該擁有自由。這正是為什麼對個體來說，發現生活的內在意義比其他任何事都重要，而且，也為什麼個體化過程必須放在第一位的原因所在。(註58)

用報刊、收音機、電視及廣告等來影響公眾輿論的企圖，是基於兩個因素：一方面，它們依賴抽樣技巧來顯示「意見」或「需求」的趨勢，亦即透露一種集體態度。另一方面，它們表現了那些操縱公眾輿論的偏見、投射和潛意識情結（主要是權力情結）。但是，統計學對個體並不公允。雖然一堆石塊的平均尺寸是5公分，但在這堆石頭中，我們能找到恰好是5公分的石塊其實寥寥無幾。

從一開始就很清楚，第二個因素不能創造出任何積極的東西。但如果一個單獨的個體專注於個體化的過程，他往往會對他周遭的人有一股積極的感染效果。恰如星星之火，可以燎原。這種情況的發生，通常是有一個人並無影響他人的意圖，且不動用言語的時候。這正是X小姐要盡力引導使夢者走上的內在途徑。

幾乎世界上所有的宗教體系，都包含著象徵個體化過程的形象，或至少有它某些階段的形象。在基督宗教國家，如前所述，「本我」是被投射在第二個亞當——耶穌身上，在東方國家，相對應的形象是克里希那和佛陀。(註59)

對於沉緬在宗教中的人們來說（即仍然堅信宗教的內容和教誨的人），其生活的心理調整受到宗教象徵的影響，甚至他們的夢也常縈繞著這些象徵。例如，一個信仰天主教的女士夢到：當已故的教皇庇尤斯（Pius）十二世宣佈聖母瑪麗亞升天（The Assumption of Mary）時，她自己是個天主教女祭司。她的潛意識似乎衍生出這樣的教義：「如果現在瑪麗亞還不是一個女神，那麼她就一定是個女祭司。」另外一個信仰天主教的女士，一直拒不接受天主教信念的外在側面和一些次要的信條，她夢到，她家鄉城內的教堂被摧毀重建了，不過裝著聖餅的禮盤和聖母瑪麗亞的塑像要從舊教堂中移到新教堂。這個夢告訴她，她的宗教信仰中一些人為側面需要更新，但其基本象徵卻會歷經此一變革而繼續存在，這些不變的象徵便是：正在變成人的上帝和正在變成偉大母親的聖母瑪麗亞。(註60)

四位一體與集體心理平衡

這些夢向我們展示，潛意識生動有趣地吸收了個體的宗教意識表象。這兒存在一個問題：在當代人所有關於宗教的夢境中，是否可能考察出一個整體的趨勢？無論是新教還是天主教，在我們現代基督宗教文化潛意識基礎的外顯表達中，榮格博士經常觀察到一種潛意識趨勢在起作用，這個作用以第四個因素的形式在上帝三位一體的模式周圍徘徊，這個第四因素是陰性的、黑暗的甚至邪惡的。實際上，這個第四因素一直在我們對宗教的表象中存在，但它被從上帝的形象中分離開來，而且變成祂的副本，存在於物質本身的形式中（或成為物質的主人——亦即魔鬼）。現在，潛意識想似乎想要重新把這些極端統合起來：明亮的，已變得過份光彩奪目；黑暗的，已變得過於漆黑黯淡。上帝的形象自然是宗教的主要的象徵，也是在潛意識邁向改變的趨勢中最明顯的指標。（註61）

西藏一個寺院的住持曾告訴榮格博士，西藏最負盛名的「曼陀羅」（Mandala）是憑想像建築起來的，或者說，是經由幻想指導而建築起來的。當群體的心理平衡受到擾亂，或者當一個獨特的想法難以表達時，那是因為神聖的教義中還沒有它，因此必須去尋找。這些談話，透露了曼陀羅象徵中兩個同等重要的基本向度。「曼陀羅」適用於一個保守的目的：亦即**整修先前的存在秩序**。但它也適用於**創新**的目的：為那些還不曾出現的、新的和獨特的事物**給出一定的形式及表達**。第二個向度也許比第一個更加重要，但並不與之相矛盾。因為，**在絕大多數情況下，舊秩序的恢復整修也包含某些創新的因素在內；在新的秩序中，舊的模式會提昇到更高的水平上**。這是一個螺旋上升的過程，朝著同一個方向且回歸且上升的持續過程。

一位生長在新教氛圍中的普通婦女，畫了一幅螺旋形的「曼陀羅」油畫。在一個夢中，這位婦女收到了畫一幅上帝肖像的命令，然後（也是在一個夢中），她在一本書中看到了這幅畫，但對上帝本人，她只是看到了他飄蕩的斗篷，斗布料的明暗搭配十分美妙，並與深藍色天空中螺旋形的穩定性形成鮮明的對比。由于受到斗篷和螺旋的吸引，這個做夢者沒有仔細注意到站在岩石上的另一個形象。當她醒來並思索這些神的形象究竟是誰時，她突然領悟，那就是「上帝本人」。這使她好長一段時間都感到一種可怕的震撼。

在基督宗教藝術中，聖靈通常用「火輪」或一隻鴿子來呈現；但在上面的夢中它卻以螺旋的形式出現。這是一個新想法，「教義中還不曾包含」，而是從潛意識自發出現的。當然，關於聖靈是促使我們的宗教對領悟進一步發展的力量，這種看法並非新觀念，但它的螺旋形象徵呈現卻頗有新意。

也是由於夢的靈感，這個婦女又畫了第二張畫，畫中顯示：當撒旦翅膀使耶路撒冷城籠罩在黑暗中時，做夢者與她正面的安尼瑪站在這座城市上空。撒旦的翅膀，使她猛烈想起第一幅畫中上帝的飄揚斗篷，但在先前的夢中，這位旁觀者高高地站天空某處，並在她面前觀看一處岩石間極漂亮的裂縫。上帝斗篷的飄蕩動作，是想要靠近站在右邊的基督，但沒成功。在第二幅畫裡，同樣的事情是由下面、由人類的角度來看待的。從更高的視角來看，正在移動和伸展的是上帝的一部分；上面是螺旋形，作為可能會進一步發展的象徵，高高聳起。但是，從我們人類現實的基點來看，同樣的事情在天空中看起來，卻是魔鬼那不可思議的、黑暗的翅膀。

在做夢者的生活中，這兩幅畫在某種程度上變得很真實，當然，在這裡對我們並無影響。不過，它們也顯然具有超過個人的集體意義。它們也許預示著神聖黑暗降臨到基督宗教世界，然而，這個黑暗指出了進一步發展的可能。由於螺旋的軸線沒有向上移動，而是陷入畫的背景之中，因此，進一步發展既不是到達更高的精神境界，也不是流落於物質世界中，而是朝向另一個方向，也許就是到這些神聖形象的背景中去。也就是說，到潛意識中去。

當宗教象徵與我們所知由個體潛意識中浮現出來的象徵有所不同時，我們會害怕，它們將會錯誤地改變或削弱正式被認可的宗教象徵。這種恐懼，甚至會引起許多人否認分析心理學和整個潛意識的存在。

被車門夾住的伏爾泰

如果我們從心理學觀點來看這種抗拒，我將不得不說，就宗教的關係範圍之內，人類可以分成三種類型。第一種是那些仍然堅信他們宗教教義的人。對他們來說，象徵和教義是如此令人滿意地深入心坎，以致在他們內心深深感到，重大的懷疑沒有機會偷偷潛入他們的內心。當意識的觀點和潛意識背景相互協調時，這種狀態便會發生。這類人能用毫無偏見的眼光來看待心理學的新發現和事實，並且也不需要擔心可能因而失去其信仰。即使他們的夢會帶給他們一些相對來說是非正統的細節，也會被他們跟自己的一般觀點融為一體。

第二種類型的人，包括那些完全失去信仰並以純意識的理性意見來取代其信仰的人。對這些人來說，分析心理學（即深層心理學）只不過意味著對心靈新發現領域的一般介紹，並且，當他們從事新的冒險活動和鑽研他們的夢，以檢驗其真實性時，並不會引起任何麻煩。

接著是第三種人。這一部分人中有些（大概是首腦人物）不再相信他們的宗教傳統，但他們卻仍然相信這個傳統的某一面。法國哲學家伏爾泰(Voltaire)就是這類人的例子。他以理性的論證（écrasez l'infâme），強烈攻擊天主教會。但根據某些報導，他在臨終前卻懇求臨終塗油禮。無論這種事是否真實可靠，他的頭腦絕對是非宗教的，然而，他的情感和情緒似乎仍舊寄情於宗教傳統。這類人令人想起一個被汽車自動門夾住的人，他既下不了車獲得自由空間，也沒辦法重新進入車裡。當然，這類人的夢也許能幫助他擺脫進退兩難的困境，但這類人往往不易轉向潛意識，因為他們自己都不知道自己在想什麼、需要什麼。歸根結底，慎重地運用潛意識，乃是個人勇氣與誠實的問題。

那些居於兩種心智狀態間無人地帶的人所處的複雜處境，部分原因，是由於所有正式的宗教教義，其實是屬於集體意識（弗洛依德稱之為「超我」(super-ego)）這個事實造成的；但在很久以前，它們也曾經從潛意識中萌發出來。許多宗教史家和神學家對此觀點提出質疑，他們寧願去假定曾有某種「啟示」(revelation)。多年來，我為了榮格學說中關於這個問題的假設尋找具體證據，但要找到證據卻非常困難，因為大多數宗教儀式都太古老了，以至於我們無法追溯其根源。不過，下面這個例子，似乎給我提供了一條非常重要的線索。剛死去不久的北美印地安蘇族人（Oglala Sioux）巫醫黑麋鹿（Black Elk），在他的自傳《黑麋鹿語錄》（*Black Elk Speaks*）中告訴我們：

在他九歲時，他患了重病。在他昏睡期間，他有了非常驚人的幻覺。他看見四群很漂亮的馬，從世界的四角奔馳而來。不久，他坐在雲層裡看見「六個祖先」──他的部落先人的精靈，他們是「全世界的祖先」。他們為了治療自己的族人，給了他六個象徵，並向他展示了新的生活方式。但是，當他十六歲時，他突然得了一種恐懼症，每當電閃雷鳴、風雨交加時，他就會非常恐懼。因為他聽到「雷神」向他喊道「快點！」這使他想起那些雷聲是他幻覺中奔馳而來的馬造成的。一個老巫醫向他解釋說，他之所以感到恐懼，乃是由於他獨佔了他的幻覺的緣故，並告誡他，必須把這些幻覺告訴他的族人。他這麼做了。不久，他和他的族人用真馬在一次祭儀中按幻象內容實際展演了一遍，不僅黑麋鹿本人，而且許多他的族人，都在這次展演後感到非常舒服，有些人的病甚至也就此痊癒了。黑麋鹿說：「跳了那次舞之後，似乎連馬都變得更健康和幸福了。」

（註62）

鷹節的起源：潛意識的結晶

由於那個部落不久就被毀滅了，因此，那祭儀沒有再舉行過。但在下面另一個例子裡，有種儀式仍然存在。居住在阿拉斯加柯爾威勒河（Colville River）附近的幾個愛斯基摩人部落，用以下的方式解釋他們的鷹節起源：

有個年輕獵人射死了一個非常稀有的鷹，這隻鷹的優美給他留下極為深刻的印象，因此他把牠製成標本，像神一樣供奉著。有一天，在這個獵人深入內陸去打獵時，突然遇到兩個半人半獸的信使，帶他到了鷹之國。在那裡，他聽到一陣深沈的鼓聲，信使解釋說這是那隻死鷹母親的心跳聲。接著，那隻鷹的精靈化為一個穿著黑衣的女人出現在獵人面前，請求他在他的族人中發起一個鷹節來紀念她死去的兒子。在那些鷹人教他如何去做以後，他突然發現自己精疲力盡了，而且不知怎麼又回到了碰到那兩個信使的地方。回到家裡，他教他的族人如何舉辦那偉大的鷹節，從此以後，他們一直誠心地舉辦這個節日。（註63）

從這些例子來看，我們可以了解到，祭儀或宗教風俗是如何由單一的個體直接從潛意識啟示的經驗中產生出來的。除了這種起源，生活在文化社群的人們，會發展他們各種不同的宗教活動，並對整個社會生活造成巨大的影響。經過長期的演化過程，原始素材不斷地被語言和行為塑造、再塑造，而且被美化，逐漸獲得特定的形式。不過，這個**結晶化過程**(crystallizing process)有一個很大的缺點。越來越多的人對這些原始經驗毫無親身見識，只能相信其長輩或老師所說的東西。他們根本不明白這些事情是真實的，當然，也就對一個人在此經驗期間是怎樣的感覺一無所知。(註64)

它們目前的形式已經失去了感染力，且陳舊不堪，這些宗教傳統常常依靠潛意識來抗拒更有創造性的改變。神學家們有時甚至為這些「標準的」(true)宗教象徵和象徵教義進行辯護，反對在潛意識心靈中發現宗教的作用，忘記了他們所鬥爭護持的價值，正應該歸功於潛意識宗教功能的發揮。如果沒有人類心靈神聖的啟示，並把它們表現於語言和藝術中，也就不會有任何宗教象徵能進入人類現實生活中來（我們只需想想預言家和福音傳教士就明白了。）

如果有人持反對意見，力主宗教本身有個本然實在，獨立於人類的心靈，那麼我只能用這個問題來回答這樣的人：「如果不靠人類的心靈，這些東西是誰說出來的？」不論我們主張什麼，我們絕不可能離開心靈而存在——因為我們被包含在心靈裡，而且，心靈是我們能把握現實唯一途徑。

因此，當代對潛意識的發現，為我們永遠關上了一扇門。它確切排除了那些被某些個體所中愛的虛幻觀念，以為人能夠了解精神實體本身(in itself)。在現代物理學中，海森堡（Heisenberg）的「**測不準原理**」（principle of indeterminacy）也關閉了一扇門，把我們以為能夠領會絕對物理實體的錯覺關在門外。然而，潛意識的發現，卻也在我們面前展開一個無限的、未曾探索的新認識領域，彌補了這些我們偏愛的幻覺的破滅，而且在這個新的領域裡，客觀的科學研究，以一種新奇獨特的方式，結合了個人倫理上的冒險。(註65)

但是，正如我在開始時所說的，在這個新的領域裡，實際上不可能透露出人類經驗的整體實現。因為有許多地方太獨特，並且語言只能做到有限的疏通。在這裡，又有一扇幻覺之門被關閉了：一個人能夠完全了解另一個人，並告訴他對他來說什麼是正確的。不過，人們能夠在新的經驗領域裡，通過「本我」的社會功能的發現，再一次找到補償，而「本我」用隱蔽的方式，聯結了本應相繫相屬的分離個體。

因此，理智的閒談被取代了，發生在心靈現實中有意義的事件才是重點。藉此，個體以我們上面一直在討論的方式慎重地進入個體化過程，走向全新、全然不同的生活方向。對科學家們來說，它也意味著對外在事實有一條嶄新而不同的科學探討路數。它在人類社會生活和人類知識領域會產生怎樣的作用，還難以預測。不過，就我個人來說，它似乎肯定了榮格關於個體化過程的發現是個事實，如果未來的世代不想停在原地打轉、甚至退縮觀望的話，他們就必須要認真考慮個體化過程這個事實。

註釋：

註1：關於夢的幽微婉曲模式的詳細討論，見《榮格全集》，卷VIII，頁23以下及頁237—300(特別是頁290)。這方面的案例，見《榮格全集》，卷XII，第一部。亦見Gerhard Adler, *Studies in Analytical Psychology*, London, 1948.

註2：榮格對於本我(Self)的討論，見《榮格全集》，卷IX，第二部，頁5以下、頁23以下，及卷XII，頁18，41註腳，頁174，193。

註3：納斯卡皮人的詳細情況，見Frank G. Speck, *Naskapi: The Savage Hunter of the Labrador Peninsula*, University of Oklahoma Press, 1935.

註4：心靈的圓滿性(wholeness)概念的討論，見《榮格全集》，卷XIV，頁117，卷IX，第二部，頁6，190，卷IX，第一部，頁275以下，頁290以下。

註5：櫟樹故事的譯文引自Richard Wilhelm, *Dschuang-Dsi; Das wahre Buch vom südlichen Blütendland*, Jena, 1923, pp.33-4.

註6：榮格處理以樹為個體化過程的象徵，見Der philosophische Baum, *Von den Wurzeln des Bewusstseins*, Zurich, 1954(尚未轉譯)。

註7：擺在石頭祭壇上對「土地神」獻祭，與古代的「場所精靈」(genius loci)有許多相應之處。見Henri

Maspero, *La Chine antique,* Paris, 1955, p.140f.(這個訊息由Ariane Rump小姐善意提供。)

註8：榮格對個體化過程的障礙說明，見《榮格全集》，卷XVII，頁179。

註9：關於兒童做夢的重要性，上述的簡短描述主要引自榮格的《兒童做夢的心理詮釋》*(Psychological Interpretation of Childrens Dreams)*(筆記與講演)，E. T. H. Zurich, 1938-9(只在私下流傳)。這個特別的案例來自一份未經翻譯的研討會成果*Psychologische Interpretation von Kinderträumen,* 1939-40, 頁76以下。亦見榮格的〈人格發展〉(The Development of Personality), 《榮格全集》，卷 XVII：Michael Fordham, *The Life of Childhood,* London, 1944 (特別是頁104)。Erich Neumann, *The Origins and History of Consciousness;* Frances Wickes, The Inner *World of Consciousness,* New York-London, 1927; Eleanor Bertine, *Human Relationships,* London, 1958

註10：榮格對心靈核心的討論見〈人格發展〉，《榮格全集》，卷XVII，頁175，及卷XIV，頁9以下。

註11：關於相應於生病國王這個主題的童話故事模式，見Joh. Bolte and G. Polivka, *Anmerkungen zu den Kinder- und Hausmärchen der Brüder Grimm,* vol. I, 1913-32, p.503 ff.亦即關於格林童話The Golden Bird的所有版本。

註12：榮格關於影子的進一步討論，見《榮格全集》，卷IX，第二部，第二章，及卷XII，頁29註腳。或榮格，《未發現的本我》*(The Undiscovered Self),* London, 1958, 頁 8—9.亦見 Frances Wickes, *The Inner World of Man,* New York-Toronto, 1938.影子明朗化的好例子，見G. Schmalz, *Komplexe Psychologie und Korperliches Symptom,* Stuttgart, 1955.

註13：埃及式的地府概念的例子，出現於 *The Tomb of Rameses VI,* Bollingen series XL, part 1 and 2,

Pantheon Book, 1954.

註14：榮格處理投射的問題，見《榮格全集》，卷VI, 定義，頁582；及《榮格全集》，卷VIII, 頁272以下。

註15：古蘭經的譯本是E. H. Palmer, Oxford University Press, 1949. 亦見榮格詮釋摩西和基達的故事，見《榮格全集》，卷IX, 頁135以下。

註16：印第安故事*Somadeva: Vetalapanchavimsati,* C. H. Tawney, Jaico-book, Bombay, 1956.亦見Henry Zimmer的優秀心理詮釋*The King and the Corpse,* Bollingen series IX, New York, Pantheon, 1948.

註17：關於禪師的參考資料，見*Der Ochs und sein Hirte* (Kōichi Tsujimura譯), Pfullingen, 1958, p.95.

註18：安尼瑪的進一步討論，見《榮格全集》，卷IX, 第二部，頁11—12, 及第三章；卷XVII, 頁198註腳；卷VIII,頁345；卷XI, 頁29—31，41註腳，476，等等；卷XII, 第一部。亦見Emma Jung, *Animus and Anima, Two Essays,* The Analytical Club of New York, 1957; Eleanor Bertine, *Human Relationships,* part 2; Esther Harding, *Psychic Energy,* New York, 1948散見全書及其他著作。

註19：關於愛斯基摩薩滿的討論，見Mircea Eliade, *Der Schamanismus,*Zurich, 1947, 特別是頁49以下。Knud Rasmussen, *Thulefahrt,*Frankfurt, 1926, 散見全書。

註20：西伯利亞獵人的故事，引自Rasmussen, *Die Gabe des Adlers,* Frankfurt a.M., 1926, p.172.

註21：關於「蛇蠍少女」(poison damsel)的討論，見W. Hertz, *Die Sage vom Giftmädchen,* Abh. Der k. bayr. Akad. der Wiss., 1 CI. XX Bd. 1 Abt. München, 1893.

註22：關於凶殘公主的討論，見Chr. Hahn, *Griechische und Albanesische Märchen,* vol. 1, München-Berlin, 1918, p.301: Der Jäger und der Spiegel der alles sieht.

註23‥由於安尼瑪投射所引發的「愛戀狂」(Love madness)，見Eleanor Bertine, *Human Relationships,* p.113以下亦見Dr. H. Strauss的精彩論文 Die Anima als Projections-erlebnis,未刊行手稿，Heidelberg, 1959.

註24‥榮格討論透過負面安尼瑪進行心靈整合的可能，見《榮格全集》，卷IX, 頁224 以下‥卷XI，頁164 ff.; 卷XII,頁25以下，110以下，128。

註25‥安尼瑪的四個階段，見《榮格全集》，卷XVI, 頁174。

註26‥Francesco Colonna的*Hypnerotomachia*已有 Linda Fierz-David 的詮釋，見 *Der Liebestraum des Poliphilo,* Zurich, 1947.

註27‥這段描述安尼瑪角色的引文，見 *Aurora Consurgens I,* E. A. Glover 譯(英譯正在進行), M.-L. von Franz德譯，收於榮格,《神秘合體》*(Mysterium Coniunctionis),* 卷三, 1958.

註28‥榮格討論騎士對淑女的崇拜，見《榮格全集》，卷 VI, 頁274, 290 以下，亦見 Emma Jung and M.-L. von Franz, *Die Graalslegende in psychologischer Sicht,* Zurich, 1960.

註29‥關於安尼姆斯現身為「神聖的堅信」(sacred conviction)，見榮格，《分析心理學二論》*(Two Essays in Analytical Psychology),* London, 1928, 頁127以下‥《榮格全集》，卷IX，第三章。亦見Emma Jung, *Animus and Anima,* 散見全書; Esther Harding, *Womans Mysteries,* New York, 1955; Eleanor Bertine, *Human Relationships,* p.128 ff.: Toni Wolff, *Studien zu C. G. Jungs Psychologie,* Zurich, 1959, p.257 ff.; Erich Neumann, *Zur Psychologie des Weiblichen,* Zurich, 1953.

註30‥這個吉普賽童話見 *Der Tod als Geliebter,* Zigeuner- Märchen. *Die Märchen der Weltliteratur,* ed. F. von der Leyen and P. zaunert, Jena, 1926, p.117以下。

註31：安尼姆斯做為有益的陽性特質提供者，榮格的處理見《榮格全集》，卷IX,頁182以下及《分析心理學二論》第四章。

註32：關於奧地利的黑暗王子童話，見Die schwarze Königstochter, Märchen aus dem Donaulande, *Die Märchen der Weltliteratur,* Jena, 1926, p.150以下。

註33：愛斯基摩的月亮精童話出自Von einer Frau die zur Spinne wurde, K. Rasmussen譯，*Die Gabe des Adlers,* p.121以下。

註34：關於本我的青年／老年人格化，見《榮格全集》，卷IX, 頁151以下。

註35：盤古開天的神話見Donald A. MacKenzie, *Myths of China and Japan,* London, p.260,及H. Maspéros *Le Taoisme,* Paris, 1950, p.109. 亦見J. J. M. de Groot, *Universismus,* Berlin, 1918, pp.130-31; H. Koestler, *Symbolik des Chinesischen Universismus,* Stuttgart, 1958, p.40; 榮格《神秘合體》*(Mysterium Coniunctionis),* 卷二，頁160—61。

註36：亞當做為宇宙人的討論，見August Wünsche, *Schöpfung und Sündenfall des ersten Menschen,* Leipzig, 1906, pp.8-9 and p.13; Hans Leisegang, *Die Gnosis, Leipzig,* Kronersche Taschenausgabe.關於心理學方面的詮釋，見榮格，《神秘合體》，卷二，第五章，頁140—99；及《榮格全集》，卷XII，頁346以下。中國的盤古、波斯的格優馬和亞當傳說之間，或許有歷史關聯，見Sven S. Hartmann, *Gayomart,* Uppsala, 1953, pp.46, 115.

註37：亞當做為源自棗椰樹的「超靈」(super-soul)概念，見E. S. Drower, *The Secret Adam, A Study of*

Nasoraean Gnosis, Oxford, 1960, pp.23,26,27,37.

註38：援引Meister Eckhart的文字，出自F. Pfeiffer, *Meister Eckhardt,* C. de B. Evans譯, London, 1924, vol. II, p.80.

註39：榮格討論宇宙人，見《榮格全集》，卷IX，第二部，頁36以下；〈約伯的答案〉(Answer to Job), 見《榮格全集》，卷XI，及《神秘合體》卷二，頁215以下。亦見Esther Harding, *Journey into Self,* London, 1965,散見全書。

註40：關於猶太秘教Adam Kadmon的討論，見Gershom Sholem, *Major Trends in Jewish Mysticism,* 1941; 及榮格，《神秘合體》卷二，頁182以下。

註41：關於神聖婚配象徵的討論，見《榮格全集》，卷XVI，頁313，及《神秘合體》卷一，頁143，179；卷二，頁86，90，140，285。亦見柏拉圖，《饗宴》(*Symposium*)，以及諾斯蒂教的神人、人類形象。

註42：石頭做為本我的象徵，見榮格，*Von den Wurzeln des Bewusstseins,* Zurich, 1954, 頁200以下、415以下、449以下(尚未翻譯)。

註43：個體化的動力究竟在哪裡被有意識地實現出來，見《榮格全集》，卷XII，散見全書，*Von den Wurzeln des Bewusstseins,* 頁200以下，《榮格全集》，卷IX，第二部，頁139以下，236，247以下，268；《榮格全集》，卷XVI，頁164以下；亦見《榮格全集》，卷VIII，頁253以下，及Toni Wolff, *Studien zu C. G. Jungs Psychologie,* p.43;基本上，亦可見亦《神秘合體》卷二，頁318以下。

註44：關於「積極想像」(active imagination)的進一步討論，見〈超越功能〉(The Transcendent Function), 見《榮格全集》，卷VIII。

註45：動物學者Adolf Portmann關於動物「內在面」的描述，見*Das Tier als soziales Wesen*, Zurich, 1953, p.336.

註46：古日耳曼關於墓碑的想法，見Paul Herrmann, *Das altgermanische Priester-wesen*, Jena, 1929, p.52;及榮格，*Von den Wurzeln des Bewusstseins*, 頁198以下。

註47：莫瑞諾斯對哲人石的描述，引自《榮格全集》，卷XII，頁300，註45。

註48：在煉金術的格律中，尋找哲人石必須要經歷那種痛苦：可比較《榮格全集》，卷XII，頁280以下。

註49：榮格討論心靈與物質的關係，見《分析心理學二論》，頁142—46。

註50：榮格對同步性的完整解釋，見〈同步性：非因果的關聯原理〉(Synchronicity: An Acausal Connecting Principle)，《榮格全集》，卷VIII，頁419以下。

註51：榮格對轉向東方宗教以便接觸潛意識的論點，見〈關於曼陀羅象徵〉(Concerning Mandala Symbolism)，《榮格全集》，卷IX，第一部，頁335以下，及卷XII，頁212以下。(關於後書，亦見頁19，42，91以下，101，119以下，159，162。)

註52：引文出自中文的*Lu K'uan Yü*, Charles Luk, Ch'an and Zen Teaching, London, p.27.

註53：巴斯巴德格的傳說出自*Märchen aus Iran, Die Märchen der Weltliteratur*, Jena, 1959, p.150以下。

註54：榮格討論成為「統計學數字」的現代感受，見《未發現的本我》，頁14，109。

註55：主體層次上的夢的詮釋，見《榮格全集》，卷VIII，頁226，及卷XVI，頁243。

註56：人類會本能地與周遭環境相調適，這方面的討論見A. Portmann,*Das Tier als soziales Wesen*, p.65以下各處。亦見N. Tinbergen, *A Study of Instinct*, Oxford, 1955, pp.151以下、207以下。

註57：關於大眾潛意識的討論，見El. E. E. Hartley, *Fundamentals of Social Psychology*, New York, 1952.亦見Th. Janwitz and R. Schulze, *Neue Richtungen in der Massenkommunikationforschung*,Rundfunk und Fernsehen, 1960, pp.7,8各處。同上書，pp.1-20,及*Unterschwellige Kommunikation*, 上揭書，1960, 3／4冊, p.283, 306.(這個訊息由René Malamoud善意提供。)

註58：自由(或創作有用之物)的價值，榮格在《未發現的本我》，頁9中有加以強調。

註59：象徵個體化過程的宗教人物，見《榮格全集》，卷XI，頁273各處，及上揭書第二部，頁164以下。

註60：榮格討論現代人夢中的宗教象徵，見《榮格全集》，卷XII，頁92。亦見上揭書，頁28，169以下，207及他處。

註61：三位一體外加第四元素的討論，見《神秘合體》卷二，頁112以下、117以下、123以下(尚未翻譯)，及《榮格全集》，卷VIII，頁136以下及160—62。

註62：黑麋鹿的靈視引自*Black Elk Speaks*, ed. John G. Neihardt, New York, 1932.德文版*Schwarzer Hirsch: Ich rufe mein Volk*, Olten, 1955.

註63：愛斯基摩鷹節的故事，引自Kund Rasmussen, *Die Gabe des Adlers*, pp.23以下, pp.29以下。

註64：榮格討論原初神話材料的重塑，見《榮格全集》，卷XI，頁20以下，及卷XII，導論。

註65：物理學家W. Pauli對現代科學發現效應的描述，做法頗類似Heisenberg, *Die Philosophische Bedeutung der Idee der Komplementarität*, Experientia, vol. VI／2, p.72以下；及Wahrscheinlichkeit und Physik, Dialectica, vol. VIII／2, 1954, p.117.

MAN
AND HIS
SYMBOLS

〈第四章〉

視覺藝術中的象徵主義

Symbolism in the Visual Arts

作者：
阿妮拉・賈菲(Aniela Jaffé)

神聖的象徵——石頭與動物

象徵主義的發展史顯示，每件事都肯定具有象徵意義：自然界的對象（如石頭、植物、動物、人、山脈、峽谷、太陽、月亮、風、水和火等），人造的東西（如房屋、船、汽車等），甚至抽象的形式（如數字、三角形、正方形和圓形等），事實上，整個宇宙就是一個潛在的象徵。

人類運用其製造象徵的嗜好，潛意識地把對象或形式改變為象徵（從而賦予它們巨大的心理價值），並以宗教和視覺藝術的形式表現出來。回顧史前時代，由宗教與藝術交織出來的歷史，無非就是我們祖先留下的象徵記錄，這些象徵對他們來說，既有深遠的意味，又令人感動，甚至到今天的現代繪畫和雕刻，仍然向我們顯示，宗教和藝術的相互影響依舊鮮活有力。

在研究視覺藝術中象徵主義的開始，我準備檢視一些對人類來說一直普遍存在的神聖或神秘的特殊主題。然後，在其餘各節，我想討論一下二十世紀藝術的現象，不是針對現代藝術對象徵的運用，而是討論現代藝術本身的象徵意義，這些作品其實是對現代世界心理狀態的象徵表達。

接下來，我選擇了三個反覆出現的主題，用它們來彰顯在許多不同時期的藝術中，象徵主義如何出現、又具有什麼特性。這三個象徵主題就是**石頭**、**動物**和**圓圈**。從人類意識的最古老表達，到二十世紀藝術最複雜的形式中，這三個象徵主題都有歷久彌新的心理意義。

我們知道，即使是未經雕琢的石頭，對古代和原始社會來說也有很高的象徵意義。粗礪、天然的石頭，常常被認為是精靈或眾神的寓所，並運用在原始文化中做為墳墓、界碑或宗教崇拜的對象，它們的運用，可以視為是雕刻的原始形式——人類開始想賦予石頭以更多的表現力，而不再靠機遇和自然。

《聖經》〈舊約〉中雅各做夢的故事，就是一個典型的例子。這個例子說明幾千年前，人類如何感受到活生生的神或聖靈具體化現在石頭上，而石頭又如何變成象徵：

> 雅各……向哈朗走去。因為太陽下山了，他來到一個地方，點起了燈，在那兒找到了一些石頭做枕頭，睡了一晚上。他夢見一具梯子矗立在地上，上端直達天堂，他看到上帝的天使在梯子上上下下，還看見耶穌站在梯子上方說，我是你的父親亞伯拉罕的上帝，也是以撒的上帝，我要將你現在所臥之地，賜給你

和你的後裔。

雅各睡醒了，他說，耶穌確實在這裡，我竟然不知道。他覺得有些害怕，說，這地方真可怕！這地方不是別處，而是上帝的居室，天堂的大門。雅各早晨起來後，把他所枕的石頭堆成柱子，把油澆在柱子頂端，並給那個地方起名叫聖堂（Bethel）。」

對雅各來說，那些石頭構成一個完整啟示的一部分，是他與上帝之間的中介者。在許多原始的聖石殿中，神不是單單以一塊石頭為代表，而是由許多天然的大石頭排列成獨特的模式（法國布列塔尼的幾何排列石塊和英國史前巨石柱群就是著名的例子）。在佛教禪宗的假山花園中，天然石塊的排列也具有相當重要的份量，它們的排列法不是幾何式的，而似乎純粹出自偶然的機緣。然而，它其實是最精煉的靈性表現。

從遙遠的古代開始，人類就開始把岩石改造成可以認識的形式，以竭力表達他們感覺到的岩石靈魂或精靈。在許多情況下，這種形式或多或少有些確切屬於人類的形象——例如，刻有粗糙的臉部輪廓的史前粗石巨柱；或者從古希臘路標發展出來，有漢密斯頭像的方形界碑；或者許多刻有人類表徵的原始石偶像。石頭的靈氣生動，必須解釋為多多少少是**潛意識投射到石頭之中**的獨特內容。

給出人類形象的簡潔暗示，保留石頭大體上的自然形式，這種原始傾向，也可以在現代雕塑中找到。許多例子顯示，藝術家們重視石頭的「自身表現」，用神話的語言來說，就是允許石頭「為自己說話」。這一點可以從諸如瑞士雕塑家漢斯・艾斯巴赫（Hans Aeschbacher）、美國雕塑家詹姆斯・羅薩蒂（James Rosati）、德裔藝術家馬克斯・恩斯特（Max Ernst）的作品中看到。一九三五年，恩斯特在一封寄自馬羅加（Maloja）的信中寫道：「愛爾伯多（瑞士藝術家賈克梅蒂Alberto Giacometti）和我為一些雕塑品而苦惱。我們不斷在費諾冰河（Forno glacier）的冰磧石堆中研究大大小小的花崗岩礫石。這些石頭經過長時間霜雪侵蝕和風風雨雨的切磋琢磨，變得妙不可言。沒有任何人類的雙手能如此巧奪天工。那麼，我們為什麼不把挖鑿的工作留給自然，而專注於它們形體上所顯現的神秘記號，藉以解開我們自身的奧秘呢？」（註1）

恩斯特沒有解釋「奧秘」究竟指什麼。但我將在本章稍後詳加說明，當代藝術家所謂的「奧秘」，跟那些了解「石頭靈」的古代大師所知道的「奧秘」相差無幾。

在許多雕塑作品中，「靈」（spirit）這個重點是宗教與藝術之間經常變動、無以名狀的一個界限象徵。有時候，藝術與宗教是不能截然二分的。在其他象徵主題中，也可以看到同樣的矛盾心理，例如，古代藝術作品中的動物象徵。

動物影像的靈力

動物圖畫可以追溯到冰河期（即西元前六萬年至前一萬年）。這些畫是在上世紀末，在法國和西班牙的一些洞穴牆壁上發現的，但直到本世紀初，考古學家們才開始認識到它們的極端重要性，探究它們的意義。這些探究揭露了一種極其古遠的史前文化，這種文化的存在是不可置疑的。

即使到了今天，在擁有岩石雕刻和繪畫的洞穴裡，奇特的魔咒仍然存在，根據德國藝術史家赫爾伯特・庫恩（Herbert Kühn）的考察，發現這類繪畫的非洲、西班牙、法國和斯堪地那維亞等地的居民，無論如何也不肯接近那些洞穴。也許是一種宗教敬畏，或者是對附著在岩石和繪畫上的精靈的恐懼，使他們裹足不前。在北非，游牧民族仍然在古老的岩石繪畫前獻上祈願的祭品。十五世紀時，克利格特斯教皇二世（Pope Calixtus II）禁止在「有馬匹畫像的洞穴」內舉行宗教儀式。教皇所指的究竟是哪個洞穴，我們不得而知，但毫無疑問，那是一個有動物繪畫的冰河期洞穴。所有這些都證明，那些有動物繪畫的洞穴和岩石，在直覺上一直被認為原本是宗教活動的處所，而那個地方的守護神（numen）世世代代都存在。

在許多洞穴裡，現代遊客必須經過低矮、陰暗、潮濕的通道，才能走到一個豁然開朗的壁畫「房間」。這條緊峭曲折的路徑，也許表示原始人想要保護洞中的所有景物，也想保護它們的神秘性，使之長存下去。在走過這段艱難而令人敬畏的路徑之後，房間中豁然朗現了出人意表的繪畫，這一定會讓那些原始人留下難以磨滅的印象。

舊石器時代的洞穴壁畫，幾乎囊括了所有的動物形象，原始人對牠們的動作和姿勢觀察入微，並以偉大的藝術手法描繪出來。然而，許多細節顯示，這些圖象企圖表現的不只是一板一眼的複製自然。庫恩寫道：「奇怪的是，許多原始繪畫曾被當作靶子使用。在孟特斯潘(Montespan)，有一個掉入陷阱的馬的浮雕，牠身上有許多投射物造成的凹痕。在同一個洞穴裡，一隻用粘土做的熊模型身上，有四十二個洞。」(註2)

這些繪畫暗示了某種「狩獵巫術」(hunting-magic)，今日的非洲狩獵部落仍在沿用著這種巫術。圖繪的動物有「雙重」作用，獵人們企圖藉這種象徵性殺戮，期許和保證打死真正的動物。這種交感巫術是基於一幅畫中呈現出來的雙重「現實」：**圖畫中發生的事，預示了未來將發生的事**。潛在的心理事實是，在生物和其影象之間，有一個強烈的認同作用(identification)，影像(image)被認為是生物的靈魂(這正是為什麼至今仍有許多原始人害怕照相的原因之一)。

其他洞穴壁畫必定是在豐年祭儀式中發揮作用的。它們展現了動物正在交配的瞬間，法國歐第柏洞穴(Tuc d'Audubert)中的雌雄野牛，便是一個很好的例子。因此，寫實動物的繪畫，由於巫術的寓意及其所呈現的象徵意義而更加豐富，它變成了動物的本質形象，生氣淋漓。

洞穴壁畫中最有趣的形象，莫過於那些扮成動物的「半人類」(semihuman)，有時可以在畫中動物的身旁看到他們。在法國三兄弟洞穴 (Trois Frère) 裡，一個披著獸皮的男人，正在吹奏一支原始的橫笛，彷彿是在向動物施咒。同一個洞穴裡，有一個馬頭、鹿角、熊爪的人在跳舞，這個形象號令著數百種動物，無疑是「百獸之王」(Lord of the Animals)。

今天，非洲一些原始部落的風俗習慣，為我們提供了線索，讓我們得以了解這些神秘、無可懷疑的象徵形象的意義。在這些部落的成年禮儀、秘密會社，甚至君主政體中，動物和動物裝扮常常居於極為重要的角色。國王和酋長也是動物，通常是獅子或豹。這種風俗的遺跡，仍然可以從衣索比亞末代國王、猶太之獅 (Haile Selassie) 及馬拉威之獅 (Dr. Hastings Banda) 的榮譽稱號中找到。

我們進一步回溯歷史，或許越原始、越接近自然的社會，就越傾向於採用這種動物稱號。原始酋長不僅裝扮成動物，當他全身都裝扮成動物形象出現在成年禮儀中時，他就是那種動物。不僅如此，他還是一個動物精靈，一個執行「割禮」的可怕魔鬼。在這種時刻，他體現了部落與氏族的祖先，他本人是最原初的神祇。他既展現「圖騰」的動物，同時也就是這隻「圖騰」動物。因此，我們把那個在三兄弟洞穴壁畫中跳舞的「動物人」(animal-man) 看成是個酋長，正透過其扮演而化身為動物精靈。這樣看應該不會太離譜罷。

扮演動物精靈

隨著時間的流逝，許多地方都以動物或魔鬼面具(mask)來代替全身裝扮動物。在這些面具上，原始人充分發揮了他們的藝術技巧，因而這些面具在表現強度和表現力上至今依舊生猛有力，往往受到如同對神或魔一樣的崇拜。許多現代國家的民間藝術中，動物面具都扮演了很重要的角色，例如在現代日本，依然在展演的古日本能劇極富表現性的面具。面具的象徵作用與原始的動物裝扮是一樣的，人類個體的表情被掩蔽了，取而代之的是，配戴者所認同之動物精靈的尊貴和美麗(同時也很嚇人的表情)。**從心理學的角度來說，面具使戴面具的人轉化成原型形象**(archetypal image)。(註3)

本來，舞蹈只是藉著適當的動作和姿勢以完成動物的裝扮，同時很可能是對成年禮儀或其他祭儀的補充，也就是說，以扮演精靈來表示對精靈的尊崇。在歐第柏洞穴裡的柔軟黏土中，庫恩發現動物形象周圍有不少腳印。這些腳印顯示，即使是在冰河期，舞蹈都是祭儀的一部分。「只能看到腳跟的痕跡」，庫恩寫道，「跳舞者的動作像野牛一樣，他們為了豐收和獵獲更多野獸而大跳野牛舞。」

榮格博士已經在本書第一章指出，土著居民與其「圖騰」動物或「叢林魂」之間有密切的關係，甚至是認同。為了建立這種關係，有一些特別的儀式，尤其是男孩的成年禮。男孩被他的「動物魂」所迷住，同時進行「割禮」來犧牲他的「動物性」。通過這個雙重過程，他被認可為「圖騰」氏族的成員，並建立與「圖騰」動物間的關係。更重要的是，他變成一個男子漢，（從更寬泛的意義說來）變成了一個真正的人。

非洲東海岸的人說，沒行過「割禮」的人只能算是「動物」。他們既沒有接收到動物魂，也沒有犧牲他們的「動物性」。也就是說，對於一個未行「割禮」的男孩，他靈魂中的人性和「獸性」都沒有浮出意識層面，他的「獸性」仍佔有主導地位。

動物主題通常象徵著人類原始本能的特質。即使是文明人，也必須認識到自己本能驅力的暴力性，以及在面對潛意識迸發出那些難以駕馭的情緒時，他們本身其實無能為力。這種情況對原始人來說更為突顯，他們的意識還沒有得到高度發展，很難有辦法好好度過自己情緒上的狂風暴雨。在本書的第一章，榮格博士討論人類發展其反思能力的過程時，曾以一個非洲人盛怒之下殺死了自己最鍾愛的小兒子一事為例，當那個人從怒火中清醒過來時，不禁悲慟欲絕，十分懊悔自己的所作所為。在這個例子中，負面的衝動如脫韁野馬，無視於意識的意願，造成致命的後果。動物魂正是這種衝動最有表現力的象徵，牠的生動具體形象，能使人與牠建立一種關係，以展現其本身壓倒一切的力量。原始人害怕牠，因此企圖以犧牲和祭儀來安撫牠。

有一大堆神話都跟原初動物有關，這種動物必須為了豐饒或創造而犧牲。波斯太陽神密特拉斯（Mithras）就是一個例子，以一頭公牛做為犧牲，獻祭給祂，由此產生了地球及其全部財富和果實。在基督宗教的傳說中，聖喬治（St. George）殺死蛟龍一事，也呈現了原始的獻祭殺牲儀式。

實際上，在每個民族的宗教和宗教藝術中，會把動物的屬性歸給至上的諸神，或以動物來象徵諸神。古巴比倫人把他們在天上的諸神變成地上的牡羊、公牛、蟹子、獅子、蝎子和魚等等動物形象——即黃道十二宮。埃及人把女神海瑟（Hathor）描繪為牛頭人身，亞蒙神（Amon）是羊頭人身，托特神（Thoth）則是鷺頭人身，或者是一隻狒狒的形象。印度的幸運之神加那沙（Ganesha）是人身象頭，毗濕奴（Vishnu）是一頭野豬，而哈努曼（Hanuman）則是猿神，諸如此類，不勝枚舉。（順帶一提，印度人並不認為人類是萬物之靈，在存在的階層中，大象和獅子的地位比人還高。）（註4）

希臘神話充滿了動物象徵。眾神之父宙斯（Zeus），常常以天鵝、公牛或鷹的形象接近他所欲染指的女孩。在德國神話中，貓被獻給女神芙瑞雅（Freya），而野豬、大烏鴉和馬則獻給沃頓（Wotan）。

即使在基督宗教中，動物象徵也扮演著重要的角色。三位福音傳道者都有動物象徵：聖路加是公牛，聖馬可是獅子，而聖約翰是鷹。只有聖馬太被呈現為人或天使。基督本人則以上帝的羔羊或魚的象徵形象出現，同時，祂也是昂揚於十字架上的大蛇、獅子，以及較少見的獨角獸。（註5）基督的這些動物象徵顯示，即使是上帝之子（人類最高化身），有那麼高層次的精神本性，卻仍然免不了原有的動物本性。感覺上，這種特種人（subhuman) 和超人 (superhuman)，只能屬於神的領域。人類這兩個方面的關係，在描繪基督出生的聖誕圖中，在一群動物的畜舍裡，得到了十分美妙的象徵。

充斥在古往今來宗教和藝術中難以勝數的動物象徵，不只強調了象徵符號的重要性，而且顯示了把象徵的心靈內容——本能 (instinct) 融合到人類的生活裡是多麼的重要。就象徵本身來說，動物既非善也非惡，牠只是自然界的一份子，牠不能渴求任何不屬於其本性的東西，換句話說，牠依靠本能而行。對我們來說，這些本能似乎經常是神秘的，但它們與人類生活並行不悖：人性的基礎是本能。

不過對人類來說，如果「動物性」(它以人類本能心靈的方式活在人的內心裡) 沒有被承認並融合到生活中，也許會變得很危險。人類是唯一能用自己的意志力量控制本能的生靈，但他也能壓抑、扭曲和傷害本能，用隱喻的方法來說，當一隻野獸受傷時，你絕對料想不到牠會瘋狂和危險到什麼程度，被壓抑的本能不僅可能控制人，還可能毀滅人。

做夢者被一隻動物追趕，這種熟悉的夢境主題幾乎都在暗示，他有某種本能已從意識分離出來，需要去 (或正在試圖) 重新接納它，並把它融合到生活中。夢中動物的行為越危險，做夢者原始本能的靈魂就越是潛意識的，而如果我們想預先阻止一些不可饒恕的罪惡，將原始本能的靈魂融合到生活中去就更屬絕對必要。

被壓抑和受傷的本能，深深威脅著文明人，尚未馴服的本能，則深深威脅著原始人。

在兩種情形下，「動物」的真實本性如何已經不是重點，對這兩者來說，能夠接納自己的動物魂，才會有圓滿而充實的人生。原始人必須馴服其心靈中的「動物」，使之成為能幫助他的伙伴；文明人也必須治癒其心中的「動物」，使之成為他的朋友。

本書的其他作者，已經從夢和神話的角度討論了石頭和動物主題的重要性。在這裡，我只把它們用來當做一般性的例子，用以顯示藝術史（尤其是宗教藝術）上那些活生生的象徵是如何出現的。現在，我們用同樣的方法，來探討一個最強有力、最普遍的象徵：圓。

圓的象徵

弗蘭茲博士已經解釋了圓（或球狀體）乃是「本我」（Self）的象徵，它從各方面表現了心靈的整體性（totality），涵融了人類和整個自然界的關係。不論圓的象徵出現在原始人的太陽崇拜還是現代宗教裡、在神話還是在夢裡、在西藏僧侶繪製的曼陀羅還是在城市平面圖裡，或者是在早期天文學家的天體概念裡，**圓的象徵都指向生命最重要的一個向度——生命的終極圓滿**（ultimate wholeness）。

一個印度的創世神話，敘述婆羅門神（Brahma）站在一個巨大的千瓣蓮花上，轉動眼睛，掃視周身的四個角落。從蓮花的圓座上向四方做的這項觀察，乃是一項初步的定位工作，在開始祂的創造世界工作前，祂必須先確認自己的位置。（註6）

佛陀也有類似的故事。在祂出生之際，有朵蓮花自地上升起，祂步入蓮花之中，環視宇宙十方（此時，蓮花射出八道光芒，佛陀也上下環視，構成十個方向）。這個環視的象徵姿態，是一種最簡明的方法，顯示佛陀從祂出生的那一剎那開始，就是個獨一無二

的人物，注定要接受天啟，祂的人格和未來的生存都被賦予了圓滿的特徵。（註7）

婆羅門和佛陀所展現的空間方向，可以視為人類需要心靈定向的象徵。在榮格博士寫的那一章（第一章夢的象徵原型那一節），他描述了**意識的四種功能——思想**(thought)、**感受**(feeling)、**直覺**(intuition)和**感覺**(sensation)，讓人類有能力感應從內在和外在世界獲得的印象。憑著這四種功能，他才能領會和吸收他的經驗，也正是憑著這四種功能，他才能有所反應。婆羅門對宇宙四方的觀察，象徵人類必須做到對這四種功能的必要綜合。（在藝術中，圓往往有八道光芒，這表示意識的四種功能相互重疊，因而進一步產生了四種中介性的功能——例如，沾染了情感或直覺的思想，或趨向感覺的情感。）（註8）

在印度和遠東的視覺藝術中，四道或八道光芒的圓，是宗教形象的普遍模式，供做觀想的資具。尤其是西藏喇嘛教中，多采多姿的曼陀羅圖案，扮演著重要的角色。一般來說，**這些曼陀羅呈現的是宇宙與神聖力量間的聯繫**。（註9）

不過，絕大多數東方的觀想形象純粹是幾何圖案，它們被稱為護符（yantras,或音譯為「楊特羅」）。除了圓形以外，兩個互相交叉的三角形也是非常普通的護符主題，這兩個三角形一個頂點向上，另一個頂點向下。按照傳統，這種形狀象徵濕婆神（Shiva）和剎克蒂神（Shakti）陰陽神性的結合，這

※護符（yantra，或音譯為楊特羅）是曼陀螺的一種形式，由九個重疊的三角形構成。曼陀羅象徵著圓滿，通常和神話或傳說中的超凡存在有所聯繫。

種結合是無數變化多端的雕刻所表現的主題之一。從心理象徵的角度來說，它還表示了對立面的結合：自我的個人短暫世界與非自我、非個人永恆世界間的結合。從根本上來說，這個結合圓滿實現了所有宗教的最終目的：靈魂與上帝的結合。兩個相互交叉的三角形，在象徵意義上與更普遍的圓形曼陀羅相似，它們代表心靈或本我的圓滿狀態，在這個圓滿狀態中，意識與潛意識的作用已互攝互融。

在三角形護符和雕刻所呈現的濕婆神與剎克蒂神的結合中，強調的重點在於對立面之間的緊張關係，因此，它們經常顯現了愛慾的、情緒波動的特徵。這個動態的特質暗示了圓滿的創造或化現過程，而四道或八道光芒的圓形則代表圓滿本身，即圓滿本身化現成的存在實體。

在禪畫中也有抽象的圓。在談到由著名的禪師仙厓義梵(1750-1837)所創作名為《圓》(*The-Circle*) 的畫時，另一位禪師說：「在禪宗一派，圓代表啟蒙、了悟，象徵人類的完美成熟。」

抽象的曼陀羅也出現在歐洲基督宗教的藝術中。最顯著的例子就是教堂的花瓣圖紋圓窗 (rose window)，它們呈現了轉換成宇宙平面的人類「本我」(但丁曾在一次天啟中，看見耀眼的白玫瑰形宇宙曼陀羅)。我們也可以把宗教繪畫中基督和聖徒頭上的光環視為曼陀羅，在許多實例中，只有基督的光環被分為四部份，意味深長地暗喻著祂做為人子和被釘死在十字架上的痛苦，同時，也象徵了祂**經過精細分化的圓滿狀態**。在早期羅馬式教堂的牆上，有時可以看到一些抽象的圓形圖畫，它們可以溯及異教的源頭。

光環、太陽輪、建城平面圖

在非基督宗教藝術中，這些圓被稱為「太陽輪」。它們出現在車輪發明前新石器時代的岩石雕刻上。誠如榮格曾指出的，「太陽輪」一詞只表示了這種形象的外在方面。不管在什麼時候，真正重要的是圓形經驗、內在形象，石器時代的人類，把這些經驗忠實地表現在它們描繪的公牛、瞪羚或野馬等藝術中。

在基督宗教藝術中，可以發現許多繪畫式的曼陀羅，例如，有一幅非常罕見的畫，聖母瑪莉亞在一圈燃燒的樹叢中間，這一圈樹正是燃燒叢林的上帝象徵（God-symbol）。(註10)基督宗教藝術中最廣泛流行的曼陀羅，是四位福音傳道者圍著基督的形象，它們可以追溯到古埃及藝術作品：太陽神賀拉斯和他的四個兒子。

在建築上，曼陀羅也扮演著重要的角色，但它的角色往往被人們忽視。曼陀羅形成了幾乎所有文明社會中世俗和神聖建築的平面圖，而構成古典、中世紀甚至現代都市計畫的一部份。(註11)古典的例子，在普魯塔克（Plutarch）的羅馬建城報告中可以看到。根據他的記載，羅繆勒斯（Romulus）從埃楚利亞國（Etruria）請來了建築師，這些建築師指示他，要按所有可以蒐集到的儀式中的神聖習俗和成文規定，跟「在秘教中」一樣，來進行設計。首先，他們挖掘了一個圓坑，後來，那裡蓋起了現在還存在的公民會議廳(Comitium)，或稱議事廳(Court of Assembly)，並把大地的果實象徵性地投到坑裡祭獻。然後，每個人從他的家鄉帶一小塊土，一起扔到坑裡，這個坑被命名為門都司(mundus，也意指宇宙)。環繞著這個坑，羅繆勒斯用一頭公牛和一頭母牛拉的犁，畫出一塊圓形的城市界限，畫到設計上有門的地方，犁刀就卸下來，讓犁杖空畫過去。(註12)

這座以神聖而莊嚴儀式建築起來的城市是圓形的，不過，在古老而著名描述中，卻說羅馬是方形的城市(urbs quadrata)。根據一種試圖調和這種矛盾的說法，我們必須首先明白「方形」這個字意指「由四部份組成」(quadripartite)，也就是說，這座圓形城市被南北向與東西向的兩條主要幹線分成四部份，其交叉點恰好在普魯塔克所說的「門都司」這個坑上。(註13)

另一種說法認為，這種矛盾只能被理解為一個象徵，只能看做是畫出「方形的圓」這個數學無解題的形象呈現，這個問題曾使希臘人百思不解，而且在煉金術中也佔有極重要的地位。奇怪的是，在羅繆勒斯敘述其羅馬建城儀式以前，普魯塔克也說羅馬城是「方形」(Roma quadrata)的，對他來說，羅馬城同時是圓形和方形的。(註14)

上述說法都涉及了標準的曼陀羅，這使人聯想到普魯塔克所說的，由埃楚利亞人按照「秘教中的做法」，依秘教儀式指導羅馬城的建築。曼陀羅不僅僅是一種外在的形式，通過曼陀羅建城平面圖，這座城市及其居民都從純世俗的領域中被提昇起來了。而這座城市有「門都司」這個中心的事實，更進一步彰顯了這座城市的脫俗，因為門都司建立了這座城市與「他者」領域——即祖靈棲地的關聯。（「門都司」被一塊稱為「靈魂石」的巨石所覆蓋。據說，這塊巨石在某些時候曾經被打開，於是死人的靈魂從底下的圓坑中跑了出來。）

許多中世紀城市的建立，依據的都是曼陀羅式的建城平面圖，而且都有接近圓形的外牆環繞。這些城市跟羅馬城一樣，也是被兩條主要幹道分成「四區」，通向四個大門，教堂或大禮拜堂聳立在這兩條主要幹道的交叉點上。中世紀城市及其四等分的靈感是來自於聖城耶路撒冷（見《聖經‧啟示錄》），它有一個正方形的建城平面圖和大牆，四個方向每面三個門，共十二個門。不過，耶路撒冷的中心點沒有聖殿，因為上帝現身之處，就是城市的中心。（曼陀羅式的城市規劃平面圖是不會過時的，現代的例子就是華盛頓特區。）（註15）

無論其地基是古典的還是原始的，曼陀羅式的建城平面圖向來不受美學或經濟學觀念的支配，它把城市變成其它世界的中心，化為一個有秩序的小宇宙、一個神聖的地域。這種轉化，符應了宗教人的根本感情和需要。

不論神聖或世俗，每幢有曼陀羅建築平面圖的建築物，都是把存在於人類潛意識內部的原型形象投射到外部世界。城市、堡壘、廟宇都變成心靈圓滿狀態的象徵，並且對進入或居住在這些地方的人造成特殊的影響。（我們已毋需強調，即使從建築學角度看，心靈內容的投射也純粹是潛意識過程。榮格博士曾寫道：「這類事情無法加以思議。不過，如果要想讓它們表現意識的最深層頓悟和精神上最高境界的直覺，就必須把它們從被遺忘的深淵中重新拔升起來，以便讓當代意識的獨特性與過去的古老人性融於一爐。」(註16)

從希臘十字架到拉丁十字架

基督宗教藝術的核心象徵並不是曼陀羅，而是十字架或釘在十字架上的耶穌像。直到凱洛琳王朝時期(Carolingian times)，等邊的或希臘式的十字架都還是普遍的形式，因此，曼陀羅的涵義仍然是間接的。(註17)但是，隨著時間的發展，十字架的重心逐漸上移，直到形成現在流行直長橫短的拉丁形式。這個發展很重要，因為，它與中世紀盛期基督宗教的內在發展並行不悖。簡言之，這象徵了對人類重心及其信仰的移動趨向，從塵世向上「提升」到精神領域。這個趨向源於實踐基督訓示的想望，基督說：「我的王國不在這個塵世上。」所以，世俗生活、這個世界和肉體，都是必須加以超越的勢力。中世紀的人因此把希望寄託在彼岸，因為，只有天堂才能給出充滿承諾的召喚。

這個努力在中世紀和中世紀神秘主義(mysticism)中達到了巔峰。彼岸的希望不僅在十字架重心的上升中表現出來，同時也可以從歌德式大教堂不斷增加的高度上看出來，它似乎是要挑戰地心引力法則。這些教堂十字型的建築平面圖，是拉長了的拉丁十字架。（然而中心的聖水器洗禮池，卻有標準的曼陀羅平面圖。）

在文藝復興的萌芽時期，人類的世界觀開始產生了革命性的改變。「向上」的運動（這種運動在中世紀晚期達到顛峰）開始反轉過來，人類轉回到俗世之中，重新發現了自然與肉體之美，首次開始環遊世界，並證明了世界是個球體。機械法則與因果律成為科學的基礎。宗教情感、非理性主義、神秘主義的世界，這些在中世紀風靡一時的東西，愈來愈被邏輯思維的傲人成就所掩蓋。

藝術也相應地變得更為寫實，更為訴諸感官，它突破了中世紀的宗教主題，擁抱整個有形世界，藝術被繽紛的花花世界所征服，被俗世的壯麗與恐怖所征服，轉變成為歌德式藝術在前一代所扮演的同等角色：時代精神的真實象徵。因此，教會建築物所發生的變化，就絕不能看做是偶然的改變了。跟高聳入雲的歌德式大教堂相較之下，教會建築出現了更多的圓形平面圖，圓形取代了直長橫短的十字架（Latin cross）。

然而，象徵主義史上很重要的一點是，這種形式的改變必須歸因於美學的理由，而非宗教的緣故。這樣才能解釋為什麼這些圓形教堂的中心（真正「神聖的」地方）空無一物，而聖壇卻位於遠離中心的牆上壁龕中，就此而言，這種平面圖不能說是標準的曼陀羅。不過，由布拉曼德（Bramante）和米開朗基羅（Michelangelo）設計建築的羅馬聖彼得教堂，卻是個很重要的例外，它的聖壇位於教堂中心。然而，人們卻很想把這個例外

歸因於這兩位建築天才，因為偉大的天才總是屬於時代又超越時代的。(註18)

儘管文藝復興在藝術、哲學和科學等方面都發生了巨幅的改變，基督宗教的核心象徵卻未曾稍變。耶穌基督仍舊像現在一樣，以直長橫短的十字架來代表。這意味著宗教人的重心仍然安頓在一個比世俗人更高、更精神化的水平上，而世俗人已經轉向自然世界。因此，在人類**傳統的基督宗教信仰和人類的理性、智性心靈之間，出現了裂痕**。從那時起，現代人的這兩個方面就從來沒有交融統合過。在這幾個世紀中，隨著人類對自然界及其法則的洞見不斷加深，這個裂痕逐漸加大了，即便是到了二十世紀，這個裂痕仍然撕扯著西方基督徒的心靈。

當然，我們在這裡對歷史的簡略總結，確實太籠統簡化了，而且，這個總結還略去了在基督宗教內部發生的秘密宗教運動，這種運動開始思考邪惡或陰間（或現世）幽靈的問題。儘管這些運動在數量上屬於少數，也很少能造成非常明顯的影響，但是這種運動卻充當了一個重要角色：它們如影隨形，擔任了基督宗教精神性的對位伴奏。

大約在西元一千年左右時的各種教派和運動中，煉金術士扮演了極重要的角色。他們提升了物質的神秘性，將物質的奧秘與基督宗教「神聖」的精神相提並論。他們尋求的是包括人類心靈與肉體在內的圓滿整體，並為此圓滿整體創造發明了許多名字和象徵，其中一個核心象徵是「正方的圓形」(quadratura circuli)，其實，它只不過是一個標準的曼陀羅圖形而已。

煉金術士不僅在其著述中記錄了他們的工作情況，而且還創造了許多關於他們的夢與幻視的圖畫，這些象徵圖象的深奧內涵令他們大惑不解。他們受到自然界的陰暗面——邪惡、夢、世間幽靈等等的啟靈，因而，其表達方式無論是在文字上還是在圖畫上，都極為荒誕不經、如夢似幻、脫離現實。十五世紀偉大的法蘭德斯畫家希隆尼模斯・波許（Hieronymus Bosch）可以說是這種想像藝術的最主要代表。

但同一時期，更為典型的文藝復興畫家（可以說是在光天化日下的光明面裡工作）卻正在創作最燦爛輝煌的感官藝術作品。他們深深醉心於對世俗生活和大自然的描繪，以致實際上已決定了後來五個世紀的視覺藝術發展。感官藝術（sensuous art）最後的偉大代表，便是十九世紀的印象派藝術，致力於捕捉光與空氣、轉眼即逝的瞬間。

在這裡，我們也許能夠區分兩種根本不同的藝術表現模式。許多人曾費盡心機想界定他們的特徵，最近，庫恩（我已提到，他對洞穴壁畫很有研究）竭力想在他所謂的「**想像的**」（imaginative）和「**感覺的**」（sensory）兩種風格間做出區分。「感覺的」風格往往是對自然或繪畫主題的直接複製，而「想像的」風格則表現了藝術家在「非現實的」、甚至似夢的，或有時是「抽象的」態度中的幻想或體驗。庫恩的這兩個概念看來確實簡單明瞭，因此我也樂於引用。

在歷史上，想像藝術的始點可以追溯到很久很久以前。在地中海沿岸，它的全盛期從公元前三千年就出現了。只是到最近，人們才認識到，這些古老的藝術作品並不是粗製濫造或胡搞瞎碰的結果，而是完美明確的宗教和精神感受的表現形式。而且，它們直到今天還有種特殊的吸引力，因為，在上半個世紀中，藝術再一次經歷了一個可以用「想像的」這個詞來描述的階段。

今天，幾何式的圓形象徵或「抽象的」圓形象徵，在繪畫中再度扮演了相當重要的角色。傳統的表象模式，幾乎毫無例外地經歷了與現代人生存兩難相對應的特殊轉變。圓形不再是唯一涵蓋整個世界和支配繪畫的有意義形象，有時候，藝術家們會把圓從支配地位上拉下來，代之以結構鬆散的圓形群，有時則代之以不對稱的圓形平面。

法國畫家羅伯・德洛內（Robert Delaunay）的著名太陽環，就是這種不對稱圓形平面的一個例子。榮格博士現在收藏著一幅英國當代畫家宗瑞・理查德（Ceri Richard）的作品，裡面有一個完全不對稱的圓形平面，而在左邊較遠處，有一個很小的空心圓。

在法國畫家昂利・馬蒂斯（Henri Matisse）的《靜物與金蓮瓶》（*Still Life with Vase of Nasturtiums*）這幅作品裡，視覺的焦點是一條黑色斜樑上的綠色球體，看起來就像是金蓮葉各式各樣的圓形集合所成。(註19)這個球體與一個長方形重疊在一起，長方形的左上角被折疊了。由於這幅畫在藝術上的完美，會使我們很容易忘記，在過去，這兩個抽象的形象（圓形和長方形）是應該結合在一起的，而且，也應該是對思想與情感世界的表達。但是，任何記得、並提出意義問題的人，都會得到思考的養分：自有歷史以來，此畫中被分開或關係鬆散的兩個形狀，原本形成的是一個整體，至今，它們兩個還在那兒，並且相互接觸。

出生於俄羅斯的藝術家瓦斯利・康定斯基（Wassily Kandinsky）創作的一幅畫中，有一些色彩球或圓圈的鬆散組合，看起來有些像漂浮的肥皂泡泡。背景上，有一個大長方形，在大長方形裡，有兩個小的、幾乎是正方形的長方形，那些彩色泡泡和圓圈與這些圖形若即若離。(註20)在他的另一幅畫《幾個圓圈》(*A Few Circles*)中，有一片烏雲（或者是一隻正在俯衝的鳥？）也配有一組鬆散排列的亮球或圓圈。

圓與方：心靈與肉體

在英國藝術家保羅・納希（Paul Nash）的神秘構圖中，圓形常常有一些出人意表的組合。在他描寫古老孤寂的風景畫《丘陵草原上的事件》(*Event on the Downs*)中，在前景右部有一個球。雖然明顯是個網球，但球表的圖案卻是在中國象徵永恆的太極圖，藉此，這幅畫開拓了在風景畫中表達孤獨的新向度。(註21)在納希的《夢中風景》(*Landscape from a Dream*)這幅畫中也有類似的情形：地平線上是巨大的太陽，在一面鏡子映現的風景中，有些球正滾向視野之外。前景上有另一個球，位於接近方形的鏡子前面。

在瑞士藝術家保羅‧克利（Paul Klee）的作品《知性的侷限》（*Limits of Understanding*）中，他把一個單純的球形或圓形放在一些梯子和繩索的複雜結構上。榮格博士曾指出，只有在需要表達無法思議的念頭、或表達純屬預言感應的東西時，真正的象徵才會出現，這正是克利《知性的侷限》中的單純圖形的意圖所在。

我們要知道，正方形、長方形和正方形群組、以及長方形和菱形群組，這些圖形在現代藝術中的出現頻率不亞於圓形。出生於荷蘭的藝術家皮耶‧蒙德里安（Piet Mondrian）是創作和諧的（確實具「有音樂性」）方形構圖大師。在他的繪畫作品中，通常沒有任何實際的中心。然而，整個構圖本身卻形成了一個嚴謹有序的整體，近乎苦行禁欲的風格。一些其他畫家的不規則的四區塊構圖，或者由眾多鬆散組合的長方形群組作品也很普遍。

圓形是心靈的象徵（連希臘哲學家柏拉圖也把心靈描繪為一個球體），方形（往往是長方形）則是世俗事物、肉體與現實的象徵。在大多數現代藝術中，這兩種基本形式之間的聯繫或是根本不存在，或是鬆散而偶然。它們的分離，乃是二十世紀人類心靈狀態的另一個象徵表現：他的靈魂失了根，有精神分裂之虞。即使是今天的世界形勢（正如榮格博士在第一章中指出的）也顯現著這種分裂狀態：地球的東西方被「鐵幕」隔離開了。

不過，也絕對不能忽略方形和圓形出現的頻率，似乎存在著一股綿綿不絕的心靈動力，會把生活中基本要素所象徵的東西帶進意識裡面。在我們這個時代的一些特定的抽象繪畫中（它們僅僅呈現了某種色彩結構或者某種「原初物質」），這些形狀偶爾也會呈現出近似新生胚芽的樣子。

在當代生活各種極端悖異的現象中，圓形象徵扮演著一個古怪的角色，而且，這種情況恐怕還會繼續下去。第二次世界大戰的最後幾年，出現了關於圓形飛行物，即被稱為「飛碟」或幽浮（UFO不明飛行物）的「幻象傳聞」。榮格博士曾解釋說，幽浮是心靈內容（對於圓滿整體）的投射，心靈的整體圓成一直是用圓形來象徵的，換句話說，這個「幻象傳聞」在我們時代的許多夢中也可以看到，它企圖透過圓形象徵，運用集體潛意識心靈，來治癒我們這個世紀末年代中的分裂。(註22)

現代繪畫做為象徵

我們在這一章中用「現代藝術」和「現代繪畫」這兩個詞彙，跟外行人的用法沒有兩樣。接下來我要處理的，用庫恩的說法來看，是現代的想像畫(imaginative painting)，這種畫可能是「抽象的」(或不如說是「非具象的」)，不過，卻不一定是抽象畫。對於諸如野獸派(fauvism)、立體派(cubism)、表現主義(expressionism)、未來主義(futurism)、絕對主義(suprematism)、構成主義(constructivism)，以及奧爾菲派(orphism)等形形色色的流派，本節沒有詳加區分的企圖，因此，在這裡除非特別例外，否則不特定指稱哪一個流派。

同時，我不關心現代繪畫在美學的彼此分化，尤其是不做藝術上的評價，在這裡，現代想像繪畫只是被視為我們時代的一個現象。經過這樣的釐清，我們才能對它的象徵內涵提出證成和解答。在這樣簡短的章節裡，只能提到少數幾位藝術家，並或多或少是隨機地選出他們的幾幅作品，這樣只選出少量的現代畫代表來討論現代畫，實屬不得不然。

我的出發點是這樣的心理事實：不論在什麼時代，**藝術家總是時代精神的工具和發言人**。根據他個人的心理，只能對他的作品得到部份的瞭解。不論是有意識抑或潛意識地，藝術家對其時代的特性和價值會給出一定的形式風貌，而這些時代特性與價值也會反過來塑造藝術家。

現代藝術家本人往往會承認藝術作品與其時代的相互聯繫，因此，法國批評家、畫家讓・巴賽納（Jean Bazaine）在《當代繪畫札記》（*Notes on Contemporary Painting*）一書中寫道：「沒有任何人能隨心所欲地畫。畫家所能做的只有一件事：運用他所有的才份，希望畫出他的時代所能成就的繪畫。」(註23)死於第一次世界大戰的德國藝術家弗朗茲・馬爾克（Franz Marc）說：「偉大的藝術家不在過去的迷霧中尋找他們的形式，而是盡其所能地進行最深刻的探勘，以掌握他們時代最名副其實、深邃難明的重力中心。」(註24)再上溯到一九一一年，康定斯基在他的名作《藝術的精神性》（*Concerning the Spiritual in Art*）中寫道：「每一個時代都會給出自己的藝術自由尺度，即使最有創造力的天才，也不能逾越過這個自由的界限。」(註25)

過去五十年，「現代藝術」一直是爭議的焦點，而且相關的討論仍處於白熱化狀態。「是」與「否」兩種答案，都有熱烈的反應，然而，「現代」藝術就要消亡的預言雖一再出現，卻從來沒有成真。新的表達方式的勝利，已達到了難以想像的程度，如果說它真的有受到什麼威脅，那會是由於它已經墮落成矯揉做作的形式和一窩蜂的時髦追求。(在蘇聯，「非具象藝術」(non-figurative art)往往被官方禁止，只能私下創作，使具象藝術受到了類似的墮落威脅。)(註26)

無論如何，歐洲一般的大眾輿論，對現代藝術爭論仍處於白熱化狀態，這個爭議的激烈程度，顯示雙方陣營的情緒都很高昂。即使是敵視現代藝術的人，也不能不對他們所反對的作品留下深刻的印象，儘管他們覺得惱怒或反感，但是(一如他們的情緒所表現的激越)，他們還是被打動了。一般說來，負面吸引力並不亞於正面魅力所具有強度。無論在何時何地舉行，只要有現代藝術展覽，那川流不息的參觀者足以證明，這裡面有些東西不只是好奇，因為好奇不會持續多久。現代藝術作品的驚人價碼，是社會給予它們地位的指標。

當潛意識被感動時，魅力便誕生了。現代藝術作品所產生的影響，不可能完全以它們可見的形式來解釋。用「古典的」或「感覺的」藝術眼光來看，它們是嶄新而怪異的。在非具象藝術作品中，沒有任何東西能使觀賞者想到他自己的世界，沒有他們自己日常生活環境裡的任何物件、沒有任何人類或動物在說熟悉的語言。在藝術家創造的宇宙中，沒有盛情款待，沒有可見的調和，然而，毫無疑問，這裡面還是有人文的牽繫，而且甚至比感覺藝術作品更強烈，直接觸動著情感，發生移情(empathy)。

抽象具象殊途同歸

現代藝術家的目標在於，表達他對人類的內在憧憬，以及生命與世界的精神背景。現代藝術作品不僅離棄了具體、「自然」和感官世界的領域，而且離棄了個體領域，成為高度集體性的東西，因而（甚至不惜運用圖畫象形文字的縮寫形式），不僅觸發了少數人，也感動了多數人。於是，能夠表現個體的部分，只剩下呈現的手法，也就是現代藝術作品的特質和風格。對外行人來說，往往很難辨識出藝術家的意圖是否真誠，以及他的表達是否有自發性，而不是模仿或刻意的作為。在很多情況下，他必須使自己習慣新的線條和顏色，他必須學習它們，就像學習一種外語一樣，然後他才能判斷它們能表現什麼、特質是什麼。

現代藝術的先驅顯然明白他們對民眾的要求有多高。從來沒有藝術家像在二十世紀這樣，發表如此多的「宣言」(manifesto)，解釋自己的目的。然而，不管怎麼說，**他們不僅只是努力對別人解釋和證明自己正在幹什麼，也在努力說服自己**。最主要的，這些宣言是藝術家們信仰的表白，這些表白充滿詩意、且往往混亂不堪或自相矛盾，它們企圖將當代藝術活動的特異結果加以釐清。

當然，真正重要的（且一直都很重要的）是跟藝術作品的直接遭逢(dimect encounter)，然而，對關心現代藝術象徵內涵的心理學家來說，對這些宣言的研究才是最有幫助的。正由於這個緣故，在下述的許多討論下，藝術家被允許為他們自己辯白。

現代藝術的開端大約是在一九〇〇年左右，創始階段最有影響的人物之一是康定斯基，他在繪畫方面的影響在二十世紀的後半期仍然清晰可見。他的許多觀點已被證實確有先見之明。在〈關於形式〉（Concerning Form）一文中，他寫道：

> 今天的藝術使精神具體成熟到了頓悟的關鍵點。這種踐形（embodiment）的形式可以分成兩個極端：(1)偉大的抽象派；(2)偉大的現實主義(realism)。這兩個極端開闢了兩條道路，其實卻殊途同歸。這兩種要素一直存在於藝術之中，只是第一種要素被表現在第二種要素當中。今天，這兩者看起來似乎就要繼續分開存在。藝術似乎要通過具象，以結束討好人的抽象，反之亦然。（註27）

要闡明康定斯基關於兩種藝術要素的觀點——抽象與具象，可以看看他的前行夥伴。一九一三年，俄國畫家喀什米爾•馬勒維奇（Kasimir Malevich）畫了一幅白底色上有一塊黑正方形的畫，這也許是有史以來第一幅純「抽象」畫。他寫道：「在把藝術從具體世界的沈重負擔中解脫出來的殊死鬥爭中，我選擇了正方形作避難所。」

一年以後，法國畫家馬賽爾•杜象（Marcel Duchamp）隨意選了一個物件（一個瓶架）

放在平台上展出。對此，巴賽納寫道：

這個已脫離其實用脈絡、並在河灘上經年累月淘洗過的瓶架，被賦予了受到遺棄的孤傲。它看似無用，實則滿溢著生命力，時刻準備著為任何事情所用。它在其本身使人困擾和荒謬的生存邊緣存在，而這種令人困擾之物——便是走向藝術的第一步。（註28）

在這種神秘的孤傲和遺棄中，這個瓶架的價值得到了不可估量的提昇，並且被賦予了只能稱之為「魔力」的意義。因此，它才有了「令人困惑、荒謬的生命。」它變成了一個偶像，同時又是讓人嘲弄的對象。它固有的現實被滅絕了。

馬勒維奇的正方形和杜象的瓶架都擺出了象徵的姿態，嚴格說來，它們都與藝術無關。不過，它們標誌著兩個極端（「偉大的抽象」和「偉大的現實主義」），在這兩個極端之間，隨後幾十年的想像藝術得以有所依恃，並更易於讓人理解。

從心理學的角度來說，這兩種對純客體（物質）和純非客體（精神）的姿態，直指第一次世界大戰這場災難前夕的集體心靈裂痕，這個裂痕為自己創造出了象徵表現。這個裂痕，首先出現在文藝復興時期，當時，它顯現為知識與信仰間的衝突，同時，文明使人類逐步遠離其本能的根基，使自然與心靈之間、潛意識與意識之間出現了鴻溝。這些對立面於是成為心靈處境的特徵，企圖在現代藝術中尋求表現。

正如我們所見，杜象著名的——或聲名狼藉的瓶架，乃是「具象」的始點。瓶架本身並不想被藝術化，而杜象則自稱為「反藝術家」(anti-artist)。但這當中展現了一種要素，這種要素在其後的好長一段時間裡，對藝術家們有很大的影響，對此，他們名之為被發現的物件 (objet trouvé) 或「現成之物」(ready-made)。

例如，西班牙畫家瓊安・米羅 (Joan Miró) 每天黎明都去海灘「收集被潮汐洗刷過的東西。東西就躺在那裡，等待某人發現它們的個性」。他把這些發現放在他的工作室裡，時候到了，便把它們組裝在一起，得出了十分奇特的創作成果：「藝術家常常為自己作品的形式驚奇得目瞪口呆。」(註29)

回溯到一九一二年，出生於西班牙的藝術家巴布羅・畢卡索 (Pablo Picasso) 和法國藝術家喬治・布拉克 (Georges Braque)，用碎垃圾製作他們稱之為「拼貼」(collages) 的作品。恩斯特 (Max Ernst) 剪下所謂大商業時期一些報紙上的插圖，然後按照自己的想像，隨意搭配，藉此把資產階級時代的陳腐僵化，轉化為有魔力的、夢幻般的非現實。德國畫家庫特・施維特斯（Kurt Schwitters）用自己垃圾桶裡的東西來搞創作：釘子、牛皮紙、報紙碎片、火車票以及破布片等等。他用嚴肅認真的態度和新穎的手法，將這些垃圾拼湊起來，收到了一種奇異的美感效果。不過，就施維特斯如此沈溺於物件來說，這種創作方法有時會變得荒誕不經。他建造了一幢垃圾建築，他稱之為「物質教堂」（a cathedral built fcr things），他花費了十年才蓋完這座教堂，並且，他家的三個樓層不得不拆掉，以讓出他所需要的建築空間。（註30）

施維特斯的作品和他對物件的神秘昇華，在人類精神史及其象徵意義中，首度暗示了現代藝術的地位。它們顯示，**在潛意識中，有一個傳統是永恆的，亦即中世紀基督宗教秘密兄弟會和煉金術士的傳統**，他們賦予了塵世的基本要素——物質以宗教思索上的莊嚴地位。

施維特斯把那些粗俗不堪的物質提昇到藝術的層級，提煉成一幢「大教堂」（在裡邊，垃圾使人毫無立錐之地），忠實遵循了古老的煉金術教義，據此，那些夢寐以求的珍貴物質，必須在下流、骯髒、齷齪的事物中才能發現。康定斯基寫到這個問題時，表達了同樣的想法：

> 任何無生命的事物都會顫動，這些東西不僅包括詩歌、星辰、月亮、森林、花

卉，而且甚至一顆褲子上的白色鈕扣也會在街邊的髒水窪裡閃閃發光……**任何事物都有一顆神秘的靈魂**，它常常沉默不語，很少開口說話。(註31)

藝術家們像煉金術士一樣，或許尚未明白這樣的心理事實：即他們正在把他們心靈的一部分投射到物質或無生命的事物之中，藉此，「神秘的生氣」(mysterious animation)就被貫注到這些事物當中，甚至連垃圾也會產生偉大的價值。他們投射出自己的黑暗面、世俗的陰影、以及他們自己和所處的時代都已丟棄的心靈內涵。

然而，與煉金術士不同，像施維特斯這類人，既不見容於基督宗教的秩序中，也不受它的庇護。可以這樣說，施維特斯的作品與基督宗教相左：一種偏執的狂熱使他耽溺於物質；而基督宗教尋求的卻是超越物質。然而，弔詭的是，在施維特斯的創作中，其偏執卻剝奪了物質作為具體現實的固有意涵。在他的畫中，物質被轉化為「抽象的」作品，所以，物質開始拋棄了它的實體性格，並開始溶解。就在這個過程中，這些畫變成了我們時代的象徵表現——「絕對的」具體物質概念，然而，這個概念已經被現代原子物理學所埋葬。

畫家們開始思考關於「有魔力的物件」和事物的「神秘靈魂」。義大利畫家卡洛．卡拉(Carlo Carrà)寫道：「普通的事物足以透露駁雜形式中的單純性，通過這種單純性(simplicity)，我們可以認識到更高、更有意義的存在境界，那裡閃耀著藝術的整體光輝。」(註32)克利說：「通過我們的認識，物件超越其外表的限制，飽含著遠遠超過我們肉眼所能看見的東西。」(註33)巴賽納寫道：「物件喚起我們的愛，恰恰因為它是力量的承載者，這個力量比它本身還要強大。」(註34)

這類說法讓我們想起古老的煉金術中，「物質中的精神」(spirit in matter)概念，這種說法相信在像金屬或石頭一類無生命物件的後面，有精神的存在。用心理學的觀點來說，這種精神就是潛意識。當意識或理性知識到達極限，神秘事物開始介入時，它才會顯現自己，因為，人類在碰到無法解釋和奧秘的事物時，較易以其潛意識內容來加以補充。事實正是如此。人類把潛意識內容投射到一個黑暗的、空洞的容器中去。

物體「不僅是眼睛所見的東西」，這是許多畫家的共通感覺，義大利畫家喬治歐．基里柯(Giorgio de Chirico)的作品，在這方面表現得尤為突出。他有神秘主義者的氣質，也是個悲劇性的追尋者，從未找到他所尋求的東西。關於他一九〇八年的自畫像，他寫道：

「如果沒有謎一般的事物，我還能愛什麼？」(Et quid amabo nisi quod aenigma est.) 基里柯是所謂「形而上繪畫」(pittura metafisica) 的創始人。他寫道：「每個物體都有兩面：共通面——我們通常看見，並且每個人都看見的層面；幽冥的形而上面——只有極少數人，在其形而上的冥想靜坐和發生異常透視的一瞬間能夠看到。一件藝術作品，必須聯繫到某種不以肉眼可見型態現身的東西。」(註35)

基里柯的作品揭露了事物的這種「幽冥面」(ghostly aspect)，它們對現實進行似夢的轉換，從潛意識中提煉出視覺形象。但是，他這種「形而上抽象」，表現出令人惶惑不安的嚴峻力道，而且畫面的氣氛如夢魘，充滿了深不可測的**憂鬱**(melancholy)。義大利的城市廣場、塔樓和其它物體，都安置在過度尖銳的透視方法之下，彷彿它們處於真空裡，被一道不知從哪兒發射出來的冷酷之光照耀著，眾神的古式頭像或雕像，使人想到古典的過往。

在他最為恐怖的一幅畫中，一尊大理石女神頭像的邊上，放著一付紅色的橡皮手套，一付在現代意識中的「魔力物件」。一個綠色的球，作為一種象徵放在地上，聯結起兩個天壤之別的對立物，如果沒有這顆球，這幅畫就僅僅只是**心靈崩潰**的暗示。這幅畫顯然不是處心積慮營造出來的結果，而肯定是一幅夢畫。

基里柯深受尼采(Nietzsche)和叔本華(Schopenhauer)哲學的影響，他寫道：「叔本華和尼采是最先指出生命空虛無常的深刻意義的人，並且表現了這種無常如何能轉變為藝術……他們所發現的可怕的空洞，正是全無靈魂且極其平靜的物質之美。」(註36)至於基里柯是否處心積慮把這種「可怕的空洞」(dreadful void)轉化為「靜態美」，不無可議之處。不過，他的一些畫卻極度擾亂人的心境，有許多甚至如惡夢般恐怖嚇人。但是，在他尋求以藝術表述此種空洞無常的艱難嘗試中，他看穿了當代人生存的根本困境。

被基里柯奉為權威的尼采，曾以警語「上帝已死」(God is dead.) 來命名這種可怕的空洞。雖沒有參考尼采，康定斯基在《藝術的精神性》一書中也寫道：「天堂空無一物。上帝死了」。(註37)這類句子也許很不中聽，但並不新鮮。「上帝死了」這種想法及其直接的後果——「**形而上的真空**」(metaphysical void)，困擾了十九世紀詩人的思想，尤其是法國和德國詩人。到了二十世紀，它已經過長時間的發展，到達了公開論戰和在藝術中找到表達方式的階段。現代藝術跟基督宗教之間的裂痕終於彌合了。(註38)

榮格博士也逐漸認識到，「上帝已死」這奇怪而神秘的現象，是我們這個時代的心靈事實。一九三七年，他寫道：「我知道，我在這裡所想說的，其他無數的人也都知道，今天這個時代，乃是上帝消失或死亡的時代。」(註39)幾年來，他觀察到上帝形象在他病人的夢中逐漸消失，換言之，消失在現代人的潛意識中。失去那個形象，就是失去了賦予生命以意義的關鍵要素。

沒有臉孔的木偶

不過，必須指出，不論是尼采所主張的「上帝已死」、基里柯的「形而上的真空」，還是榮格從潛意識形象中得出的推論，都沒有終極論斷上帝是否存在，或是否有超驗存有與非存有的存在。別忘了，它們到底是人類的論斷。正如榮格在《心理學與宗教》（*Psychology and Religion*）一書中指出的，無論如何，這些論斷都以潛意識心靈的內容為基礎，而這些內容以形象、夢、觀念或直覺等可感知的形式進入意識之中。這些內容的起源，以及這種轉變（從活現的上帝到死亡的上帝）的原因，在奧秘的遙遠邊界中，必須保持其未知狀態。

基里柯從未對潛意識呈現給他的問題提出解答。他的失敗，可以在他對人類形象的描繪中一覽無遺。談到現代宗教的處境，人類本身應該調整出一種新型的、非人格的（impersonal）尊嚴與責任（榮格說這是意識的責任）。但是，在基里柯的作品中，人類被剝奪了靈魂，變成一具沒有臉孔的木偶（manichino）（因此也就毫無意識可言）。（註40）

在他的《偉大的形上學家》（*Great Metaphysician*）的種種版本中，有一個無臉孔的人物形象，被推崇備至地放在一個垃圾做的基座上。這個形象有意無意地嘲諷那些拼命去發現關於形上「真理」的人，同時，也是**孤獨至極**、**麻木不仁**的象徵。或許，無臉孔的木偶（它也常常在其他現代作家的作品中縈繞不休）也是眾多無臉孔、從眾個人出現的預兆。

基里柯四十歲時，放棄了「形上畫」，轉回傳統模式，然而，其作品卻失去了深度。這就是一個肯定的證明，即對有創造意識的、其潛意識已經被捲入到有關當代人生存的基本兩難困境的人來說，絕無「回到你所來之處」的道理。

出生於俄國的畫家馬克・夏卡爾（Marc Chagall）足堪與基里柯相提並論。他在作品中追求的也是「神秘而孤獨的詩意」和那些「只有極少數人才能看到的事物的幽冥面」。不過，夏卡爾豐富的象徵，根植於他對東方猶太教的虔誠和對生活的熱烈情感。他面對的問題，既不是關於空虛，也不是上帝已死。他寫道：「除了誠懇、人類的愛和對神的努力認識以外，在我們這個墮落的社會，任何事情都會改變。如同所有的詩歌，繪畫也在神聖領域中占有一定的地位，今天的人類在這方面的感受，跟以往一樣，未曾稍變。」

英國作家赫伯特・里德爵士（Sir Herbert Read）有一次在論及夏卡爾時認為，他從未跨越門檻進入潛意識之中，而「總是讓一隻腳踏在曾養育他的土地上」，這恰恰是跟潛意識真正的「正確」關係。誠如里德所強調的，最要緊的是「夏卡爾仍然是我們時代最具影響的藝術家之一」。（註41）

經由夏卡爾和基里柯的對比，產生了對了解現代藝術中的象徵主義十分重要的問題：在現代藝術家們的作品中，意識與潛意識的關係是怎樣的形式？或者說，人類將何以安身立命？

或許，從所謂超現實主義（surrealism）運動中，可以找到一個答案。一般認為，法國詩人安德烈·布荷東（André Breton）是超現實主義的奠基者（基里柯也可以說是一位超現實主義者）。在還是一名醫科學生時，布荷東就讀過弗洛依德的著作，因此，在他的觀念裡，夢扮演了重要的角色。他寫道：「夢不能用來解決人生的基本問題嗎？我相信，**夢與現實之間的表面對抗關係，必將被一種絕對現實所解決——超現實**（surreality）。」（註42）

布荷東抓住了問題的關鍵，令人敬佩。他致力追求的乃是意識與潛意識兩種對立的調和。但是，他為達成目標所採取的手段，卻只會使他誤入歧途。他開始用弗洛依德的自由聯想做實驗，同時也做「自動書寫」（automatic writing）的實驗，將那些從潛意識中浮現出來的字句，不經意識控制地記錄下來，布荷東稱之為「思想的口述——與任何美學或道德上的偏見無關」。

走向毀滅：放縱潛意識

但是，這種做法充其量只打開了潛意識形象之流的閘門而已，更重要、甚至更具關鍵性的意識運作問題，卻未被重視。榮格博士已在第一章告訴我們，意識掌握了潛意識能否發揮大用的鑰匙，因而意識扮演了決定性的角色。只有意識才有資格決定形象的意義，並辨識出它們在當下對人類所具有的意旨，也只有在意識與潛意識互攝共運（interplay）的狀況下，潛意識才能發揮其大用，甚至可以為超越空洞空虛的鬱卒（melancholy），指引一條出路。然而，**一旦放任潛意識，讓它在生活行動中自行發用，潛意識的內容就會有過度強勢的危險，化現出否定、毀滅性的面相。**

假如我們牢記了這一點，再來看超現實主義的作品（如撒瓦多・達利Salvador Dalí的《燃燒的長頸鹿》〔*The Burning Giraffe*〕），我們就會感覺到，這些作品豐富的幻想和潛意識想像勢不可擋的力量，但是，我們也同時體會到，它們表現出所有事物都走到了盡頭的恐怖和象徵。潛意識是純粹自然的，並且像自然界一樣，肆無忌憚的恣意揮灑其才賦。不過，放任潛意識肆意自行，而沒有人類意識加以反應，潛意識（像自然界一樣）便可能毀滅掉自身的才賦，並遲早將這些才賦席捲淨空、讓一切灰飛湮滅。

現代繪畫中意識的作用問題，也出現在作畫的方法上——「機緣」（chance）的運用。恩斯特（Ernst）在《超越繪畫》（*Beyond Painting*）一書中寫道：

> 一張外科手術檯上，放著一架縫紉機和一把傘的聯想（他引用的是詩人羅特列阿蒙Lautréamont），是一個大家耳熟能詳的例子。這個例子現在已被超現實主義者視為典型現象，即兩個（或更多的）顯然相異的要素，置放在一個又與前兩者迥然相異的平面上時，最能激起詩意的火花。（註43）

也許，對外行人來說，理解這一點就像理解布荷東下面這句話一樣困難：「不能將一匹馬在一顆番茄上奔馳的景象加以視覺化的人，是個白痴。」（這裡，我們也許會想起基里柯創作的那幅畫中，大理石頭像和紅橡皮手套造成的「機緣」聯想）。當然，許多這樣的聯想都是開玩笑或胡扯淡，不過，絕大多數現代藝術家一直關心的問題，絕對與搞笑不同。

在法國雕刻家讓・阿爾普（Jean Arp）的作品中，機緣扮演了極重要的角色。他的木雕葉片和其它形狀，透過隨意的組合，是另一種表達方式，正如他指出的，這種方式追求的是表現「沈睡在世界表象之下的神秘原始意義」，他稱之為「按照機緣法則安排的葉片」和「按照機緣法則安排的正方形」。在這些作品中，正是機緣使得藝術作品更有深度，它指向了不為人知、卻很活躍的秩序原理和意義，它們顯現於「事物」之中，而成為其「隱秘靈魂」。（註44）

安排木刻原料的紋理、雲彩的形狀，以及諸如此類作為視覺繪畫出發點的東西，正是超現實主義畫家鞠躬盡粹之處，而「使機緣成為不可或缺」（克利語）乃是他們最大的欲望。例如，恩斯特曾追溯到達文西（Leonardo da Vinci），達文西曾寫過文章評論波提切利（Botticelli）的談話，他說，如果你把一塊吸滿顏料的海綿甩到一面牆上，你會在其濺斑中看到頭形、動物、風景，以及許多其他形象。

恩斯特在一九二五年就曾描述過一個視象（vision）如何糾纏著他。當他正凝視著一塊刮痕累累的磚地時，這個視象出現了。

為了使我的冥思與幻覺力量有基礎，我在磚地上胡亂擺上紙張，然後透過石墨的拓印，製造了一系列的圖畫。當我看到成果時，我突然震驚了，一種尖銳的感覺刺激了我，那是一系列對比鮮明、互相重疊的幻想畫面！我把這些「擦印」（frottages）所獲得的首度成果蒐集起來，名之為《自然史》（*Histoire Naturelle*）。（註45）

我們應該要注意到，恩斯特在這些擦印的上面或下面，疊上了一些使畫面具有特殊氣氛和深度的環或圓。這裡，心理學家能夠辨識出那股潛意識的驅力，它通過自我包容的心靈整體象徵，以對抗自然形象語言混亂無序所可能帶來的危機，藉此來保持均衡之勢。環或圓形主導了整個畫面，心靈的圓熟整體統治著自然，其本身就具有意義，並給出意義。

隨機創作無異精神分裂？

在恩斯特對事物中神秘模式的努力追索中，我們可以察覺，他與十九世紀浪漫派

(Romantics)有著密切關係。他們談論自然的「手跡」(handwriting)，因為這種「手跡」隨處可見，在鳥翼上、蛋殼上，用雲、用雪、用冰晶，及其它的「奇特機緣組合」，恰如在夢中或幻覺中的組合。他們把任何事情都視為「自然的繪畫語言」表現，因此，當恩斯特稱那些他實驗創作出來的畫為「自然史」時，它確確實實是一個浪漫派的說法，而且，他是對的，因為潛意識（它已在事物的機緣賦形中，化現為繪畫）就是自然。（註46）

借助恩斯特的「自然史」或阿爾普的「機緣」創作，心理學家們開始了反思。心理學家的問題是：不論人類在什麼時間、什麼地點碰上所謂的「機緣」，究竟「機緣」能夠對碰上它的人產生什麼意義？伴隨著這個問題，伴著機遇可能帶來的意義，人類與意識遭遇了物質。

「隨機創作」的繪畫可能很美，也可能很醜；可能很和諧，也可能不和諧；在內容上也許很豐富，也許蒼白無力；而在技巧上，有可能很流暢，也可能很拙劣，這些因素決定了繪畫的藝術價值，卻不能使心理學家滿意（這往往也是藝術家，或者那些在關於形式的沈思冥想中得到最大滿足的人的苦惱）。心理學家進一步尋求並試圖瞭解機緣巧合的「密碼」(secret code)何在——就人類能從根本上理解的範圍而言。物體的數量與形式在阿爾普那裡被隨意胡亂地拼湊在一起，造成了許多不亞於恩斯特的幻想「擦印」細部所惹出的問題。然而，對心理學家來說，它們卻是象徵，因此，它們不僅可以觸發感受，而且（某個程度上）也可以被解釋。

作品本身缺乏反思、讓人望而生畏，以及潛意識壓倒了意識而佔上風，都給藝評家在看待現代藝術作品時留下了口實。他們說那是病態的藝術，或者把它跟精神病患的圖畫相比較，因為，其特徵與精神病的特徵如出一轍，意識和自我性格(ego-personality)都被心靈潛意識領域湧出的滾滾洪流所「吞沒」。

確實，這種比擬在今天已不像對上一代人那麼令人反感了。當榮格博士在論畢卡索（一九三一年）的文章中首度指出這種關係時，曾激起了一片憤怒之聲。今天，一家大家熟知的蘇黎士藝術畫廊，在它的展覽目錄上提到一位著名藝術家「幾乎是精神分裂式的迷狂」，德國作家魯道夫・卡斯納爾（Rudolf Kassner）說蓋歐格・特拉寇（Georg Trakl）是「最偉大的德國詩人之一」，不過，他接著說：「他似乎有點**精神分裂**，從他的作品中可以感覺到這一點，在他的作品中也簡單刻劃了精神分裂症患者，確實，特拉寇是個偉大的詩人。」（註47）

現在，我們已經知道，精神分裂狀態與藝術幻想並不互斥。依我來看，用梅斯卡林鹼（mescalin）和類似的藥物對我們大腦所作的著名實驗，有助於這種狀態的變化。這些藥物會造成強烈的視覺震盪，色彩和形狀都變得異樣有力——跟精神分裂相去不遠。今天，不少藝術家曾在這種藥物控制的狀態下尋求過靈感。

從現實中引退

馬爾克（Marc）曾說過：「**未來的藝術將對我們的科學信念給予正式的表現。**」這是一句真實的預言。我們已回顧了弗洛依德的精神分析學與二十世紀初潛意識的發現（或再發現）對藝術家的影響，另外還有一個重要的關鍵，即現代藝術與核子物理學(nuclear-physics)研究結果之間的聯繫。

用素樸、非科學的說法來講，核子物理學已使物質的基本單位喪失了它們的絕對具體性，使得物質變得神秘莫測。本來相互矛盾的質量與能量、波與粒子已被證明是可以互換的，因果法則也只在某一範圍內才有效力。縱使這些相對性（relativities）、不連續性(discontinuities)和弔詭(paradoxes)只適於描述我們的世界邊緣——即只適用於無窮小（原子）和無窮大（宇宙）的世界，但它們卻引起現實（reality）這個概念的革命性變化，一個全新、迥然有異、非理性的現實已從我們「自然」世界的現實中逐漸嶄露出頭角，在此之前，自然世界是由古典物理學法則統治的。

與此相應的相對性和弔詭現象，也在心靈領域中發現。在心靈領域中，也有另一個世界從意識世界的邊緣顯露出頭角，它被新的、未知的法則所支配，這些法則與核子物理學法則的近似教人驚訝。核子物理學與集體潛意識心理學之間的平行相應關係，是榮格與諾貝爾物理學獎得主吳夫岡・波利（Wolfgang Pauli）之間經常討論的主題。物理學上的時空連續體與心理學上的集體潛意識，可以被看成同一個現實在諸多表象背後的一體之兩面，時空是外顯面，集體潛意識屬內在面。（物理學與心理學之間的關係，將由弗蘭茲博士在結論篇中討論。）

在物理世界與心靈世界背後的這個一體世界有個特徵，亦即它的法則、過程和內容無法思議（unimaginable）。這是理解當代藝術時極端重要的事實。因為，從某種意味來看，現代藝術的主要課題也是無法思議的，因此，許多現代藝術才變得「抽象」。本世紀的大藝術家們汲汲於賦予「事物背後的生命」以可見的形貌，所以，他們的作品是意識背後的世界（或者夢背後的世界，因為只有極少數的夢不具形象）的象徵表達。他們藉此指出「一體的」現實，「一體的」生命，它似乎是物理與心靈這兩個表象範圍的共同背景。

只有極少數的藝術家明白，他們的表現形式與物理學和心理學有什麼關聯。康定斯基是這方面的大師之一，他表達了對早期現代物理學研究發現的深刻感受，「在我的心靈中，原子的分裂是整個世界的分裂：忽然，最堅固的牆倒塌了。一切事物都變得不穩定、不安全和軟弱。如果有塊石頭在我眼前融為一縷輕煙，我不會感到驚訝。科學似乎已灰飛湮滅了。」這一幻滅的結果是，藝術家從「自然地帶」引退，從「事物的多樣外顯面貌」中引退，康定斯基補充說：「彷彿我已看到，藝術本身漸漸地從自然中跳脫出來。」(註48)

這種與物象世界的分離，多少也同時出現在其他藝術家身上。馬爾克寫道：「難道我們還沒從千年的經驗中悟出，我們愈是執著於事物的可見表象，它們就愈是沈默不語嗎？表象永遠是平板單調的……」對馬爾克來說，藝術的目標是「揭示一切事物之後的超俗生命，打碎生命的鏡象，使我們能看到存在的真面目」。(註49)克利寫道：「這種藝術家不像批評他們的寫實主義者那樣，把同樣令人信服的意義歸於表象的自然形式。他不會感到與那種現實關係很緊密，因為他無法從通常的自然產物中看出創造過程的本質。他更關心的是賦予形貌的力量，而不是形貌上的產物。」(註50)蒙德里安(Mondrian)指責立體派(cubism)做的是「純現實的表現」，而沒有去追求其邏輯上應有的抽象，這只能通過「純形式的創造」才能得到，不能以主觀情感和觀念為條件，「在變動不居的自然形貌背後，存在著不變的純現實。」(註51)

大批藝術家在尋求以事物的轉化——通過幻覺、超現實主義、夢畫和機緣的運用等方式超越表象，與背景、「物質中的精神」、「現實」建立聯繫。然而，抽象派的藝術家不理睬事物。他們的畫不包含可以辨認的具體物體，用蒙德里安的話來說，它們只是「純形式」。

但是，我們必須明白，這些藝術家所關心的遠遠超過形式本身，以及「具體」與「抽象」、具象與非具象之間的區分問題。他們的目標是生命和事物的核心，是生命和事物始終如一的背景，以及內在的確實性。藝術至此成為神秘主義（mysticism）。

神秘藝術中的內蘊精神是世俗的精神，中世紀的煉金術士稱之為精靈墨丘利（Mercurius），祂是一個精神象徵，是這些藝術家在自然與事物背後，在「自然表象背後」所尋求、所崇拜的精神象徵。他們的神秘主義與基督宗教無法相容，因為，「墨丘利」精神與「天堂的」精神無法相容。其實，**開拓藝術之路的正是基督宗教的黑暗對手**，由此，我們開始看到「現代藝術」的真正歷史和象徵意義。像中世紀的煉金術運動一樣，它必須被理解為世俗精神的神秘主義，因此，可以說是**我們時代對基督宗教的補充表現**。

跟康定斯基比起來，沒有任何藝術家以更大的激情去談論、或更清楚地感受這種神秘的藝術背景。在他看來，任何時代的偉大藝術作品的價值並不「在表面和外觀上，而是在根本中的根本——在藝術的神秘內涵中」，因此，他說，「藝術家的眼光應該永遠向內注視他的內在生活，他的耳朵應該永遠注意傾聽內在需求的呼喚。這是呼應神秘視覺形象召喚、以給出其具體表達的唯一法門。」

康定斯基把他的畫稱為宇宙的精神表現、天體的音樂、色彩與形式的合唱。「形狀（Form）雖然非常抽象和幾何化，卻有其內在的音響，它正是與那個形狀完全相應的精神效應。」「正如米開朗基羅的畫中上帝的手指觸到亞當的手指時一樣，一個圓周上的銳角三角形，在實際上有著難以估量的作用效果。」（註52）

一九一四年，馬爾克在他的《警言》（*Aphorisms*）中寫到：「物質是人類最能忍受的事，人類拒絕去認識它。對世界的觀想（contemplation）變成對世界的侵入（penetration）。從來沒有任何一個神秘主義者，在他極端狂喜的時刻，能獲致現代思想的完美抽象，或能夠以較深刻的鉛錘進行其心靈探測。」（註53）

克利可以被視為是現代畫家中的詩人，他說：「藝術家的使命就是要盡可能深入探索基本法則誕生的秘密根基。哪個藝術家不願居於所有時空運動的中心官能，讓一切機能都由此獲得生命（不管是創造的大腦或心靈中）？在自然的子宮裡，在創造的原初基礎中，打開萬物的秘密鑰匙隱藏在哪裡？……我們跳動的心驅使我們向下，更接近原初基礎。」這條路上所遭遇到的東西，「在與適切藝術手法相揉合、並以可見形式出現時，我們必須以最嚴肅的態度去面對。」因為，誠如克利所說，問題不僅只是複製所見的東西，而是連「秘密地被感知的東西也要被視覺化」。克利的作品就是根植於這個原初基礎，「我的手完全是個更遙遠天體的工具，在操縱我的作品也不是我的頭腦，是另外的什麼東西……」。在他的作品中，自然精神和潛意識精神成為密不可分的東西，它們牽引著他，也牽引著我們，把我們這些旁觀者拉到了它們的魔法圈中。

克利的作品是這種**幽冥精神**(chthonic spirit)的最複雜表現，時而富有詩意，時而猶如魔怪。幽默和怪誕觀念從黑暗的地下世界架起了一座通往人類世界的橋樑。在他的幻想與世俗間的聯繫，是對自然法則的細心觀察、對一切生靈的愛。他曾寫道，「對藝術家來說，與自然的對話是他的作品的根本條件。」(註54)

另一種對隱藏的潛意識精神的表現方法，可以在最值得注意的年輕「抽象派」畫家雅克森‧波洛克（Jackson Pollock）的作品中找到。他是美國人，四十四歲時死於一起車禍。他的作品對當代年輕藝術家的影響很大。(註55)在《我的繪畫》（*My Painting*）一書中，波洛克透露他的作品是在一種**迷醉狀態**（trance）下畫出來的：「當我作畫時，我不知道我在做什麼。只有在一種『變得熟絡』的時刻過後，我才明白剛剛發生的是什麼。我不怕改變，毀掉形象等等，因為，繪畫有它自己的生命，我努力想讓它自然顯露，而只有在我失去與繪畫的聯繫時，結果才會一團糟。否則，就會產生純粹的和諧，輕鬆地施與受，作品的成色會很好。」(註56)

我迷醉，故我畫；我畫，故我存在

波洛克的畫實際上是在潛意識作用下、在奔放的感情衝擊下完成的。他的作品缺乏結構，幾乎是混亂一片，色彩、線條、平面和點如溶岩般滾熱流動。它們可以被視為相應於煉金術士所說的「大渾同」（massa confusa）、「基要物質」（prima materia）、或混沌。這些方法都是用來界定煉金過程的珍貴重要物質，也是追求存有本質的起點。波洛克的畫呈現了空無即是萬物——即潛意識本身。這些繪畫似乎活在意識與存在出現之前，或呈現了意識與存在消亡之後的荒誕景象。

到了本世紀中葉，不帶任何有規律的形狀和色彩的純抽象畫，已成為繪畫中最常見的表現方法。「現實」分裂得越嚴重，畫就越發失去其象徵性內容，箇中原因就在於象徵的本性及其作用。象徵是通過已知世界中的物體，暗示某種未知的東西，用已知的東西來表現生命和無以名狀的意義。但在純粹的抽象畫中，已知的世界徹底消失了，沒有任何東西留下來建立通向未知的橋樑。

另一方面，這些畫揭露了意料之外的背景、隱藏幽微的意義。它們經常變成多少是自然本身的準確意象，與自然界有機和無機元素的分子結構有驚人的相似。這是令人迷惑的事實。純抽象的東西，已成為具體自然的形象。但是，榮格可以為我們打開這一道理解的大門，他說：

心靈的較深層次越來越隱退到黑暗中時，便會失去它們個別的獨特性。「更底層」是指當它們接近自律的功能系統時，便會變得越來越集體性，直到它們被普遍化，湮滅在身體的物質性中為止，亦即，直到湮滅在化學物質中為止。身體中的碳就只是碳，因此，「最底層」的心靈就是「世界」。(註57)

只要比較一下抽象畫與顯微攝影就可以明白，想像藝術在表面上雖然抽象，卻以秘密和驚人的方式成為「自然主義的」(naturalistic)，其主題是物質元素。「偉大的抽象」與「偉大的寫實主義」在本世紀初分開，現在又復合了。我們還記得康定斯基的話，「南北極打開了兩條路徑，最後的目標卻復歸為一。」這個「目標」是個接榫點，在現代抽象畫中獲致完成，但其成就完全是在潛意識中獲得的，藝術家的意向在此過程中沒有發揮什麼作用。

這一點涉及了現代藝術中最重要的一個事實：藝術家一如既往，並非像他所以為的在他的創作中享有極大的自由。如果他的作品多少是以某種潛意識方式完成的，它就被自然律所支配，而自然律在最深層處是與心靈法則是對應的，反之亦然。

現代藝術的偉大先驅們，清楚地表達了現代藝術的目的和其精神深度的印記。這一點很重要，雖然後來的藝術家可能沒認識到它，而且沒能一直領悟到同一深度。然而，不論是康定斯基、克利，還是現代繪畫早期的任何一位大師，都沒意識到他們所歷經的嚴重心理危機，他們神秘地沉潛順服於幽冥精神和自然原初的土地中。現在我們必須解釋清楚這種危機。

我們可以例舉抽象藝術的另一個側面來作為起點。德國作家威廉・沃林格（Wilhelm Worringer）把抽象藝術解釋為形上的不安和焦慮的表現，對他來說，似乎北方民族較常出現這種狀況，他認為，現實帶給他們痛苦，南方民族的自然樂天被他們拒斥，因而，他們渴望一個超現實和超感官的世界，為此，他們以想像或抽象藝術來表現。

但是，里德爵士在他的《簡明現代藝術史》（*Concise History of Modern Art*）中指出，**形上的焦慮**不再只是德國人或北方人所有。今天，整個現代世界都具有這種特點。里德引用克利的話，克利在一九一五年初的《日記》（*Diary*）中寫道：「這個世界變得越可怖（正像現在這樣），藝術就會越發抽象，和平的世界才會造成寫實主義的藝術。」（註58）對馬爾克來說，抽象為這個世界提供了一個逃避邪惡和醜惡的避難所。「我很早就感到，人類是醜陋的。動物似乎比較可愛、純潔，然而，即使在牠們之中，我也發現了許多令人厭惡的醜陋之事，以致我的畫變得越來越簡要和抽象。」（註59）

從一九五八年義大利雕塑家馬里諾・馬利尼（Marino Marini）和作家艾都華・羅蒂提（Edouard Roditi）的談話，可以讓我們弄懂許多事情。馬利尼多年來一系列作品中的重點主題，是一個年輕裸者騎在馬背上的形象。在早期的版本中，他在談話當中形容它是「希望和感恩的象徵」（第二次世界大戰結束之後），騎者張開臂膀，身體微微向後傾。隨著歲月的演進，這一主題被處理得更「抽象」了。騎者原本多多少少有點「古典」的形式，漸漸消融了。

廣島風格末日焦慮

談到這種形象改變的底蘊感情，馬利尼說：「如果你按時間順序看看我過去十二年的騎馬雕像，你就會發現，那匹馬變得越來越恐慌。牠其實是因為恐懼而變得僵硬不已，麻木地站著，而不是以後腿站立或準備起飛的姿勢。這一切都是因為我相信，我們正走向世界末日。在每一件作品中，我力求表現一種不斷加深的恐懼和絕望。這樣，我試圖象徵一個瀕死神話的最後階段——個體的神話、勝利英雄的神話，以及具有人道主義美德的人的神話。」(註60)

在童話和神話中，「勝利的英雄」是在象徵意識。正如馬利尼說他自己，他的勝利意味著個體的死亡。就社會脈絡下的現象而言，個體的死亡意指個體淹沒在大眾之中，在藝術現象中，則是指人文要素的衰微。

羅蒂提問馬利尼，他在風格走向「抽象」的同時，是否放棄了古典的典律，馬利尼回答說：「**一旦藝術開始要表現恐懼，它本身就必須與古典的理想分道揚鑣**。」他在龐貝城挖掘出的人屍姿態中，找到自己作品的主題，羅蒂提把馬利尼的藝術稱為「**廣島風格**」(Hiroshima style)，因為它表現出世界末日的幻景。馬利尼對此表示承認。他說，他感到自己彷彿已被從現世的樂園中驅逐出來了，「目前為止，雕塑家都把目標放在純粹感官和力量的形式上。但在過去的十五年中，雕塑品其實比較傾向解體的形式」。

馬利尼與羅蒂提之間的談話解釋了「感覺」藝術向抽象藝術的轉化，這對任何認真參觀過現代藝術展覽的人來說，是再清楚不過了。然而，不管他多欣賞和讚美其形式特徵，他肯定會感受到恐懼、絕望、受到挑釁和嘲弄，就好像吶喊自許多作品中傳揚出來。這些圖畫和雕塑中的苦惱所表現出的「形上焦慮」，可能產生於世界末日的絕望情懷中，而這正是馬利尼的狀況。在其它情況下，強調的重點可能在於宗教因素，在於上帝已死的感受中。這兩者之間有著緊密的關聯。

這種內在苦惱的根源在於意識的受挫（或不如說退縮）。在神秘經驗的高潮中，每一件曾把人類束縛在人文世界、地球、時空、物質和生命的自然生活的事情，都被棄如敝屣，被消融解體了。但是，除非潛意識被意識經驗所平衡，否則它無法揭示其相反或消極方面。使得天體和諧的豐富創意音調、或原初基礎的奇妙奧秘，已屈從於毀滅和絕望的淫威之下，在許多情況下，藝術家成了潛意識的被動犧牲品。

在物理學上，背景的世界也表現了其本身的弔詭性質。自然最深處要素的法則，最新發現的自然基本單位（原子）的關係與結構，居然成為前所未有的毀滅性武器的科學基礎，打開了走向滅亡的道路。終極知識和世界的毀滅，居然是發現自然原初基礎的一體兩面。

榮格對潛意識危險的雙面刀的熟悉，不亞於他對人類意識重要性的瞭解。他能夠為人類提供阻止大災難的唯一武器：召喚個體意識。它似乎很簡單，但又非常艱難。意識不僅僅是潛意識不可或缺的對應秤錘，也不僅僅用於給出生命意義的可能性，它還有極卓越的實際作用。在外部世界中，目睹到鄰居或鄰國人的邪惡，可能也會使我們意識到自己心靈中的邪惡內容，此一領悟可能是我們對待鄰人的態度急遽轉變的第一步。

嫉妒、貪婪、淫蕩、謊言和一切已知的邪惡，都是潛意識的消極、「黑暗」面，其本身可以有兩種展現方式。從積極意義上說，這種黑暗面現身為「自然精神」，創造性地使人類、事物和世界生氣勃勃。它是本章多次提到的「幽冥精神」(chthonic spirit)。從消極意義上說，潛意識（同一種精神）本身會展現為邪惡的精神，一種毀滅的驅力。

前文已經解釋過，煉金術士把這種精神具體化為「精靈墨丘利」，並稱它為「雙面墨丘利」(Mercurius duplex)。在基督宗教的宗教語言中，它被稱為惡魔。但是，無論它看起來多麼荒誕不經，惡魔也有兩面性，就正面意義而言，它會現身為路西弗（Lucifer）——光明使者。

從這些艱澀而弔詭的觀念來看，現代藝術（我們視之為幽冥精神的象徵）也有兩面性。**從積極面來看，現代藝術是神秘莫測的自然神秘主義的表現；從消極面來看，現代藝術只能被解釋為邪惡或毀滅精神的表現**。這兩面同屬一體，因為，這種弔詭正是潛意識及其內容的基本特徵之一。

為了避免誤解，必須再強調一下，這些思考與藝術和審美價值毫無關聯，其關切與詮釋的重心只在於將現代藝術視為當代生活的象徵。

對立面的結合

還有一個論點需要說明。時代精神是在不斷的變化，像流動的長河之水，深藏不露卻堅實安定，給予當代的生活動力。在我們這個世紀，十年就算是很長的時間了。

本世紀中葉，繪畫界發生了變化，這種變化並不是革命性的，根本比不上一九一〇年左右發生的變革。一九一〇年左右的變革，意味著把藝術連根拔起，再加以重新建構。但是，有些藝術家團體以前所未有的方式，展現了他們的目標。這一轉折在抽象畫的邊緣地帶繼續發生。

源於人類原始需求，為捕捉飛逝的瞬間而產生的具體現實的畫面呈現（representation），變成了標準的具體感官藝術，如法國的亨利·卡提葉-布烈松（Henri Cartier-Bresson），瑞士的韋納·畢秀夫（Werner Bischof）等人的攝影作品即是如此。在此，我們可以理解，為什麼藝術家們不斷以自己的方式探求內心世界和想像世界。對許多年輕藝術家來說，行之有年的抽象藝術，已沒有可供冒險、可供征服的領域，他們在尋求新穎的東西時，發現它們就在我們身邊最近的地方，但已喪失殆盡——就在自然和人類中。他們從不關心在畫面中複製自然，而想要表達他們個人對自然的情感經歷。

法國畫家阿弗瑞・馬尼西葉（Alfred Manessier）如此界定他的藝術目標：

> 我們需要再探索的東西，是失去的現實的厚重度。我們必須自己依人類的尺度來創造一個新的心、新的精神、新的靈魂。畫家的真正現實既不在抽象之中，也不在寫實主義之中，而在於他作為人的**厚重度**（weight）的再探索。目前的非具象藝術對我來說，似乎為畫家提供了一個機會，去摸索他本身的精神現實，去掌握他的根源本找的意識，甚至他的存在意識。我相信，只有通過對他的狀態的再探索，畫家才能在未來慢慢回到自身，再發現他自己的厚重度，並去強化它，以使它能伸展向世界的外在現實。（註61）

巴賽恩也說過類似的話：

> 對今天的畫家而言，最大的誘惑是去畫出他情感的純粹節奏，他的心臟最秘密的跳動，而不是以具體形式使其具體化。畢竟，具體形式只會導致一種枯燥的數學、一種抽象表現主義，結果是單調乏味和形式上的逐漸枯竭……能使人類

與其世界調和的「交流的藝術」，透過交流溝通的藝術，人類在任何時候都能辨識出他自己在世間尚未成形的表情。(註62)

事實上，現在藝術家心目中惦念的是，他們有意識地將自己的內在現實與世界或自然現實的再結合，或者，以身體與靈魂、物質與精神的重新結合，做為最終的訴求。這就是他們「對人的厚重度的再探索」之道。恰恰是到了現在，現代藝術的極大分裂（「極端抽象」與「極端寫實主義」之間）才開始被意識到，並開始被癒合。

對於旁觀者，這一點首先顯現在這些藝術家作品氣氛的改變。在馬尼西葉或比利時出生的畫家古斯塔拉・辛吉葉（Gustave Singier）等藝術家的繪畫中，儘管抽象，卻流露出對世界的信仰，儘管充滿了情感的張力，卻透露出一股達於祥和寧靜的形式與色彩和諧。法國畫家讓・呂赫薩（Jean Lurçat）在本世紀五〇年代創作的著名織錦圖中，自然的豐饒繁茂洋溢著整個畫面，他的藝術既可稱為感官的，亦可稱為想像的。

與邪惡共存

在克利的作品中，我們也可以看到形式與色彩的寧靜和諧，這種和諧正是他畢生奮鬥的目標。最重要的是他瞭解到，我們不必去否定邪惡：「即使是邪惡，也不一定是個耀武揚威的或卑劣的敵人，而是在整體中共同運作的一份力量。」(註63)但克利的出發點不同。他生活在近乎「死亡和未生」的狀態，在離這個世界最遙遠的地方，然而，年輕一代的畫家可以說是較固著於這塊土地上。

還需要注意一個重要問題，那就是，當現代繪畫正發展到能領悟到對立面的結合時，它融入了宗教主題。「形上的空洞」似乎被克服了，而完全預料不到的事發生了：教會成了現代藝術的贊助者。我們在這裡只需提一下「巴賽爾萬聖堂」（All Saints at Basle）就足夠了，它的窗畫是馬尼西葉的作品；愛思教堂（Assy church）擁有一大批現代藝術家的作品；威尼斯有馬蒂斯禮拜堂（Matisse chapel）；奧登科特（Audincourt）教堂，有巴賽恩和法國藝術家雷傑（Léger）的手筆。(註64)

教會採用現代藝術，不僅僅意味著贊助者的寬宏大量，而是象徵現代藝術在與基督宗教關係中的角色扮演發生了變化。古老的煉金術的補償作用，為兩者的合作提供了可能性。在討論基督的動物象徵時，人們認為，啟明的靈光與幽冥的精靈彼此相屬。今天，解決這個千禧年問題的答案，似乎已走到了一個新的階段。

未來會如何演變，我們無法知道。我們不曉得，對立面的溝通是否會得到正面的結果，或者，這條路會導向無法想像的巨大災難。因為，世界上存在著太多的焦慮和太多的畏懼，而它們仍是藝術和社會的主導因素。最重要的是，個體有太多的不願意，不願將他本來可以從藝術中得出的結論，運用在自己和自己的生活上，儘管他在藝術上可能願意接受這些結論。藝術家常常能夠以潛意識或不會引起敵意的方式表達很多事情，而這些問題如果被心理學家表達出來時，卻會引起公憤（這個事實在文學作品上要比在視覺藝術上更明顯）。面對心理學家的陳述時，個體會直接感到被挑釁，但是，藝術家所要說的，特別是在我們這個世紀，通常仍停留在非人稱(impersonal)的範圍內。

然而，提示出一個較完整、因而也較人性化的表達形式，不僅很重要，而且也應該在我們的時代具體成形了。這一道希望之光，對我來說（現在是一九六一年），可以用法國藝術家皮耶·蘇拉吉（Pierre Soulages）的大量繪畫作品來象徵。在巨大的黑色木椽的奔放之流背後，閃爍著一抹清晰、純潔的藍光，或一道光輝四射的黃色。光明正從黑暗背後升起。

註釋：

註1：恩斯特的說詞引自C. Giedion-Welcker, *Contemporary Sculpture,* New York, 1955.

註2：庫恩對史前藝術的看法，出自他的*Die Felsbilder Europas,* Stuttgart, 1952.

註3：關於能劇，請參考D. Seckel, *Einführung in die Kunst Ostasiens,* Munich, 1960, 第1及第16張圖。而能劇中所用的狐狸面具，參考G. Buschan, *Tiere in Kult und Aberglauben,* Ciba Journal, Nov. 1942, no.

86.

註4：各種神祇的動物屬性，見G. Buschan上揭書。

註5：榮格對獨角獸(基督的象徵之一)的討論，見《榮格全集》，卷XII，頁415以下。

註6：關於婆羅門神(Brahma)(或譯：梵天)的神話，見H. Zimmer, *Maya, der indische Mythos,* Stuttgart-Berlin, 1936.

註7：佛陀的誕生出現亦梵文的《普曜經》*(Lalita Vistera),* 西元前六〇〇至一〇〇〇年，譯文見Paris, 1884.

註8：榮格討論意識的四種功能，見《榮格全集》，卷VI。

註9：榮格對西藏曼陀羅的討論與詮釋，見《榮格全集》，卷IX。

註10：聖母在環形樹叢的中心，位於法國愛克斯省聖薩沃大教堂(Cathdrale Saint-Saveur)《燃燒的火棘三折畫》*(Triptyque du Buisson Ardent)*的中幅，1476。

註11：以曼陀羅平面設計圖來建造的神聖建築物的例證有：爪哇的Borobudur; the Taj Mahal; 耶路撒冷城的Omar清真寺。世俗建築有：神聖羅馬帝國皇帝菲特烈二世(1194-1250)在Apulia所建的Castel del Monte。

註12：原始村落與神聖空間中的曼陀羅式地基，見M. Eliade, *Das Heilige und das Profane,* Hamburg, 1957.

註13：把「方形」(quadrata)解釋成「由四部份組成」(quadripartie)的說法是由柏林古典文獻學者Franz Altheim所提出。見K. Kerenyi, Introduction to Kerenyi-Jung, *Einführung in das Wesen der Mythologie,* Zurich, p.20.

註14：另一種說法，認為「方形城市」(urbs quadrata)代表「畫出方形的圓」這個無解題，亦來自Kerenyi，在上述首次引證處。

註15：關於聖城，見《啟示錄》，XXI。

註16：見榮格的《評太乙金華宗旨》*(Commentary on the Secret of the Golden Flower)*, London-New York, 1956, 第10版。

註17：等邊十字架的例子有：crucifixion from the *Evangelienharmonie,* Vienna, nat. Bib. Cod. 2687(Otfried von Weissenberg, 9th century); Gosforth cross, 10th century; the Monasterboice cross, 10th century; 或Ruthwell cross。

註18：關於教會建築的變遷討論，是基於Karl Litz的論文*Die Mandala, ein Beispiel der Architektursymbolik,* Winterthur, November, 1960.

註19：馬蒂斯的《*Still Life*》收於Thompson Collection, Pittsburgh.

註20：康定斯基畫作中有散列的色球式圓圈的名為《*Blurred White*》, 1927, 收於Thompson Collection。

註21：納希的《*Event on the Downs*》為C. Neilson夫人所典藏，見Goerge W. Digby, *Meaning and Symbol,* Faber & faber, London. Meaning and Symbol,

註22：榮格關於幽浮的討論，見《飛碟：空中所見物體的現代神話》*(Flying Saucers: A Modern Myth of Things Seen in the Skies),* London-New York, 1959.

註23：引文出自巴賽納，*Notes sur la peinture d'aujourd' hui* (Paris, 1953)。轉引自Walter Hess, *Dokumente zum Verständnis der modernen Malerei,* Hamburg, 1958 (Rowohlt), p.122.本章中許多引文都出自這個極為好

用的編輯本，以下將之標注為*Dokumente*。

註24：馬爾克的說詞出自*Briefe, Aufzeichnungen und Aphorismen*, Berlin, 1920.

註25：康定斯基的書，見第六版，Berne, 1959.(第一版，Munich, 1912.)Dokumente, p.80.

註26：現代藝術的矯飾主義(Mannerism)和趕流行現象，相關討論見Werner Haftmann, *Glanz und Gefährdung der Abstrakten Malerei*, in *Skizzenbuch zur Kultur der Gegenwart*, Munich, 1960, p.111. 亦見同一作者的*Die Malerei im. 20. Jahrhundert*, 2nd edn., Munich, 1957; Herbert Read, *A Concise History of Modern Painting*, London, 1959. 以及許多個別研究。

註27：康定斯基的論文〈關於形式〉(Uber die Formfrage)收於*Der blaue Reiter*, Munich, 1912. 見*Dokumente*, p.87.

註28：巴賽納論杜象的瓶架，引自*Dokumente*, p.122.

註29：米羅的說法引自*Joan Miró*, Horizont Collection, Arche Press.

註30：關於施維特斯的「耽溺」，出自Werner Heftmann上引著作。

註31：康定斯基的說法出自*Selbstbetrachtungen*, Berlin, 1913. *Dokumente*, p.89.

註32：卡拉的說法引自Werner Haftmann, *Paul Klee, Wege bildnerischen Denkens*, Munich, 1955, 3rd edn., p.71.

註33：克利的說法出自*Wege des Naturstudiums*, Weimar, Munich, 1923. *Dokumente*, p.125.

註34：巴賽納的評論出自*Notes sur la peinture d'aujourd' hui*, Paris, 1953. *Dokumente*, p.125.

註35：基里柯的說法引自*S'ull Arte Metafisica, Rome*, 1919. *Dokumente*, p.112.

註36：引自基里柯的*Memorie della mia Vita, Dokumente*, p.112.

註37：康定斯基關於上帝已死的說法，引自《藝術的精神性》(*Ueber das Geistige in der Kunst*)，同上引文。

註38：這裡約略提到的十九世紀詩人，特別指海涅(Heinrich Heine)、韓波(Rimbaud)、馬拉美(Mallarmé)。

註39：榮格的引文出自《榮格全集》，卷XI，頁88。

註40：玩偶(manichini)在其作品中出現的藝術家，包括卡洛・卡拉、A. Archipenko(1887-1964)、Giorgio Morandi(1890-1964)。

註41：里德論夏卡爾，見*A Concise History of Modern Painting, London*, 1959, pp.124, 126, 128.

註42：布荷東的說法引自*Manifestes du Surrealisme* 1924-42, Paris, 1946. *Dokumente*, p.117, 118.

註43：引文出自恩斯特的*Beyond Painting*, New York, 1948. *Dokumente*, p.119.

註44：關於阿爾普的參考資料，是參考Carola Giedion-Welcker, Hans Arp, 1957, p.xvi.

註45：關於恩斯特的*Histoire Naturelle*，是參考*Dokumente*, p.121.

註46：關於十九世紀浪漫主義和「大自然的手跡」，見Novalis, *Die Lehrlinge zu Sais;* E. T. A. Hoffmann, *Das Märchen vom Goldnen Topf;* G. H. von Schubert, *Symbolik des Traumes.*

註47：卡斯納爾論特拉寇，引自*Almanach de la Librairie Flinker*, Paris, 1961.

註48：康定斯基的相關說法，出自*Rückblicke*(引自Max Bill為康定斯基的《藝術的精神性》所寫的序，同上引著作。)：亦見*Selbstdarstellung*, Berlin, 1913. *Dokumente*, p.86.;以及Hoffmann, *Malerei im. 20. Jahrhundert.*

註49：馬爾克的說法引自*Briefe, Aufzeichnungen und Aphorismen*,同上引著作：*Dokumente*, p.79註腳：及

Hoffmann, Malerei im. 20. Jahrhundert, p.478.

註50‥克利的說法引自*Ueber die moderne Kunst,* Lecture, 1924. *Dokumente,* p.84.

註51‥蒙德里安的說法引自*Neue Gestaltung,* Munich, 1925. *Dokumente,* p.100.

註52‥康定斯基的相關說法，出自*Ueber das Geistige..., op. cit.,* p.83; *Ueber die Formfrage,* Munich, 1912, (*Dokumente,* p.88); *Ueber das Geistige...,*(*Dokumente,* p.88); *Aufsätze,* 1923-43 (*Dokumente,* p.91).

註53‥馬爾克的法說引自George Schmidt, *Vom Sinn der Parallele in Kunst,* Basle, 1960.

註54‥克利的相關說法出自 *Ueber die Moderne Kunst, op. cit. (Dokumente,* p.84); *Tagebücher,* Berlin, 1953 (Dokumente, p.86); 引自Haftmann, *Paul Klee, op. cit.,* p.93, 50.; *Tagebücher (Dokumente,* p.86).; 及Haftmann, p. 89.

註55‥波洛克(Pollock)繪畫的相關資料見Haftmann, *Malerei im. 20. Jahrhundert,* p.464.

註56‥波洛克的說法出自*My Painting, Possibilities,*New York, 1947.引自Herbert Read上引著作p.267。

註57‥引自《榮格全集》，卷IX，頁173。

註58‥里德引克利的話，見*A Concise History of Modern Painting,*London, 1959, p.180.

註59‥馬爾克的說法引自*Briefe, Aufzeichnungen und Aphorismen, Dokumente,* p.79.

註60‥關於馬利尼的討論，出自羅蒂提的*Dialoge über Kunst,* Insel Verlag, 1960. (這兒的對話是以簡縮的方式呈現出來的。)

註61‥馬尼西葉的說法是引自W. Haftmann上引著作，p.474.

註62‥巴賽納的評論出自他的*Notes sur la peinture daujourd hui,* Paris, 1953. *Dokumente,* p.126.

註63：克利的說法引自W. Haftmann, *Paul Klee*, p.71.

註64：教堂中的現代藝術，見W. Schmalenbach, *Zur Ausstellung von Alfred Manessier*, Zurich Art Gallery, 1959.

MAN AND HIS SYMBOLS

〈第五章〉

亨利的夢：一件個體分析中的象徵

Symbols in an Individual Analysis

作者：
尤蘭得・雅柯比(Joland Jacobi)

分析的開始

有一種看法很流行，認為榮格派心理學研的方法只適用於中年人。的確，許多男女年齡雖然到了中年，可是心理上並沒成熟，因此，有必要幫助他們渡過自身發展中被忽略掉的階段，他們還沒有完成弗蘭茲博士所描述的個體化過程第一階段。但是，年輕人在成長過程中也會遇到嚴重的問題。如果一個年輕人害怕生活，難以適應現實，他會寧願沈溺於幻想之中，或始終停留在童年狀態。在這樣的年輕人身上（特別是如果他屬於內向性格），人們有時會發現其潛意識中有意想不到的寶藏，藉由讓這些寶藏轉變到意識當中，可以加強他自我的力量，給予他所需要的心靈動力，成長為一個成熟的人。這就是我們夢的強力象徵所具有的功用。

本書的其他作者已描述了這些象徵的本質，和它們在人類的心理本性上所扮演的角色。我希望以一位青年工程師為例，說明一下心理分析對個體化過程有什麼幫助。這位工程師二十五歲，我叫他亨利。

亨利生於瑞士東部的鄉村。他的父親是個普通的開業醫生，信奉鄉野傳統的清教，亨利說他父親有很高的道德標準，但很保守，不願與人接觸。他比較像是病人的父親，而不像是兒女的父親。在家裡，亨利的母親對一切事情都說了算數，「我們是在母親有力的手掌撫養下長大的」，有一次亨利這樣說。她出身自有學院背景和廣泛藝術興趣的家庭，儘管她本人很刻板，但卻有著廣闊的精神視野。她很衝動，也很羅曼蒂克（她極熱愛義大利）。雖然她生活在天主教徒家庭，但她的孩子則是在他們的父親的清教思想影響下長大的。亨利有個姊姊，和他感情很好。

亨利性格內向，怕羞，身材瘦高，髮色淺黃，高額頭，藍眼睛，黑眼眶。他認為，他之所以來找我，並不是因為精神官能症（最常見的門診理由），而是因為刺激他心靈的內在衝動。隱藏在這種衝動背後的是，強烈的「**母親紐帶**」(mother-tie) 和對投入生活的恐懼，當然，這是在我進行了分析工作之後才發現的。他剛完成學業，在一家大工廠工作，面臨著許多正在步向成年的年輕人所遇到的問題。他在請求與我會談的信中寫道：「對我來說，我生命的這個階段特別重要而有意義。我必須做出決定，或是在保護良好的安定條件下保持對事物的潛意識，或是向我極度渴望、但未知的道路上冒險而行。」因此，這個抉擇使他面臨著要保持做一個孤獨、猶豫不決和不夠現實的青年，還是成為一個自食其力、有責任心的成年人。

亨利告訴我說，他喜歡書本甚於社會，他感到跟別人在一起很彆扭、很不自在，經常為疑慮和自責所苦。就他的年紀而言，他算是讀了不少書，並傾向於對美學知識的渴求。經過早期的無神論階段後，他開始熱衷於清教，但後來他的宗教態度變得徹底中立了。他選擇了科技教育，因為他感到他的才份是在數學和幾何方面。他的頭腦很有邏輯性，是在自然科學的教育中訓練出來的，但是，他對非理性和神秘事物有點癖好，甚至他自己都不願承認。

在開始他的個案分析約兩年前，亨利與一個信奉天主教的女孩訂了婚，她來自瑞士靠法國的地區。他口中的她，是個迷人、有效率、充滿進取心的女孩。然而，他不敢肯定他能否承擔起婚姻的責任。由於他跟一般女孩子的交往太少，他認為最好可能是等一等，甚至保持單身，獻身於學術生涯。他疑慮太重，使他無法做出決定，在他能肯定自己之前，他需要更進一步邁向成熟。

雖然父母的特性都集中在亨利身上，但他明顯受到母親的束縛。在亨利的意識中，他認同他現實中（或「明亮面」）的母親，她代表著很高的理想和知識上的抱負。但在他的潛意識中，他深深地處於被母親束縛的陰影中。他的潛意識仍以壓抑的方式控制著他的自我，他所有條理分明的思考和尋找純理性的堅定立足點的努力，只不過是一次又一次智力上的演練。

亨利的母親紐帶

對於逃避這道「母親桎梏」(mother-prison)的需要，表現在他對現實母親的敵意反應，以及拒絕以「內在母親」作為潛意識陰柔面的象徵。但是，有種內在力量促使他退回童年時代，抗拒任何吸引他走向外在世界的東西。即使是他未婚妻的吸引力，也不足以將他從母親紐帶中解放出來，幫助他發現自己。他沒覺察到他對成長的內在驅力（他這方面的感受很強烈），包含著要**與母親分離**的需求。

我對亨利的分析工作持續了九個月。我們總共會談了三十五次，他敘述了五十個夢。為期這麼短的分析確實罕見。只因為亨利做的夢滿載著能量，才可能加速整個發展過程，當然，依榮格派的觀點來看，成功的分析並沒有一定的時間長度要求，一切端看個體是否已準備好要認識內在的事實，以及他的潛意識所呈現的材料。

像大多數性格內向的人一樣，亨利的社會生活是相當單調的。白天，他完全投身在他的工作中。晚上，他有時與未婚妻或朋友在一起，而他喜歡跟他們進行文學方面的討論。更多的時候，他在家裡耽溺於閱讀或自己的思維中。雖然，我們習慣上都會討論他日常生活發生的事，以及他的童年和青年時代，但是，我們經常也很快就進入探索他的夢以及他內心生活所呈現的問題。看到他的夢那麼強烈地「召喚」他朝向精神發展，實在非比尋常。

但我必須先澄清，這裡所描述的一切，當時並沒有完全都告訴亨利。在心理分析中，必須要意識到做夢者的象徵對他本人可能會有怎樣的**引爆效果**。分析者必須盡可能保持謹慎含蓄。如果把夢的象徵語言點破，且點得太明，做夢者就可能會感到焦慮，因而導向自我合理化，變成防禦機制，或者，他可能沒辦法消化它們，而陷入嚴重的心靈危機。另外，這裡所提到和評論的夢，絕不是亨利在進行分析期間所做的所有的夢。我只能討論少數對他的發展有重要影響的夢。

分析開始時，帶著重要象徵意義的童年記憶出現了。最早的可以追溯到亨利四歲的時候。他說：「有一天早晨，我被允許和母親一起去麵包鋪。在那裡，我從老板娘手裡得到一個新月形的麵包捲，我沒有吃，而是驕傲地拿在手裡。只有母親和老板娘在場，所以我是唯一的男人。」這種新月形一般被稱為「月牙」，這個對月亮的象徵暗示，強調了陰性的支配力量，這個小孩感到自己暴露在這種力量的面前，而作為「唯一的男人」，他很自豪自己能面對這種場面。

另一段童年回憶是五歲的時候，關係到亨利的姊姊。她在學校考完試回家，看到他在蓋一座玩具倉庫，他用積木砌成方陣，周圍有些柵欄，看起來像城堡的垛口。亨利對自己的成就感到高興，同時取笑他姊姊說：「才剛開學，妳好像又放假了。」她回嘴說他整年都在放假，這讓他非常生氣，他覺得受到了極大的傷害，他的「成就」沒有被認真看待。

即使是在多年以後，亨利仍沒忘記當他感到他的成就沒被承認時，所受到的痛苦打擊和不公平待遇。他後來的問題關係到他要證明自己是男性，以及理性與幻想價值之間的衝突，這些在他的早期經歷中都可以看到，而這些問題也可以在他第一個夢的形象中看到。

第一個夢

在亨利第一次跟我會談後的第二天，他做了這樣一個夢：

我和一群我不認識的人一起遠足。我們正要去齊那侯同（Zinalrothorn）。我們從賽麥丹（Samaden）出發，只走了大約一小時的路，因為我們要紮營，再演些戲。我沒有擔任什麼重要角色。有一個演員，我對她印象特別深：一個年輕女人，扮演一個可憐兮兮的角色，穿著一件平滑的長袍。

那時是中午，我想去隘口那邊看看。由於別人都想留下，我只好留下裝備，自己去了，然而，我不知不覺又走回到那個山谷，完全迷失了方向。我想回到營地，可是又不知該從哪一個山腰爬過去。我猶豫著想問一問，最後，有個老婦人告訴了我該怎麼走。

我用的出發點跟今早團隊用的出發點不一樣，然後往上爬。這時，我只要從右邊的高地轉個彎，再沿著山坡走下去，就可以回到營地了。我順著右邊的木齒軌道向山上爬，我的左面，不斷有小汽車駛過，每輛車裡都隱藏著一個穿藍衣服、膨脹的小人。據說他們都死了。我擔心有車從我身後駛來，便不斷回頭看，以免被輾過。我的緊張其實是不必要的。

在我必須向右轉的地方，有很多人在等著我，他們把我領到一個小旅館。忽然，天下起豪雨來，我後悔裝備不在身邊——背包、機車，但是，有人告訴我第二天早晨才能去取，我接受了這個勸告。

榮格博士認為，分析中的第一個夢極為重要，因為，依他的觀點，**第一個夢經常有預測的價值**。決定開始投入分析，通常會伴隨一陣情緒混亂，這會干擾產生原型象徵的心靈深層的穩定，因此，第一個夢常常會呈現出「集體形象」，為整個分析提供了全景，有助於心理治療者對做夢者的心靈衝突有所洞察。(註1)

上面這個夢對亨利的未來發展說明了什麼呢？我們必須首先檢視一下亨利本人提供的一些聯想。賽麥丹是十七世紀瑞士著名的自由戰士約各·耶那茨(Jürg Jenatsch)的家鄉。營地的「表演」，使他想起歌德的《威廉·邁斯特的學習時代》(*Wilhelm Meisters Lehrjahre*)，亨利非常喜歡這本書。在那個年輕女人身上，他看到了與一幅畫上的人物相像的形象，這幅畫就是《死者之島》(*The Island of the Dead*)，由十九世紀瑞士畫家阿諾·波克林

(Arnold Böcklin) 所繪。亨利說的「聰明老婦」，一方面似乎是他的分析者的聯想，一方面也跟普里斯利 (J.B. Priestley) 的劇本《他們來到一個城裡》(*They Came to a City*) 中的女僕有關係。那個木齒軌道，使他想起他小時候堆砌的有城垛的倉庫。

這個夢描述了一次「遠足」（一種「徒步旅行」），這與亨利決定接受分析一事顯然平行相應。個體化過程通常會以發現未知地的旅行來象徵，這樣的旅行也出現在約翰・班揚(John Bunyan)的《天路歷程》(*Pilgrim's Progress*)或但丁(Dante)的《神曲》(*Divina Commedia*)中。在但丁的詩中，那個「旅行者」在找路的時候，來到一座山前，而他決定要爬這座山。但是，由於有三個怪物（一個在亨利後來的夢中也出現了的主題），他被迫下到峽谷裏，甚至到了地獄。(後來他又升到煉獄，最後達到天堂。) 從這個事例中，人們可以推斷，在亨利的經歷中，有類似的迷失方向和孤獨追尋階段。這是生命旅程的第一階段，以爬山來呈現，從潛意識中上升到一個昇華了的自我的觀點——也就是上升到越來越強的意識層次。

塞麥丹被選定為遠足的出發點，這也是耶那茨開始他為瑞士的維爾特林 (Veltlin) 地區擺脫法國統治，爭取解放而發起運動的地方（耶那茨可以視為在亨利潛意識中「尋求自由」之機能的具體表現）。耶那茨還有一些與亨利共同的性格特點：他是一個清教徒，與一個信奉天主教的女孩戀愛；而且，亨利的分析顯示他是為了解除他的母親紐帶和對生活的畏懼一樣，耶那茨也是為了解放而戰鬥。我們可以把這一點解釋為一個好預兆，預示亨利進行的爭自由戰鬥必將勝利。遠足的目的地是齊那侯同(Zinalrothorn)，是瑞士西部他不熟悉的一座山。「紅」(rot這個字根是「紅」的意思)這個字觸動了亨利的情緒問題。紅色通常象徵了感情或熱情的，它在這裡指出了在亨利身上發展不夠充分的情感功能的價值。「角」(horn)一字使人回想他孩提時代在麵包鋪拿的月牙形麵包捲。

走向過渡狀態

走了一段小路後，就停下來了，亨利又回到被動狀態。這也是他的本性。「表演」強調了關鍵問題。到劇場看戲(真實生活的模仿)是一種躲避在人生戲劇中扮演積極角色的普遍方式。觀眾可以很入戲，又能夠繼續在他的幻想中留連。這種認同作用(identification)使希臘人去體驗情感上的洗滌淨化(catharsis)，很像美國精神醫師莫瑞諾(J.L. Moreno)所創發的心理劇(psycho-drama)，它現在已被用於心理治療。當亨利的聯想與《威廉・邁斯特的學習時代》(歌德描述一個年輕人成熟經歷的故事)的記憶聯繫到一起時，上述的某些過程會幫助他得到內在的發展。

亨利對一個女人的浪漫外表印象深刻，這不足為奇。這個形象與亨利母親相近，而且，同時也是他潛意識陰柔面的化身。亨利把她與波克林的《死者之島》聯繫起來，說明了他沮喪的情緒被這幅畫徹底表現出來了。一位僧侶模樣的人，穿著白色長袍，撐著載有棺材的船，駛向一個島。在這裡，我們遇到一個有意味深遠的雙重弔詭：船的龍骨似乎背向著島，暗示相反的航向；「僧侶」是個性別不確定的人。在亨利的聯想中，這個人物顯然是個雙性人。這兩重弔詭與亨利的矛盾心理恰巧相符：他靈魂中的對立面仍然過於交纏混沌，以致很難清楚地劃分開。

在夢裡的這段插曲之後，亨利忽然意識到已是中午了，他必須繼續往前走。於是他又開始往隘口那邊走去。山隘是極常見的「過渡狀態」的象徵，它把舊的心智態度引向新的心智態度。亨利必須獨自走，沒有任何援助，這種考驗對他的自我是必要的。因此，他把他的個人裝備卸下來，這一行動意味著他精神上的裝備已成為負擔，或者，他必須改變他通常的處事方式。

但是，他沒有到達那個隘口。就迷失了方向，還發現自己不知不覺又回到了峽谷。這一失敗顯示，當亨利的自我決定行動時，他的其它心靈要素（以同行者中其他團員來代表）仍保持在原來的被動狀態，拒絕伴隨自我。（當做夢者本人出現在夢中時，他通常只代表他的意識自我，其他形象代表他或多或少未知的、潛意識的特質。）

亨利處於無助的境況，卻又羞於承認。這時，他遇到一個老婦人，她為他指引了正確的方向，不得已，他也只好接受她的勸告。這個來幫忙的「老婦人」是個廣為人知的象徵：在神話和童話中，代表永恒的女性天生智慧。理性主義者亨利猶豫地接受了指點，因為這種接納需要「**理智的犧牲**」(sacrificium intellectus)——要犧牲或拋棄理性的思維方法

（這一要求在亨利後來的夢中經常出現）。這種犧牲是無可避免的，它不僅適用於他與心理分析的關係，也適用於他與日常生活的關係。

他把「老婦人」的形象與普里斯利劇中的女僕聯想在一起，在這齣戲中的新「夢想」城（也許類似〈啟示錄〉中的新耶路撒冷，只有經歷過某種成年禮後的角色才能進去。這種聯想似乎顯示亨利已直覺地把此一遭逢視為對他有決定性的事情。劇中女僕說，在這個城裡，「他們答應給我一間我自己的房間」，這樣，她就可以自食其力、獨立自主了，而這正是亨利所尋求的。

如果像亨利這樣具備科技心智的年輕人，有意識地選擇心靈發展的道路，那他必須要準備改變他的舊有態度。所以，依據老婦人的勸告，他必須從一個不同的出發點去攀爬。只有這樣，他才有可能判斷他必須在什麼高度偏轉方向，找到他早先離開的群體——他心靈的其它特質。

靈魂中的對立衝突

他沿著木齒軌道爬行（可能是一個反映他科技教育的主題），並保持在軌道右邊——意識的一邊。（在象徵主義史上，**右邊總是代表意識領域，左邊則是潛意識領域**。）小汽車從左邊開下來，每輛車裡都藏著一個小人，亨利害怕向上開的車會從後面撞到他。

他的焦慮其實毫無根據，但透露了亨利害怕他自我背後的東西。

那些膨脹的、穿藍衣服的人，可能象徵著僵固的智性思維，被機械地送下來。藍色通常暗示思維作用，因此，那些人可能是觀念或態度的象徵，這些觀念和態度，在空氣過於稀薄的知識高度中死亡。它們也可能代表亨利心靈中沒有生機的部分。

夢中，對這些人有一個評語：「據說他們都死了。」但亨利是單獨一人。誰會說話呢？是個聲音——當在夢中聽到一個聲音時，會是最有意義的事件。榮格博士把夢中聲音的出現與「本我」的介入視為同一。它代表一種知識，這種知識源於心靈的集體基礎。聲音所說的是不能辯駁的。

亨利對上述「死亡」公式的頓悟，標誌了這個夢的轉捩點。終於，他到達了可以轉向的正確地方，向右轉（意識的方向），轉向意識和外部世界。在那裡，他找到了早先被他棄之不顧，現在正在等他的同伴，由此，他能夠意識到從前性格上的未知層面。因為，他的自我已戰勝了它獨自遭遇到的危險（使他更成熟和穩定），使他能重新與群體或「集體」聚合起來，得到居所和食物。

接著下雨了。這場大雨鬆弛了緊張的氣氛，使大地有了生機。在神話中，雨常被認為是大地與天堂間「愛的結晶」。例如，在希臘神秘儀式中，在一切東西都被水洗淨之後，要向天堂呼喚：「下雨吧！」而向大地呼喚：「大豐收！」這被理解為諸神的神聖婚姻，因此，雨可以依字面意義解為「溶液」。

亨利下來後，再次看到背袋和摩托車所象徵的集體價值。他渡過了一個強化他的自我意識的階段，証明了他能把持自己，並有了社交接觸的新需要。然而，他接受了朋友們的勸告，等到第二天早晨再去取他的東西。因此，他第二次服從了從別處來的勸告：第一次，是老婦人的勸告，服從了主觀力量，一個原型形象；第二次，服從的是一個集體模式，亨利藉此通過了邁向成熟的一個里程碑。

若把這個夢視為一個預測，預測亨利通過分析可望獲致的內心發展，那麼這個夢帶來特別的希望，造成亨利靈魂緊張的對立衝突在此獲得明顯的象徵。一方面，夢裡有他要上升的意識驅力；另一方面，也有被動沈思的傾向。而且，穿白色長袍的可憐女青年形象（代表亨利敏感和浪漫的情感）與穿藍衣服的膨脹屍體（代表他僵硬貧乏的知識世界）形成對比。然而，對於亨利來說，要想克服這些阻礙，在它們之間找到平衡點，只有在經歷了最嚴峻的考驗後，才有可能。

對潛意識的恐懼

我們在亨利的第一個夢中遇到的問題，其實是許多其他人也會遇到的問題，諸如陽剛主動與陰柔被動之間的搖擺不定，或躲藏在智性禁欲主義背後的傾向。他害怕世界，卻又被它吸引。從根本上講，他害怕承擔婚姻的義務，這種義務要求他與一個女人建立起負責任的關係。這類矛盾心理，對於處於成年門檻邊的人來說，並不陌生。雖然，從年齡上講，亨利早已過了那個階段，但是，他內在的成熟度與年齡並不相符。這種問題經常出現在性格內向的人身上，他們害怕現實，恐懼外在生活。

亨利講述的第四個夢，對他的心理狀態提供了十分明確的展示：

這個夢，我彷彿做過無數次了：服兵役的時候，長距離賽跑。路上只有我一個人，我再怎麼樣都到不了目的地。我會是最後一名嗎？路況我很熟，整條路線我都很熟。起點在一片小樹林，地上覆蓋著乾樹葉。斜坡蜿蜒，通向田園風味的小溪，令人留連忘返。接著是塵土飛揚的鄉間土路，通往蘇黎士湖附近的一個小村子洪布瑞提孔(Hombrechtikon)。有條小河，兩岸都是楊柳，與波克林的一幅畫相似，這幅畫中有一位夢一般的女性人物沿著河岸而行。夜幕降臨了。在村裡，我向人問路，有人告訴我，這條路要走七小時，再經過一個隘口，就上大路了。我振作起來，繼續往前跑。

然而，這次夢的結尾與以前不一樣。在經過兩邊是楊柳的小河之後，我來到一片樹林。我發現一頭匆匆跑過的母鹿。我為此景象而自豪。那頭母鹿出現在我左邊，然後我轉向右邊，看到三個怪物，半豬、半狗，長著袋鼠般的腿。臉部極難辨識，耳朵像狗耳，大而下垂，也許是化了妝的人。我小時候，有一次曾在馬戲團化妝成一頭驢。

這個夢的開場顯然與亨利的第一個夢相似。夢一般的女性形象又出現了，背景又與波克林的另一幅畫相關聯。這幅畫叫《秋思》(*Autumn Thoughts*)，夢開頭的乾樹葉烘托出了秋天的情調，浪漫的氣息又出現在這個夢裡。這片內心風景顯然代表了亨利的憂鬱，他對此很熟悉。他又處在人群之中，不過這次是與軍中同僚一起長途賽跑。

這整個情境，(正如服兵役所暗示的)可以被看作是一般男人命運的呈現。亨利本人說：「這象徵了生活」。但是，做夢者並不想去適應它。他一個人前進，這也許是亨利常有的情況。這也是為什麼他有著一切都「很熟悉」的印象。他的想法（「我永遠也跑不到目的地」）暗示著強烈的自卑感，認為自己不可能在「長跑」中獲勝。

他的路通向那個小村子，洪布瑞提孔（Homberchtikon）。這個名字使他想起他脫離家庭的秘密計畫（Hom等於家，brechen等於脫離）。但是，因為這個計畫沒實現，他再度（跟在第一次夢裡一樣）失去了他的方向感，而不得不問路。

顯然這些夢或多或少在補償做夢者心靈的意識態度。亨利意識中理想的浪漫女人形象，被那些像女性般怪異動物的出現給平衡了。亨利的本能世界被某種陰性的東西所象徵。樹林是動物生存的暗處，也是潛意識領域的象徵。開始時，一頭母鹿出現了，害羞、難以捉摸、天真的女性氣質象徵，但只有一會兒。隨後，亨利看到三個形狀詭異而令人退避三舍的混種動物。牠們似乎代表他尚未分化的本能，令人迷惑的不同本能大雜燴，其中包含有他後期發展的原始材料。牠們最顯著的特點是差不多都沒有臉，因此沒有一點點意識的微光。

在許多人的心目中，豬與骯髒的性慾關係密切（例如，瑟茜〔Circe〕把對她有欲望的男人都變成了豬）。狗代表忠誠，但也代表雜交，因為牠在選擇配偶時沒有什麼區分。然而，袋鼠常是母性溫和養育能力的象徵。

所有這些動物只呈現最原初的特質，但即使這些特質也已經在無意間被污染了。在煉金術中，「**原初材料**」（prime material）經常是由這些無厘頭的怪物來象徵，牠們是動物形貌的雜燴。用心理學的話來說，它們或許象徵原始而整全的潛意識，個體自我由此中產生，並邁向成熟。

潛意識的深淵

亨利想把怪物變成看來無害的動物，反而讓他對怪物的恐懼變得更明顯。他想使自己相信，牠們只是化了裝的人，就像他小時候參加的化裝舞會那樣。他的焦慮很自然。一個人在他內在本我中發現這種非人的怪物，象徵他潛意識的某些特質，他當然很有理由感到害怕。

另外一個夢也顯示了亨利**對潛意識深淵的恐懼**：

> 我在一艘船上當服務員。奇怪的是，雖然海面上風平浪靜，可是帆還是張著。我的工作還包括抓住一條綁緊桅杆的繩子。說來很奇怪，舷邊的欄杆是個表面包著厚石板的板牆，整個結構正好建在水與獨自漂流的船之間。我緊緊抓著繩子（而不是桅杆），我被禁止看海水。

在這個夢中，亨利處於心理的邊緣狀態(borderline situation)。欄杆是一堵板牆，保護他，同時卻也阻擋了他的視線。他被禁止看海水（在那裡，他也許能找到未知的能力）。所有的這些形象，透露了他的懷疑和恐懼。

害怕跟自己內心深處溝通的人（像亨利那樣），會比較害怕他本人內在的陰性元素，也同樣害怕現實中的女人。有時，他被她所吸引，另一些時候，他試圖逃開；被吸引而又恐懼，最終的逃跑是為了不要成為她的「犧牲品」。他不敢帶著動物般的性欲接近一個鍾情的（因此，也是理想化的）伴侶。

母親紐帶影響下的典型後果是，對於同一個女人，亨利感到很難同時給予情感和肉欲。他的夢一次又一次表現出他要掙脫這個兩難的欲望。在一個夢中，他是個「有秘密使命的僧人」。另一個夢中，他的本能卻引誘他去一間妓院：

> 一處不知名的城市裡，我與一個有許多艷遇的軍中同袍一起，在一條黑街的一幢房子前等待。入口只允許女人通過，因此，在大廳裡，我的朋友戴上了一個女人的嘉年華面罩上樓去了。我可能也做了同樣的事，卻記不清了。

這個夢可能是想滿足亨利的好奇心，但其實只是虛幌一招，作為一個男人，他缺少走進房間的勇氣，那幢房子顯然是妓院。但是，如果他放棄他的陽剛氣質（masculinity），他可能對這個禁忌的世界有所洞察，禁忌是他的意識心靈造成的。然而，這個夢沒告訴我們他是否決定進去。亨利還沒有戰勝他的壓抑。如果我們考慮進入妓院的含意，便可以理解這樣的失敗。

上面這個夢，對我來說，似乎透露了亨利內心的同性戀傾向：他似乎感到用一張陰柔的「面具」（mask），會使他對男人有吸引力。這個假設被下面的夢證實了：

我發覺我又回到五、六歲的時候。那時的一個小玩伴告訴我，他怎樣與一個工廠的廠長進行猥褻行為。我的朋友用他的右手握住那個男人的陰莖，讓它保暖，也讓自己的手暖和起來。那個廠長是我父親的親密好友，我很敬佩他廣泛而多樣的興趣。但是，我們也嘲笑他「永遠是個小伙子」。

對於那種年齡的孩子，搞同性戀遊戲是很普通的。亨利在夢中又回到那件事上，暗示了那會帶給他罪惡感，因此，它受到極大的壓抑。這種情感與他深恐和一個女人形成長久關係有關。另一個夢和聯想，說明了這種衝突。

我參加一對不知名的年輕人的婚禮。凌晨一點鐘，參加婚禮的人——新婚夫婦、男女儐相從宴會回來。他們走進一個大院子，我正在那裡等他們。新婚夫婦似乎吵過架，男女儐相也好象吵過。他們最終找到了解決問題的方法，要兩男和兩女分開休息。

亨利解釋說：「你在這裡看到了吉侯杜（Giraudoux，法國小說家、戲劇家、外交家，一八九九—一九四九）所描述的兩性戰爭。」接著他又說：「我記得夢中的院子是巴伐利亞的宮殿，只是最近為了救濟窮人，讓他們住進去以後給糟蹋了。當我去那兒時，我問自己，是要勉為其難生活在這幢古典美麗、但搖搖欲墜的建築裡比較好，還是寧願活跳跳地生活在醜惡的大都市環境中。我還在參加一個同事的婚禮時問自己，他的婚姻會持久嗎？因為他的新娘給我的印象不太好。」

渴望退縮到被動和內向、害怕不成功的婚姻，夢中兩性的分裂——所有這些無疑都是隱藏在亨利意識中秘密疑慮的明顯徵兆。

聖人與娼妓

亨利的心靈狀態，在下面的夢中得到了極深刻的描述。它暴露了他對原始性欲的恐懼，以及躲入某種禁欲主義的願望。在這個夢中，人們可以看到他的發展方向。為此，對這個夢的解釋也要比較詳細。

我發現自己在一條窄小的山路上。左邊（向下）有一個深淵，右邊是一片岩壁。沿著道路，有幾個洞穴掩體，是從岩壁上鑿出來的，可以讓流浪漢躲風避雨。在其中的一個洞裡，一個妓女半掩著容身其間。說來奇怪，我是從後面，即岩壁那邊看到她的。她的身體毫無形狀，像海綿一樣。我好奇地看著她，摸著她的屁股。忽然間，我感到她也許不是個女人，而是個男妓。

這個生靈接著又向正面轉過身來，是個聖人，肩上披著一件深紅色外套。他大步走到另一個較大的洞穴，裡面有粗削的椅子和長板凳。憑著他目空一切的眼光，他把已在那兒的人，包括我，都給趕走了。然後，他和他的追隨者搬進洞，安頓下來。

亨利本人對那個妓女的聯想是「維倫朵夫的維納斯」(Venus of Willendorf)，一個有血有肉的女人小雕像（出自舊石器時代），也許是個自然女神或生育女神。他又說：

當我旅行經過瓦利斯（Wallis法屬瑞士的一省）時，我第一次聽說摸屁股是生育的儀式。我在那裡參觀了古代的凱爾特(Celtic)古墓和出土文物。那兒有人告訴我說，那裡曾有過一個表面光滑的斜瓦溝，上面塗有各種各樣的物質，不孕的女人要光著屁股從那兒滑下去，來治癒她們的不孕症。

關於「聖人」的外套，亨利聯想到，「我的未婚妻有一件同樣款式的夾克，但是白色的。在做夢的前一晚，我們一起出去跳舞，她就穿著那件白夾克。另一個女孩，是她的朋友，和我們在一起，她穿著一件我比較喜歡的深紅色夾克。」

如果夢不是在滿足願望（如弗洛伊德所以為的），而是如榮格所認為的「潛意識的自我呈現」(self-representations of the unconscious)，那麼我們必須承認，亨利的心靈狀態除了在「聖人」夢中所描述的外，幾乎沒有更好的呈現方法了。

亨利是窄小山路上的「孤獨流浪畫」。但是（或許由於有了分析），他正從不適人居的高處向下走來。左邊，即潛意識層面，他的路與可怕的深淵相鄰接。右邊，即意識層面，他的路被他意識觀點的堅硬石壁所阻擋。然而，在洞穴中（換句話說，代表亨利意識領域的潛意識面），有在壞天氣可以躲避的掩體，換言之，當外部的張力變得太令人害怕時，便可以躲進去。

那些洞穴是刻意的人工成果：在岩壁上鑿出來的。從某方面來說，它們與我們意識集中力量達到極限而崩潰時所出現的裂縫相似，那種狀況下，幻想的東西就會肆無忌憚地穿透一切。這時，某些預想不到的東西可能會自己顯露出來，讓我們能夠對心靈的背景有深刻的洞察，瞥見我們潛意識領域的自由想像活動。不僅如此，石洞也可能是「大地母親」子宮的象徵，成為轉化和再生得以發生的神秘洞穴。

因此，這個夢似乎呈現了亨利的內向退縮，當他覺得世界變得愈來愈難熬時，他就退縮到他意識內的「洞穴」，在裡面，他便能屈從於主觀的幻想。這種詮釋也說明了他為什麼朝一個女性形象走去，因為這個形象正是他心靈某種內在陰性特質的複現(replica)。她是個沒有定形、海綿般、半遮半掩的妓女，她代表亨利在意識生活中絕不會接近，而在潛意識中被壓抑的女性形象。儘管（作為一個過度受尊重的母親的對立面）那個妓女對她會有種秘密的吸引力，但正如每個有戀母情結（mother-complex）的兒子那樣，這個妓女會永遠是他的斷然禁忌。

把跟一個女人的關係限定到純動物式的性欲，排除任何情感，這種觀念經常誘惑著這類青年，在這種交合中，他能保持自己在情感上的分裂，因而維持根本意義上對他母親的「真心」。所以，不管發生了什麼事情，母親設下了用以反對任何其他女人的禁忌，始終左右著兒子的心靈。

亨利似乎完全退縮到他的幻想洞穴背景去了，只「從後面」看到那個妓女。他不敢正面看她。「從背後」也意味著從她最不具人性的部份—她的屁股（也就是她身體刺激男性感官活動的部份）。

透過摸妓女的屁股，亨利潛意識地進行了某種豐年儀式，與許多原始部落實行的儀式類似。用手觸摸與治愈疾病常常結合在一起，同樣，用手觸摸也可能是防衛或詛咒。

夢中形象的轉化與人格面具

緊接著出現了一個念頭，那個形象根本不是女人，而是個男妓。那個形象隨之而成為雙性人，與許多神話中的人物一樣（而且類似第一個夢中的「僧侶」形象）。在青春期個體身上，可以經常看到他對自己的性別不放心，因此之故，青少年同性戀會被認為是正常的。這種不確定，對於有亨利這樣心理結構的青年也不例外。亨利已經在他以前的一些夢中表露出這一點。

但是，潛抑（repression）（同時還有性欲的不確定）可能引起了對那個妓女性別的混淆。那個既吸引做夢者、又令做夢者反感的女性形象發生了轉化——先變成男人，然後變成聖人。第二次轉化（transformation），消除了與此形象有關的所有性意味，並暗示避開性現實的唯一出路，在於實施禁欲和聖化生活，否認肉身。這種戲劇性的倒轉在夢中是很普遍的：有些東西轉變成其對立面（如，妓女變成聖人），似乎在表明，通過形變轉化，即使是極端對立的方面，也可以互相轉變。

亨利在聖人的外套上也看到了某種意味深遠的東西。外套常象徵保護套或面具（榮格稱此為人格面具persona），藉此，個體現身於世界。人格面具有兩個目的：第一、給別人某種特定的印象；第二、隱藏起個體的內在自信，以避人耳目。亨利的夢給出一張聖人的「人格面具」（persona），告訴我們他對他的未婚妻和她朋友的某種態度。聖人的外套顏色與那位朋友的夾克顏色相同，亨利很喜歡這種顏色，但其款式又是其未婚妻的外套款式。這可能暗示，亨利的潛意識想要把聖人的特質賦予這兩個女人，以便保護他不受她們女性特質的吸引。還有，外套是紅的，這（正如以前曾提到的）是傳統的情感和激情的象徵色彩，因此，它讓聖人形象有了一種充滿愛慾的靈性特質（eroticized spirituality）。那些壓抑自己性欲，單獨依賴「靈性」或理性的男人身上，我們經常可以看到這種特質。

然而，逃避肉欲世界，對年輕人來說，並不自然。在前半生，我們應學會接受我們的性欲：這對保存和延續我們的種族很重要。這個夢似乎是在提醒亨利這一點。

當聖人離開洞穴，繼續往前走時（從高地下到峽谷），他進入了另一個有粗削椅子和長凳的洞穴，使人回想到早期基督徒禮拜和逃避迫害的避難所。這個洞穴似乎是個療傷止痛的聖地，一個冥思靜坐的地方，一個從前世轉到天堂、從肉身轉到精神靈性的秘儀殿堂。

亨利被禁止跟隨聖人，而與已在洞裡的其他人（也就是說，與他的潛意識成員）一起被趕了出來。彷彿亨利與那些不是追隨聖人的人都被告知，他們必須生活於外在世界。這個夢好像是說，亨利必須首先成功地適應外在生活，然後，才能投身於宗教或精神王國。聖人的形象也似乎在象徵（以比較未經區辨、預期未來的方式）「本我」（Self），但亨利還不夠成熟，不能直接停留在這個形象附近。

分析的進展

雖然有最初的懷疑和抗拒，但亨利還是對他的心靈內在事件開始感興趣了。他顯然被他的夢觸動了。它們似乎饒富意趣地補充了他的潛意識生活，並使他對自己的矛盾心理、猶豫不定和喜歡被動等問題，有了極具價值的領悟。

經過一段時間，他的夢變得較主動，這表示亨利已經「順利上路」了。在開始進行分析後的兩個月，他講述了這樣一個夢：

在離我家不遠，一個小地方的港口附近的湖岸上，有人把上次戰爭沈下的火車頭和貨車廂打撈上來。先是一個像火車頭煙囪似的大汽缸被撈了上來。接著，是一輛巨大、生銹的貨車廂，整個畫面既可怕又浪漫。重新找到的東西必須從附近火車站的鐵道運走。隨後，湖底變成一片綠草地。

由此，我們可以看出亨利取得了多麼大的內在進展。火車頭（也許是能量和動力的象徵）已「沈沒」了，也就是壓抑到潛意識中了，但現在卻重見天日。同時，還有貨車廂，它們可以載運各種有價值的貨物（心靈特質）。既然這些「物體」又成了亨利意識生活中有益的東西，他便能認識到，他身上有多大的主動力。黑暗的湖底變成青草地，強調了他積極行動的潛力。

有時，在亨利邁向成熟的「孤獨旅程」中，他也獲得他陰柔面的幫助。在他的第二十四個夢中，他遇到了一個「駝背女」：

> 我和一個不知姓名的女孩一起去上學。她長得瘦小、秀氣，可是她的外形被駝背破壞了。還有許多人也走進校園。當別人都分別走進各自的教室上歌唱課時，我和那個女孩坐在一張小方桌前。她私下給我上了一堂歌唱課。我有一股衝動，為她感到憐惜，於是我吻了一下她的嘴。然而我知道，即使可以原諒，這也是對我未婚妻不忠。

歌唱是一種直接表達感情的方式。但是，（像我們所看到的）亨利害怕他的感情，他對感情是以理想化的青春期形式去認識的。然而，在這個夢中，他在一個方桌前學唱歌（感情的表達方式）。這張桌子，四邊等長，呈現了「四重」（fourfoldness）這個主題，通常這象徵了圓滿完整（completeness）。因此，唱歌與方桌的關係，似乎暗示亨利必須整合他的「感情面」，然後，才能達到心靈的圓熟。事實上，歌唱課的確觸動了他的感情，而且，他吻了女孩的嘴。從某種意義上說，他已藉此「娶」了她（不然他不會感到「不忠」），他已學會去接觸**「內在的女人」**（the woman within）。

另一個夢，證實了這個駝背小女孩在亨利內在發展中產生的作用：

> 我在一所不知名的男子學校。上課期間，我常偷偷溜回宿舍，不知是為了什麼。我躲在寢室方櫃子後面，通向走廊的門半開著，我害怕被人發現。有個成年人走過，但沒看見我。可是一個駝背小女孩走了進來，一眼就看到我，把我從藏身的地方拉了出來。

這同一個女孩不僅在兩個夢中都出現，而且都是在學校。每個例子裡，亨利都必須學一些對他的發展有益的東西。他似乎比較想在不被注意和被動的情況下，滿足他的求知慾。

畸形小女孩的形象，在許多童話中都出現過。在這些童話中，駝背的醜，時常隱藏著極大的美。只有在一個「適合的男人」把她從魔咒中解救出來時——通常是以一個吻——這種美才會顯現出來。亨利夢中的女孩，可能象徵著亨利的靈魂，也需要從使它變醜的「魔咒」中解脫出來。

當這個駝背女試圖以唱歌喚醒亨利的感情，或把他從黑暗的躲藏處拉出來時（迫使他面對白日的光），她自身顯現為一位有益的嚮導。某種意義上，亨利能夠、也必須同時屬於他的未婚妻和駝背小女孩（前者代表現實、外在的女人，後者則是內在心靈安尼瑪的化身）。

卜卦的夢

完全依賴理性思考，排除或壓抑所有心靈生活領會的人，通常有種幾乎無以名狀的傾向。他們聽信神諭和預言，並極易受巫師、術士、法師的矇騙和影響。而且，因為夢補償人的外在生活，這種人對知識的強調，會被夢所補償，在夢中，他們與非理性相遇，而且無所遁逃。(註2)

在進行分析的過程中，亨利深刻體驗到了上述的現象。出於這種非理性主題的四個特別的夢，呈現了他靈性發展上決定性的里程碑。其中第一個夢，是在開始進行分析後十星期出現的。以下是亨利的說明：

我一個人進行穿越南美洲的冒險旅行，終於，我有了要回家的欲望。在一座山上的異國城市裡，我試圖找到火車站，我本能地猜測車站就在城中心，城的最高點。我擔心我可能會趕不上。

然而，幸好在我右邊有一個拱形的通道穿過成列的房屋，它們像中世紀的建築一樣，蓋得很密，形成了一堵無法穿越的牆，而車站可能就在牆後面。整個畫面看起來非常像一幅風景畫。我看到陽光燦爛，色彩斑斕的房屋正面，在陰暗的拱道下，有四個衣衫襤褸的人躺在走廊上。我鬆了一口氣，急忙奔向那個通道，這時，忽然有個陌生人，設陷阱的人，跑到我的前面，顯然，他也一心想要趕上火車。

隨著我們接近那四個看門人，他們變成了中國人。他們跳起來阻止我們通過。在隨後的格鬥中，我的左腿受傷了，是被一個中國人左腳的長指甲弄的。現在，要卜個卦來決定，那條路是否能為我們打開，還是我們一定得喪失性命。

我是第一個上場問命的人。當我的同伴被綁到裡邊時，中國人用小象牙籤來占卦。卦象對我顯凶象，但我還有一次機會。我被戴上鐐銬領到一邊，跟我的同伴一樣，現在輪到他。他上場時，要透過第二次占卦來決定我的命運。這次，我得到吉卦，我得救了。

人們馬上會注意到這個夢的奧妙和言外之意，以及它象徵上的豐富和緊湊。然而，亨利的意識心靈似乎想要忽略這個夢。但是，由於他對潛意識的產物懷疑成性，因此，不把這個夢暴露在理性化的危險之下，讓它不受干擾地自由作用在他身上，這是很重要的。所以，一開始我忍住不做詮釋，只提出一條建議：我建議他去請示（像在他夢中的中國人那樣）著名的中國占卜著作《易經》。

《易經》是很古老的智慧之書，又稱為「變易之書」(Book of Changes)。它源於神話時代，現在的內容形成於公元前三千年。根據李察・威廉的說法（Richard Wilhelm，他把該書譯成德語，並附有值得參考的評論），中國哲學的兩大分支——道家和儒家的共同源頭就是《易經》。這本書基於人類與周遭宇宙「一體」(cncness)的前提，以及陰陽相生相剋的原理（即男性與女性原理）。全書有六十四「卦」，每一卦都由六條線（六爻）組成。這些「卦」包括所有可能的陰陽組合。直線被視為男性，斷線被視為女性。

每個卦描述一種人類或宇宙的變化情境，並以圖象語言指明在彼種時刻的順勢行動方法。中國人請求這種神諭，是為了知道在特定的時刻與哪個「卦」相適應。它們用五十根小籤，以相當複雜的方式產生出指定的數目。（很巧，亨利說他曾經讀過一種奇怪的遊戲，中國人有時用以發現未來，我想大概是榮格的《評太乙金華宗旨》(*Commentary on The Secret of the Golden Flower*)）

現在，較常用的易占方式是用三個硬幣。每次同時擲出這三枚硬幣，會產生出一爻。每枚硬幣如果呈現「正面」計三分，「背面」算兩分。三枚硬幣必須要擲六次，每次三枚硬幣累計的分數會產生一個數字，數字是六或八就形成陰爻（斷線），七或九形成陽爻（實線），三個爻組成一個卦，上下兩卦構成一組完整的卦象。

易經算命的同步現象

但是，這種「算命」在我們時代有什麼意義呢？即使那些接受《易經》是智慧的寶藏這一觀念的人，也會發現他很難相信占卜只不過是秘術的實驗而已。掌握有關《易經》涉及的內容的確很難，因為現在一般人都有意識地把一切占卜技巧視為古代無意義的東西排斥掉了。然而，它們並不是毫無意義的。正如榮格博士曾指出的，它們基於他稱為「**同步原則**」(principle of synchronicity) 上（或者說的簡單些，基於有意義的巧合之中）。他在他的〈同步性：非因果的關聯原理〉(Synchronicity: An Acausal Connecting Principle) 一文中，描述了這一難解的新觀點。它基於這樣一個前提：**內在潛意識知識會把物理事件與心靈狀態聯繫起來**，這樣，某種「偶然」或「巧合」出現的事件，就能在事實上有心靈意義，而其意義通常會透過夢，在與事件的偶然巧合中，象徵暗示出來。

在研究《易經》幾個星期後，亨利遵從我的建議（帶著極大的懷疑），擲硬幣卜卦。他在卦象中發現的東西，對他造成巨大的衝擊。他所得的卦辭與他的夢和他的一般心理狀態有許多驚人的相應關係。藉著一個顯著的「同步」偶和，以硬幣模式所顯示給他的「卦」稱為「蒙」，或「童蒙」。在「童蒙」這章中，就有好幾個與我們所談的夢主題相應的說法。根據《易經》，這個六線形的上面三條線呈艮卦，象徵山，有「保持鎮靜」的意思，也可以解釋為門。(註3)下面的三條線呈坎卦，象徵水、深淵和月亮，這三個象徵都在亨利以前的夢中出現過。在許多適用於亨利的陳述中，有下面這條告誡：「對於青年的愚昧，最無望的要算糾纏在無端的空想了。越是頑固迷於這些幻想，越會蒙受羞恥。」(註4)

以此及其它複雜的方法，這條卦辭似乎直接指向亨利的問題。這使他震驚不已。起初，他試圖以意志來壓抑著它的影響，但他不能從這條卦辭或他的夢中逃開。《易經》的訊息彷彿深深觸動了他，儘管表達這意思的語言有點叫人迷惑。他被他長期否認的非理性所征服了。時而沈默，時而生氣，讀著那些與他夢中象徵正好偶合的詞句，他說，「我需仔細徹底地想明白這一切」，而且，沒等我們的會談時間結束，他就離開了。他打電話取消了我們下一次的會面，因為得了流行感冒，並且從此沒再出現。我等著（「保持鎮靜」），因為我想他還沒有徹底消化那條卦辭。

一個月過去了，亨利終於再度出現。他既興奮又窘迫，告訴我在這段時間發生的事。起先他的智力（在這之前他非常依賴它）受到了極大的衝擊，他試著壓抑住，然而，他很快就不得不承認，卦辭的感染力量緊緊跟隨著他。他曾想要再求問一下這本書，因為在他的夢中，占卜進行了兩次。但是，「童蒙」一章的經文明確地禁止問第二個問題。(註5)整整兩個夜晚，亨利在床上翻來覆去無睡意；但在第三夜，一個極有力量的鮮明形象忽然出現在夢中、在他的眼前：一具頭盔和一把懸浮在空中的劍。

亨利又馬上拿起《易經》，隨手翻到第三十章的評註，（出乎他的意料）他談到下面這樣一段：「纏繞成火，它指甲胄、頭盔、矛槍和武器。」(註6)這時，他感到明白了為什麼禁止第二次占卜。因為在他的夢中，自我被排除在第二個問題之外，是設陷阱的人請求第二次的。同樣，是亨利的半潛意識行為在無意間打開《易經》，問了第二個問題，並遇到了與他的夜間視覺相偶合的象徵。

亨利顯然被深深觸動了，時間似乎也到了，我們可以開始詮釋引起轉化的夢。觀察一下夢中的事件，很顯然夢中的元素應被解釋為亨利內在個性的內容，而那六個夢中形象則是他心靈特質的化身。這種夢相對說來是罕見的，但是，當他們確實發生時，它們的後效是極有威力的，因此，它們才會被稱為「轉化之夢」。

憑著這些有圖象力量的夢，做夢者只能產生一些些個人的聯想，所有亨利能提供的，就是他最近想在智利找份工作，而被拒絕了，因為他們不僱用尚未結婚的人。他還知道一些中國人左手蓄指甲，作為一個標誌，他們不去工作，而投身於靜坐冥思。

亨利的失敗（在南美找工作）在夢中向他顯現。在夢中，他被運到炎熱的南方世界，與歐洲世界比較起來，他會認為南方世界是原始、百無禁忌和充滿性欲的世界，它呈現了一個潛意識王國的絕佳象徵圖象。

影子大地

這個王國，正是控制亨利意識心靈的文化教養和瑞士清教主義的對立面。事實上，它是他天性中的「影子領地」(shadow land)，他渴望已久之地，但是，過了一段時間，他感到那裡似乎並不舒服。他被夢中幽冥黑暗的母性力量（以南美象徵）拉回到日間，即他本人的母親和未婚妻身上，他忽然明白他離她們有多遠，他發現自己孤伶伶的在「異國的城市」。

這個意識的提昇在夢中被象徵為「較高的層次」，城市建在山上，所以亨利「向上爬」到「影子領地」的較廣闊意識層面。在那兒，他希望「找到回家的路」。上山這個問題，在他的第一個夢就出現了。而且，誠如在聖人與妓女的夢中，或在許多神話故事中，山岳常象徵啟示之地，在那裡可能發生轉化和變化。

「山上的城市」，也是一個廣為人知的原型象徵，以多種形式出現在我們的文化史上。這個城市的平面圖相當於一個曼陀羅圖，呈現出「靈魂之地」，這塊「靈魂之地」的中心居住著本我（心靈的最內在中心和整體）。（註7）

令人驚奇的是，本我的位置在亨利的夢中呈現為人類集體的交通中心——火車站。這可能是因為本我（如果做夢者年輕，精神發展水平相對較低）通常會以個人經歷的一個物體來象徵，可能是個不起眼的東西，用以補償做夢者極高的抱負。一個成熟的人，只有在已熟悉了他的靈魂形象之後，本我才會被具體落實在一個象徵之中，並展現其相應價值。

即使亨利實際上不知道火車站在什麼地方，他仍然假設它在城市中心，在最高處。這裡，如同在較早的夢中一樣，他受到他潛意識的幫助。亨利的意識心靈認同於他的工程師職業，因此，他也樂意把內心世界與理性的文明產物聯繫起來，火車站就是這樣的例子。然而，到了這個夢卻拒絕了這一態度，暗示了一條完全不同的路。

這條路通「向下」，穿過一條黑暗的拱道。拱形的門道也象徵著門檻，這個地方潛伏著危險，同時包含有分裂或統合的可能。亨利本來找的是火車站，想要將未開化的南美與歐洲聯繫起來，卻不知不覺來到一個黑暗的拱形門道，有四個衣衫襤褸的中國人直躺在地上，擋住去路。夢並沒有區分他們，所以他們可以被看做是一個完整男性四個未曾分化的向度。（數字四是圓熟與完備的象徵，榮格曾在他那一章中詳細討論這個象徵所代表的原型。）（註8）

因此，那些中國人代表亨利潛意識中未臻成熟的男性心靈部分，因為「通向本我的路」（即心靈中心）被他們阻擋了，但這條路必須保持暢通，在這個問題解決之前，他無法繼續旅程。

亨利仍沒意識到不斷逼近的危險，急忙奔向門道，希望最後能到達車站。但在路上，他遇到了他的「陰影」——他沒生活過的原始層面，它以市儈的、粗野的設陷阱人的外貌出現。這一形象的外表，也許意味著亨利內向的自我已被他的外向（補償的）聯結成一氣，它們代表他被壓抑的情緒和非理性的特徵。這個陰影形象促使它自己超越了意識的自我，浮出檯面，而且，因為它是潛意識特質的主動和自主性的化身，它便成了命運的適切承載者，透過它，各種事情得以展開。

這個夢向高潮發展。在亨利、設陷阱人和四個衣衫襤褸的中國人格鬥期間，亨利的左腿被一個中國人的左腳長指甲給刮破了。（這裡，亨利意識自我的歐洲性格與東方古代智慧的化身，亦即與他自己的極端對立面相衝撞了。那些中國人來自於完全不同的心靈大陸，來自於對亨利仍是未知的、似乎充滿危險的「另一面」。）

中國人：土地依附者

那些中國人也可以被視為「黃土地」的代表，因為中國人與土地的關係之深厚，在其他民族並不多見。而亨利不得不接受的正是這種依附土地的、幽冥的特質。他在夢中見到他的心靈潛意識男性的完整面貌，具有他知性意識層面所缺乏的幽冥物質向度。因此，他把那四個衣衫襤褸的形象視為中國人，這一事實顯示，亨利的內心越來越能覺察到他對手的本質。

亨利曾聽說過，中國人有時把左手的指甲留得很長。但在夢中，指甲是左腳上的，其實，它們可以說是腳爪。這也許暗示這些中國人的觀點與亨利的觀點大相逕庭，因而傷害了他。誠如我們所知，在意識層面上，亨利對幽冥面、陰柔面、以及他本性中的肉體深淵，是最不確定且左右矛盾的。這種態度，以他的「左腿」(他仍害怕的陰柔面、潛意識層面的觀點或「立足點」) 為象徵，而這隻左腿被中國人弄傷了。

然而，這個「傷害」本身並沒有給亨利帶來什麼變化。每種轉化都需要有「世界的終結」為先決條件——一套老舊的生活哲學的潰滅。誠如韓得生博士在本書中曾指出的，在成年禮儀式上，一個年輕人必須忍受象徵性的死亡，然後，才能重生為一個成人，成為部落中的正式成員。因此，這個工程師的科學、邏輯態度必須潰決瓦解，以容許新態度的出現。

在一個工程師的心靈中，所有「非理性」的東西都必須被壓抑，所以，這些非理性的東西經常會以戲劇性的矛盾弔詭面貌出現在他的夢境中。因此，非理性的東西，在亨利的夢中呈現為一個源自異國的「占卜遊戲」，並以可怕而無以言狀的力量在決定人類的命運。亨利的理性自我沒有別的選擇，只能無條件的降服於真正的「理智的犧牲」(sacrificium intellectus) 中。

然而，像亨利這樣一個未經世事、不成熟的人的意識心靈，還沒有為這種行動做好足夠的準備。他錯失了幸運的轉機，喪失了性命，他被逮著了，無法繼續走他的老路或回家——無法繼續逃避他的成人責任（亨利以這個「異常的夢」所準備面對的正是此一頓悟）。

隨後，亨利的意識、文明的自我被束縛了，然後被置於一旁，這時，原始的設陷阱人被允許取代他去請求神諭，而亨利能否活命就看占卜的結果了。當自我被孤絕囚禁時，那些化身為陰影形象的潛意識內容，可能會提出幫忙和解決方法。但這需要一個人認識到這些潛意識內容的存在，並體驗到它們的力量之後，才會成為可能，因為唯有如此，它們才能變成我們有意識接受的長期伴侶。由於設陷阱人（他的陰影）代替他在戲局中卜得吉卦，所以亨利得救了。

面對非理性

亨利隨後的行為清楚顯示，那個夢（以及他的夢和占卜書《易經》，使他面對自己內心深處、非理性力量的事實）對他影響深遠。從此以後，他可望得到他潛意識的訊息，同時，分析進行得也越來越激烈，在那之前一直威脅和紛擾他心靈深處的張力，終於浮出檯面。然而，他勇敢堅持著不斷成長的希望，希望能得到令人滿意的成果。

在那個卜卦之夢後（尚未被討論和解釋）大約兩個禮拜，亨利又做了一個夢。夢中，他又一次遇到了非理性的干擾：

我獨自在屋子裡。一大群令人噁心的黑甲蟲從一個洞裡爬出來，爬滿我的製圖桌。我試圖用某種魔法把他們趕回到洞裡。我成功了。只有四、五隻甲蟲沒被趕回去，他們又離開我桌子，滿屋亂爬。我斷了念，不想再追趕牠們，於是，牠們不再那麼讓我噁心了。我在牠們躲藏的洞點火，升起了一道高高的煙柱。

我擔心屋子會著火，但這恐懼毫無根據。

這一次，亨利在詮釋自己的夢時變得比較有概念了，於是他試圖自己來解釋這個夢。他說：「甲蟲是我的陰暗特質，牠們被分析所喚醒，在此刻浮出檯面。存在著一種危險，即牠們可能會過分氾濫到我的職業工作上（以製圖桌象徵）。可是，我不敢用手法打扁那些甲蟲，牠們使我一時間想起一種黑色聖甲蟲，只好用『魔法』。在牠們躲的洞點火時，我可以說是在尋求某種神性的合作，因為向上竄升的火柱使我聯想到『約櫃』（Ark of the Covenant）之火。」

要更深入這個夢的象徵，我們必須首先注意這些甲蟲是黑色的，這是陰暗、壓抑和死亡的顏色。夢中，亨利「獨自」在屋裡，這種處境會導致內向和相應的猶豫狀態。在神話中，聖甲蟲經常表現為金色，在埃及，牠們是神聖的動物，象徵太陽。但是，如果它們是黑色的，牠們就象徵太陽的對立面——某種邪惡的東西。因此，亨利的本能相當正確地要以魔法來與甲蟲戰鬥。

儘管還有四、五隻甲蟲活著，但是，甲蟲數目的減少足以使亨利擺脫恐懼和噁心。於是，他試圖以火毀掉牠們的繁殖基地。這是個積極的行動，因為火能象徵性地導向轉化和再生（例如，在古代鳳凰神話中即是如此）。

在他的清醒生活中，亨利這時似乎充滿了進取的精神，但是，他顯然還沒有學會如何使這種精神產生正確的效用。因此，我想考慮另一個後來出現的夢，那個夢對他的問題提出了較清晰的回應。那個夢以象徵語言顯示了亨利害怕承擔與一個女人的關係所帶來的責任，也顯示了他想從生活的情感面退縮的傾向。

有個老頭氣息奄奄。他的親戚圍著他，我也在其中。大屋子裡的人越來越多，每個人都以精確的陳述來敘說自己的特性。大約有四十多人在場，老人呻吟著，咕噥著「沒活到的生命」(unlived life)。她的女兒想讓他的懺悔好懂些，問他「沒活到的」該怎麼理解，是指文化生活還是道德生活。老人沒有回答。他女兒把我領到一間隔鄰的小屋子裡，我在那裡用樸克牌算命，想找到答案。我如果翻到「9」，就可以根據花色得出答案。

我想一開始就翻到「9」，但卻先翻到好幾張不同的「K」和「Q」，我很失望。接下來，我翻過來的東西什麼意義都沒有，只不過是根本不屬於這個牌戲的一些紙片。最後，我發現這副牌中已經沒有紙牌了，只剩下信封和一些紙片，我和姊姊在一起，她也在場，而我到處找樸克牌。終於，我在一本教科書或筆記本下發現了一張牌。是9，黑桃9。對我來說，這似乎只有一個意義：正是道德束縛，才使得老人沒能「活到他的生命」。

道德束縛的轉化

這個夢的根本訊息是警告亨利，如果他沒能「好好活過他的生命」，他會有什麼下場。「老人」也許代表瀕死的「支配原則」(ruling principle)，這個原則支配著亨利的意識，但這個原則的特性對亨利來說卻是未知的。在場的四十多人象徵著亨利心靈特性的整體（四十是個完整的數，是四經過再提昇的形式）。老人垂死可能是一個暗示，亨利男性性格的一部分處在最後的轉化邊緣。

女兒問及死亡的原因，這是無以規避的關鍵問題。似乎有種暗示，老人的「道德」阻止了他去活出有自然情感和驅力的生命，然而，垂死的人自己沉默不語，因此，他的女兒（調解的陰性原則安尼瑪的化身）不得不採取主動。

她讓亨利用樸克牌算命來找答案，答案以最先翻到的9的花色來顯示。算命要在沒用過的、較遙遠的房間進行（顯示這樣的事情與亨利的意識態度有多遙遠）。（註9）

他開始只翻到「K」（國王）和「Q」（王后）（也許是他年輕時崇拜權力和財富的集體形象）時，很是失望。在有畫像的牌面翻光了以後，這種失望加深了，因為，這顯示內在世界的象徵也已經被耗盡了。只剩下一些「紙片」，沒有任何形象。因此，圖畫的源泉在夢中乾涸了。亨利只好借助他陰性面的幫助（這時以他姊姊來代表）來找到最後的牌。和姊姊一起，他終於找到了牌——黑桃9。正是這張牌，以其花色指示出「沒活到的生命」這句話的含義。而這張牌藏在一本教科書或筆記本下面，這可能代表亨利科學興趣中那些乏味的知性公式，這些都是很有意義的。

多少世紀以來，「9」一直是個「神奇數字」。根據傳統的數字象徵，它代表完美「三位一體」的三重崇高完善形式。不同時代、不同文化，對「9」這個數有各種不同的、無止無盡的聯想意義。黑桃9是死亡和無生命的花色，此外，「黑桃」形象使人明顯想到樹葉的形狀，因此，它的黑色強調的是死亡，而不是代表綠色活力和自然。不僅如此，「黑桃」(spade) 一詞源於義大利語spada，意思是「劍」或「矛」，這類武器通常象徵知性的穿透和「切除」功能。(註10)

所以，這個夢清楚說明了是「道德束縛」(而非「文化束縛」) 使老人沒能「好好活過他的生命」。在亨利的情況中，這些「束縛」也許是他害怕完全向生活投降，害怕承擔對一個女人的責任，也害怕因此對他的母親「不忠」。這個夢宣示了「沒好好活過的生命」，是可以致人於死地的疾病。

亨利再不能忽視這個夢所帶來的訊息了。他明白，一個人在生活的糾葛當中，需要的不僅僅是以理性作為指南，有必要去尋找潛意識力量的指引，它出自心靈深處，以象徵為面貌浮現出來。有了這一點體認，他這部分心理分析的目標就達到了。他現在知道，他終於被驅趕出原本對生活毫無擔當的樂園，而且，他再也回不了頭。

最後的夢

後來的一個夢已成為鐵證，證實了亨利已獲得的領悟。在一些不甚重要、有關日常生活的短夢出現後，最後一夢（五十個系列夢中的最後一個）充滿了豐富的象徵，並具有所謂「重大的夢」的特徵：

我們四個人組成友好團體，共同度過了一系列的經驗：

「黃昏」：我們坐在一個未加工的長桌前，喝著三種容器裡的東西。玻璃杯裡盛著清澄、黃色的甜酒；葡萄酒杯裡盛著深紅色肯柏利酒（Campari）；另一個容器是古典式樣的，盛著茶水。除了我們四人外，還有一個性情典雅、嬌柔的女孩。她把她的酒倒進茶裡。

「夜晚」：我們從一個盛大酒會回來。我們之中的一人是「法蘭西共和國總統」，我們在他的宮殿裡。我們走到陽台，看到他在我們下面蓋著雪的街上。由於他喝醉了，他向著一堆雪小便。他的膀胱裡似乎有撒不完的尿，於是他甚至追著一個老處女後面跑，她抱著一個孩子，用褐色毯子包著。他向那孩子澆尿。老處女感到濕濕的，但以為是孩子撒尿。她大步跑開了。

「早晨」：在街道上，穿過耀眼的冬日陽光，走著一個黑人——一個燦爛的形象、赤條條的。他向東面的伯恩（即瑞士首都）走去。我們在法屬瑞士。我們決定對他做一次訪問。

「中午」：在經過孤獨的雪地汽車長途旅行之後，我們來到一個城市，來到一個據說那個黑人住的陰暗房子裡。我們非常擔心他會被凍死，無論如何，他的僕人接見了我們，他也是個黑人。那個黑人和僕人都是啞巴。我在隨身帶來的背袋裡摸著，想看看我們每個人能給那個黑人什麼禮物，它必須是有文明特色的東西。我第一個下定決心，從地上拿起一包火柴，帶著恭敬之意給了那個黑人。在大家都給了他禮物之後，我們和黑人一起參加一個愉快的宴會，一個狂歡的宴會。

從第一眼看來，這個夢的四個部分，就會讓我們留下非比尋常的印象。它包含了一整天，並向「右邊」過渡，即意識不斷增長的方向。整個活動從黃昏開始，經過夜裡，到中午結束。這時，太陽處在最熾熱的時刻，因此，這種「天」的周期呈現了一個完整的總體模式。

在這個夢中，四個朋友似乎象徵著亨利心靈逐漸展現出來的男性氣質，而且，通過夢的四「幕」，其進展有了幾何圖形的模式，使人想起曼陀羅（佛教中供奉菩薩的淨地）的基本結構。他們先從東邊來，再從西邊來，向瑞士的「首都」（即中心）走去，似乎描繪出一個盡力在中心整合對立面的模式。這一點被每一時序的推移所強調——降落到潛意識的夜晚，接著是太陽的周期循環，隨後是意識爬升到熾亮的頂點。

夜航於潛意識的大海

這個夢開始於黃昏。這時，意識的門檻較低，潛意識的衝擊和形象得以跨越。在這種情況下（這時男人的陰柔面最易被喚醒），發現有個女性形象加入他們四個朋友當中是很自然的。她是個屬於大家的安尼瑪人物（「典雅和嬌柔」使亨利想到他姊姊），並把他們相互聯繫起來。桌上有三種不同性質的容器，它們的凹形強調陰性所象徵的包容性。在場的人都使用這些容器，暗示他們之間相互密切的關係。容器在形狀上不同（甜酒杯、葡萄酒杯和一個古典形制的容器），裡面盛的東西的顏色也不同。這些液體區分出對立面——甜與苦、紅與黃、醉與醒——都混合在一起，並被在場的五個人都喝光了，隨後，他們沈入潛意識的交流中。（註11）

那女孩似乎是個祕密的仲介者，是促成事件發生的觸媒（因為她扮演了安尼瑪的角色，把男人引向潛意識，並迫使他進入深層回憶和較高度的意識）。就好像通過酒與茶的混合，宴會便進入高潮一樣。

夢的第二部分告訴我們較多關於這個「夜晚」發生的事。這四個朋友忽然發現他們都在巴黎（對瑞士人來說，這個城市代表性欲、百無禁忌的歡樂和愛情）。這時，四個人之間的某種差異區分出現了，特別是在夢中的自我（它在極大的程度上等同於主導的思維作用）與「共和國總統」（他代表未發展的和潛意識的情感作用）之間。

自我（亨利與兩個朋友，他們可以視為代表他的半意識作用）從陽台高處俯瞰總統，而總統的特徵恰巧是人們期望在心靈的渾然未分面裡能找到的東西。他不穩定，放縱於自己的本能當中。他醉醺醺地在街上小便，對自己毫無意識，像個自外於文明的人，只順著自然的動物本能刺激而行。因此，這位總統所象徵的東西，恰恰與一位十足的中產階級瑞士科學家在意識上接受的道德標準形成強烈的對比。只有在潛意識最黑暗的夜晚，亨利的這一面才自動顯現出來。

然而，總統形象也有著很積極的層面。他的尿（可以視為心靈驅力之流的象徵）似乎源源不絕。它是豐饒、創造、生命活力的明證（例如，原始人把來自身體的任何東西——毛髮、大便、小便或唾液——視為有創造力、有魔力之物）。所以，這個令人不悅的總統形象，也可能是一個符號，暗指著常常附著在自我的陰影面上的力量與豐饒：他不

僅不因亂小便而感到困窘，還追逐著一個抱著孩子的老女人。（註12）

從某種意義來說，「老處女」是夢的第一部分中嬌羞、脆弱的安尼瑪的對立面或補充。儘管很老，並像個母親，她卻仍是個處女，事實上，亨利把她與瑪利亞抱著聖子耶穌的原型形象聯想在一起了。但是，孩子用褐色（大地的顏色）毯子包起來，似乎顯示了一個相反的救世主形象，祂生在渾渾噩噩的塵世，而不是生在天堂。用自己的尿澆小孩的總統，似乎是在進行洗禮的滑稽模仿。如果我們用這孩子象徵亨利內在仍處於嬰兒狀態的潛力，那麼，他就可以通過這個儀式獲得力量。可是，這個夢沒有多說什麼，那女人就抱著孩子匆忙跑掉了。

這個場面是該夢的轉捩點。又回到了早晨。所有在上一節夢中陰暗的、黑色的、原始的和充滿力量的東西都聚到一起，被一個高貴莊嚴的黑人象徵了。他以裸體出現——既真實又準確。

黑暗蒙昧與明媚早晨，熱騰騰的尿與冷冰冰的雪，恰好是對立面，同樣的，這時這個黑人與白色景象也形成了鮮明的對比。那四個朋友這時必須要適應他們所處的新的環境。他們的位置改變了；通向巴黎的路出乎意料把他們帶到了法屬瑞士領地（亨利未婚妻的家鄉）。在較早的階段，亨利發生的轉化，被他心靈的潛意識內容所擊敗了。現在，最後一次，他能夠開始從他未婚妻的家鄉（顯示他接受了她的心理背景），向前尋找出路了。

一開始，他從瑞士東部走向巴黎（從東向西，通向黑暗、潛意識）。這時，他轉了個一百八十度的彎，向著日出的方向，永遠保持強化的清晰意識。這條路通往瑞士中部，通往首都伯恩，象徵著亨利向著能整合他內在對立面的中心奮進。

對一些人來說，那個黑人是「陰暗的原始生靈」的原型形象，因此，他是潛意識某些內容的化身。或許，這是黑人被白種人排斥和恐懼的原因之一。在他身上，白人看到他的活生生的對應面，他的隱而不顯的黑暗面被帶到了自己的眼前（這正是多數人想規避的，他們想切斷它、壓抑它）。白人把黑人設想為有原始驅力、古老力量、本能不受抑制的人，而不想承認自己也是如此，由於對此毫無意識，所以，他們認為那只是其他民族的特質。

陽剛氣質與自我的伸張

對亨利這樣年紀輕輕的人來說，黑人可能一方面代表壓抑到潛意識中的所有陰暗特性的總和；另一方面，他可能代表他原始的陽剛力量和潛力、他的情緒和生理能力的總和。因此，亨利和他的朋友主動而有意識地去面見那個黑人，這意味著向男性氣質邁出了決定性的一步。

同時，在夢中已近正午，太陽最高的時刻，意識到達了最大的清晰度。我們可以說，亨利的自我已經不斷變得越來越堅實，以致他有意識地在提高他的決斷能力。仍是在冬天，這可能暗示亨利缺乏情感和溫情，他的心靈景色仍是冬季的，顯然是理智的冷淡之故。四個朋友擔心裸體的黑人（習慣於溫暖氣候）會凍死。但這種擔心被證明是毫無根據的，因為，在經過一片廢棄的、覆蓋著雪的鄉村道路後，他們停留在一個陌生的城市，然後走進一間黑屋子。這一趟旅行和荒涼的鄉村，象徵了尋求「本我」發展的漫長、疲憊路途。

在這裡，有更複雜的事等待著這四個朋友。那黑人和他的僕人都是啞巴，所以，不可能與他們有言語的接觸，四個朋友必須另外想辦法跟那個黑人溝通。他們不能用知性的形式（言語），而只能以情感的姿態（手勢）體貼他。他們給他禮物，就像人們向諸神獻禮，以贏取他們的興趣和好感一樣，而禮物必須是我們文明的產物，屬於知識階層白人的有價值之物。這又一次需要以「理智的犧牲」來贏得黑人的歡心，他代表著自然和本能。

亨利是第一個打定主意要送什麼的，這很自然，因為他是自我的承擔者，他驕傲的意識（或桀驁不馴）必須加以貶抑。他從地上撿起一盒火柴，並「帶著敬意」把它送給那個黑人。乍看起來這似乎很荒謬，地上的一個小東西，也許是被人扔掉的，竟能成為適切的禮物，但這的確是正確的選擇。火柴是被貯藏和可控制的火，以此可以隨時點燃一股火，也可以隨時滅掉它。火與焰象徵了溫情與愛情、感情與激情，它們是心的特質，只要有人類存在的地方，就有它們。

給那個黑人這樣一個禮物，亨利象徵性地把他意識自我高度發展出的文明產物與黑人所象徵的個人原始男性的力量中心，結合在一起。這樣，亨利可以完全擁抱他的男性面，從此以後，他的自我必須與這個男性面保持不斷的接觸。

於是有了這樣的結果。六個男性帶著歡樂的精神，一起參加歡宴——四個朋友、黑人和他的僕人。很清楚，亨利的陽剛整體性已然形成。他的自我似乎已發現了它所需要的安全保證，這種保證使他有意識地、自由地順服於他內在較廣闊的原型人格，這種原型人格可以預示「本我」的浮現。

夢中發生的事也跟亨利的清醒生活平行相應。現在，他變得很有自信。他對訂婚的問題嚴肅起來，而且果斷明快。在開始進行分析正好九個月之後，他在瑞士西部的一所小教堂舉行了婚禮；第二天，他與年輕的妻子一起赴加拿大，去履行他在系列做夢最後幾個決定性的禮拜中所接受的任職。從此以後，他的生活變得積極而有創意，成為小家庭的一家之主，並在一間大工廠擔任主管職務。

換句話說，亨利個案展現了**向獨立和負責的男性氣質加速過渡的成熟化過程**。它呈現了一種啟蒙，走向外界生活現實，伸張了他的自我和陽剛氣質，藉此，完成了個體化過程的前一半。至於後一半——建立自我(ego)與「本我」(self)的正確關係，這個任務仍擺在亨利面前，在他的後半生裡。

並非每一個個案分析都進行得如此順利、令人感動，而且，並非所有的個案都可以用同樣方式解決。相反的，每個個案都各有千秋，不僅男、女、老、幼需要不同的處置方式，所有年紀相近的個體也都需要不同的對待方法。甚至同一個象徵，在不同的個案中也需要不同的詮釋。我之所以選擇了上面這個個案，是因為它呈現了潛意識過程的自主性，而又特別教人印象深刻，而且，它還充滿了豐富的形象，表現了心靈背景無盡的創造象徵能力。它證明了心靈的自我規約活動（當它沒有被太多的理性解釋或分析所干擾時）能夠支持靈魂的發展過程。

註釋：

註1：榮格對個案分析中第一個夢的重要性的討論，見《尋求靈魂的現代人》*(Modern Man in Search of a Soul)*, p.77.

註2：關於卜卦之夢這一節，參見 *I Ching or the Book of Changes*, trans. Richard Wilhelm(有榮格寫的導論), Routledge and Kegan Paul, London, 1951, vols. I and II.

註3：上揭書第一卷、頁299，提到了「蒙」卦的上卦為「艮」卦——門路，「即是小路，意味著小石頭、門徑或開口太監、警備員、線民」關於蒙卦，亦可見第一卷，頁20以下。

註4：《易經》的引文出自卷一，頁23。

註5：對於《易經》進行第二次占卜，榮格(在他的英文版頁x的導論中)寫道：「重新卜卦是不可能的，理由很簡單，原本的處境不可能加以重構。因此，每一個當下，只有第一個且唯一一個答案。」

註6：對於「離」卦的卦辭，參見上揭書第一卷，頁178；亦可參見卷II，頁299。

註7：關於「山上之城」這個主題的討論，見K. Kerenyi, *Das Geheimnis der hohen Städte*, Europäische Revue, 1942, Juli-August-Heft; 及*Essays on a Science of Mythology*, Bollingen Series XXIII, p.16.

註8：榮格對「4」這個主題的討論散見《榮格全集》，卷IX、XI、XII、XIV等，但其實「4」的問題及其全般內涵像一條紅線，貫串了他的所有作品。

註9：關於遊戲牌局所具有的某些象徵意義，見*Handwörterbuch des Deutschen Aberglaubens*, vol. IV, p.1015, and vol. V, p.1110.

註10：關於數字9的象徵討論有許多作品，見其中的F. V. Hopper, *Medieval Number Symbolism*, 1938, p.138.

註11：關於這個夢的「海上夜航」模式，見尤蘭得•雅柯比(J. Jacobi), The Process of Individuation, *Journal of Analytical Psychology*, vol. III, no. 2, 1958, p.95.

註12：關於身體分泌物具有力量的原始信仰，見E. Neumann, *Origins of Consciousness*, (German edition), p. 39.

MAN AND HIS SYMBOLS

<結論>

科學與潛意識

Science and the Unconscious

作者：

瑪莉-路易絲・弗蘭茲(M.-L. von Franz)

在前面幾章中，榮格和他的幾位助手，盡力釐清了人類潛意識心靈中創造象徵的機能所扮演的角色，並指出這一新發現在生活領域中的一些應用範圍。我們對潛意識或原型的理解還差得很遠，我們對這些心靈動態「核心」(註1)的全部內涵的理解非常淺薄。我們現在所能明白的，只是原型對個體有巨大的作用力，形成他的情緒、倫理和心靈外貌，影響他與別人的關係，因而也就影響到他的整個命運。我們還理解到，原型象徵的配置是遵循著個體的圓整模式(patterns of wholeness)，而對象徵的適切理解有著療癒的作用。我們也可以知道，原型在我們心靈中所展現的力量，可以饒富創造性，也可以帶來毀滅：當它們激發新觀念時，便是創造性的發揮，當同樣這些觀念開始僵化成有意識的偏見，而阻礙進一步的發現時，就是毀滅性的展現。(註2)

榮格在他寫的那一章中，顯示了詮釋夢所帶有的各種意圖必須多麼細緻精微、詳加區分，以免因大而化之而削弱原型觀念與象徵的特定個別價值和文化價值，讓它們的意義變得過度刻板化、知識化。榮格本人把一生獻給了這種研究和詮釋工作，這部書在他發現此一心理學新領域的巨大貢獻中，當然只能算是九牛一毛。他是一位開路先鋒，充分覺察到仍有大量有待進一步研究和回答的問題。這也是他的一些概念和前提會建立在儘可能廣泛（而不使其太過含糊和籠統）的基礎上的原因，同時，這也是為什麼他的觀點形成的是所謂的「開放系統」(open system)，而不致閉門造車，對可能有的新發現視而不見。

對榮格來說，他的概念只是工具或啟發式的前提，幫助我們去發掘廣闊的、嶄新的現實領域，這一領域的大門已經被潛意識的發現打開，此一發現不僅僅擴大了我們的整個世界觀，而且，事實上是加倍充實了我們的世界觀。我們必須時刻詢問：精神現象是意識的，還是潛意識的？「現實」（real）的外界現象是以意識還是以潛意識的方式被感知的？

潛意識的強大力量不僅確切顯現在診所資料中，而且，也顯現在神話、宗教、藝術和其他文化活動中。人類就是在這些活動中表現自己。顯然，如果所有都有人共同傳承下來的情緒和心靈行為模式（榮格稱之為原型），我們便只能期望在人類活動的每一領域中，去發現這些傳承的產物（有象徵意義的幻想、思想和行為）。

在這些領域當中，許多當代重要的研究都深受榮格思想的影響。例如，在文學研究中就可以看到這種影響，普里斯利(J. B. Priestley)的《文學與西方人》(*Literature and Western Man*)，郭特弗利・笛納（Gottfried Diener）的《浮士德與海倫娜》（*Fausts Weg zu Helena*），或占姆斯・克施（James Kirsch）的《莎士比亞的哈姆雷特》（*Shakespeare's Hamlet*）。同樣的，榮格派心理學對藝術研究的貢獻也很大，例如，在里德（Herbert Read）或阿妮拉・賈菲（Aniela Jaffé）的論著中，艾利希・諾曼（Erich Neumann）對亨利・摩爾（Henry Moore）的研究中，或是麥可・梯柏特（Micheal Tippett）對音樂的研究中，都可以看到榮格思想的影響。亞諾・湯恩比（Arnold Toynbee）的歷史著作和保羅・瑞丹（Paul Radin）的人類學著作，都受益於榮格的指導，正如威廉（Richard Wilhelm）、恩聞・盧塞爾（Enwin Rousselle）和曼弗瑞・波格特（Manfred Porkert）對漢學的貢獻，也受益於榮格的影響。

當然，這並不意味文學藝術作品（包括對它們的詮釋）的獨特之處只能從其原型基礎上來理解。這些領域都有它們自己的活動法則，跟所有真正創造性的成就一樣，它們終究不能完全以理性來解釋。而在其活動範圍內，人們可以把原型模式視為動態的背景活力，也可以運用它們來揭露（如在夢中）某些由潛意識特定演化傾向所傳達出來的訊息。

生物學上的同步現象

榮格觀點的豐富成果，在人類文化活動的範圍內更易直接理解，顯然，如果原型決定了我們的心靈行為，它們必定會在所有的心靈領域中出現。但很意外的，榮格的概念也為自然科學領域的事物開闢了新的觀察方法——例如，生物學領域。

物理學家吳夫岡・波利（Wolfgang Pauli）曾指出，基於許多新發現的成果，我們對生命進化的觀點需要有個修正，要考慮到潛意識心靈與生物過程之間相互關係的領域。直到不久前，人們一直認為物種的突變（mutation）是偶然發生的，而天擇則是根據是否「有意義」這一方式進行，適應較好的變種會生存下來，其它物種便會消失。但是，現代演

化論者指出，這種純粹機遇的天擇突變需要的時間太長了，長得超出了我們的星球已知的歲月所允許的範圍。(註3)

榮格的同步性（synchronicity）概念可能對此有所幫助，因為它對理解某些罕見的「邊緣現象」（border-phenomena），或異常事件的出現極具啟發意義。因此，它可能可以解釋，在比完全偶然的突變所需時間少很多的情況下，會發生如何「有意義」的適應現象和突變現象。今天，我們找到了很多例子，它們是在原型被驅動的狀況下發生的有意義「機遇」事件。例如，自然科學史上有許多**同步發明**或**同步發現**的案例。其中最有名的一個是達爾文與他的物種起源理論：達爾文老早就在一篇很長的隨筆中開發了這一理論，並在一八四四年草草地在一篇重要的論文中拓展了這一理論。(註4)

當達爾文正在進行這個計劃時，他收到一位素不相識的年輕生物學家的手稿，他叫瓦雷斯（A. R. Wallace）。手稿不長，卻與達爾文的理論做了平行相應的闡示。當時，瓦雷斯正在馬來列島的摩鹿卡群島（Molucca Islands）上，他只知道達爾文是個博物學家，而根本不曉得達爾文當時正在從事什麼樣的理論工作。(註5)

這兩位有創造性的科學家都獨立推論出一道假說（hypothesis），這種假說將改變科學的整個發展方向，而且，他們倆最初構思這一假說時，都是直覺的「閃現」出來的（後來被文獻檔案證據所證實）。在此，原型可以說似乎表現為「連續創造」（creatio continua）的媒介動因（榮格稱為同步現象的事態，實際上就是像「福至心靈的及時創造行為」活動）。

類似的「有意義的巧合」，可以說是在這樣的時刻出現的：當一個個體極有必要知道關於諸如某個親屬的死亡、或自己將要破財時，在許多案例中，這種訊息會以超感覺的感知力顯示出來。這似乎暗示，當一個極端重要而迫切的需求被喚起時，可能會出現不正常的隨機現象。而這到頭來可能可以解釋，為什麼一種動物在極大的壓力或極大的需求下，能夠對其外部物質結構做出「有意義」（但無原因）的改變。

但是，對未來研究最有希望的領域，似乎（正如榮格所看到的）在意外地關聯上微觀物理學（microphysics）的複雜領域之後，向我們敞開了。乍看之下，似乎完全不可能在心理學與微觀物理學之間找出什麼關係，然而，這兩門學科之間的相互關係，其實是值得做些解釋的。

這種聯繫的最明顯方面存在於這樣的事實中，即物理學大多數的基本概念（如，空間、時間、物質、能量，連續統或場、粒子等等），原來都是古希臘哲學家直覺、半神話的原型觀念，這些觀念隨後慢慢演變，變得更為準確，而且在今天主要表現為抽象的數學名詞。例如，粒子（particle）的觀念是由西元前四世紀希臘哲學家路西帕斯（Leucippus）和他的學生德謨克里圖（Democritus）確立的。他們把粒子稱為「原子」（atom），即「不可分割的單位」。雖然原子尚未被證明是不可分割的，但是，我們仍認為物質根本上是由波和粒子構成的（或非連續的「量子」〔quanta〕）。

能量（energy）概念及其與力（force）和運動（movement）的關係，也是由早期希臘思想家陳述出來，並由斯多噶派(Stoic)哲學家加以開展。他們設想有一種給出生命的「張力」(tonos) 存在，它維持和推動萬物。這顯然是我們現代能量概念半神話式的源起。

現代科學家和思想家在建立新概念時，甚至相對地更依賴半神話的原型形象。例如，對十七世紀的何內‧笛卡兒（René Descartes）來說，因果法則的絕對效力似乎已被「上帝做的決定和行動不會改變」這個論據所「證實」了(註6)，而德國的偉大天文學家約翰斯‧克卜勒（Johannes Kepler）認為，依據三位一體的原理，空間剛好不多不少有三個向度。(註7)

這只是眾多例子中的兩個。它們顯示即使是我們現代和基礎的科學概念，仍然與源於潛意識的原型形象具有十分久遠的聯繫。它們不一定表達了「客觀」事實（至少我們無法證明它們徹底做到了），但源於人類天生的心靈傾向，這些傾向誘使人類去尋找「令人滿意」的理性解釋，以弄清楚各種他必須處理的內外部事實間的關聯。當人類在檢視自然和宇宙，而不是在尋找客觀的性質時，用物理學家韋納‧海森堡（Werner Heisenberg）的話來說，「人類遇到了他自己」。(註8)

微觀物理學的互補描述

衝著此一觀點的隱含意義，波利和其他科學家開始研究科學概念範圍內的原型象徵角色。波利相信，我們應該平行進行對外界對象的研究與對科學概念之內在起源的心理研究。（這種研究對本章稍後要介紹的概念有啟發意義，即物理學與心理學領域、現實的量與質之間的「一體」oneness 概念。）（註9）

除了潛意識心理學與物理學的這種相當明顯的聯繫之外，還有其他更迷人的關係。榮格（與波利密切合作）發現分析心理學被其自身研究領域的成果，迫使去創造概念，而這些概念後來被證明與物理學家在面對微觀物理現象時所創造的概念，有驚人的異曲同工之妙。物理學家的種種重要概念中，其中一個就是尼爾•波爾（Niels Bohr）的「**互補**」（complementarity）觀念。（註10）

現代微觀物理學家發現，人們只能以兩個在邏輯上對立，但彼此互補的概念來描述光：粒子（particle）與波動（wave）的觀念。用極簡單的話來說，在特定的實驗條件下，光本身會顯示出它似乎是由粒子組成的；在另外一組實驗條件下，光又似乎是波動。還有，這些物理學家也發現，我們可以精確地觀察到比原子小的粒子的位置，也可以精確觀察它的速度——但不能同時做到兩者。觀察者必須選擇他的實驗裝置，但一旦選定配備，他就排除了（或必須「犧牲」）某種另外的可能裝置及其結果。不僅如此，對事件的描述也必須包含對測量儀器的描述，因為它對實驗裝置有著決定性而又無法控制的影響。（註11）

波利說，「基於根本的『互補』狀態，在可控制的修正條件下，微觀物理科學發現不可能排除觀察者的影響，因此，它不得不從原則上放棄對物理學現象有任何客觀的理解。古典物理學仍在尋找『自然界決定性的因果法則』，我們現在卻只能找尋『基本上可能的『統計上的法則』。」（註12）

換句話說，在微觀物理學中，觀察者以無法測量的方式介入了實驗，其影響因而無法被消除，也沒辦法建立任何自然法則，無法說出「如此這般的狀況在任何情境下都會發生」。微觀物理學家所能說的只是，「根據統計上的或然率，如此這般的狀況可能會發生」。這當然代表古典物理學的思考產生了嚴重的問題。**在科學實驗中，我們必須考慮到參與觀察者的心智觀點**：可以這樣說，科學家再也不能以徹底「客觀」的姿態描述外在對象的外表或特徵了。

大多數現代物理學家都接受了這一事實，每一個微觀物理學實驗觀察者的意識觀念所扮演的角色，都不可能加以忽視，但是，他們還沒有關切到觀察者的「整體」（total）心理狀態（包括意識或潛意識的）也可能扮演了重要角色。無論如何，誠如波利所指出，至少，我們沒有先天的理由去拒絕這種可能性，我們反而必須把它看做一個有待回答和探索的問題。

榮格派心理學家對波爾的互補性觀點特別感興趣，因為榮格眼中的意識與潛意識心靈關係，恰好也形成互補的對立配套。每個來自潛意識的新內容，在部分被整合到觀察者的意識心靈中之後，都會有根本性質上的改變。即使是夢的內容（如果是完全被察覺到了），也會以這種方式成為半意識狀態。經過夢的詮釋，造成觀測者意識一次又一次的開展，都會反過來對潛意識產生難以估量的反彈和影響。因此，潛意識最多也只能以弔詭的概念來描述（就像微觀物理學裡的粒子一樣），它「本身」到底是什麼，我們永遠也不會知道，正如我們永遠也無法知曉物質的「本身」(in itself)一樣。

把心理學與微觀物理學之間的平行關係再推得遠一點：榮格所謂的原型（或人類情緒和心智行為的模式），用波利的術語來說，也可以稱為精神反應的「**基本可能**」(primary possibilities)。(註13)正如在本書中所強調的，沒有任何法則支配某種原型以任何特定的形貌出現，而只有某些「傾向」(tendencies)（參見第一章〈夢的象徵中的原型〉一節），讓我們能夠說，在某些心理情境中可能會發生如此那般的事態。(註14)

一如美國心理學家詹姆斯(William James)曾指出的，潛意識這個觀念本身可以跟物理學中的「場」(field)概念相比較。我們可以說，正如粒子進入磁場會顯現出一定的秩序那樣，在我們稱為潛意識的心靈場域中，心理內容也會展現出某種特定的規律。如果我們認為我們意識心靈中的某種東西是「合理」或「有意義」的，並認為它對事物的「解釋」令人滿意，其實，那可能是由於我們意識的解釋與潛意識內容的某種前意識星宿處於和諧狀態。

物質與精神一體

換句話說，我們意識的表象，有時在成為我們的意識之前就已經整理（或以某種模式安排）妥當了。十九世紀德國數學家高斯（K. F. Gauss）曾舉過一個例子，說明觀念在潛意識中整理妥當的經驗。他說，他之所以找到算術理論的某種規則，「不是憑著艱苦的研究，而可以說是憑著上帝的恩寵。那個謎，如閃電般自己解開了，我自己也無法說明白，我以前知道的東西、過去實驗的東西與最後成功做出來的東西之間有什麼關聯。」(註15)法國科學家昂利・彭加列（Henri Poincaré）在這種現象上表現得更為明顯，他描述了在一個無眠的夜裡，他如何竟然看到他研究的數學式纏著他不放，直到其中有些式子「找到了更穩定的聯繫，這讓我們覺得彷彿我們能觀察到自己的潛意識在發用，潛意識活動用以偏概全的方式呈現給意識，卻保留了自己的特性，在這種片刻裡，我們可以直觀到兩個自我機制之間的差異。」(註16)

微觀物理學與心理學平行發展的最後一個例子，我們可以考慮榮格的「意義」(meaning)概念。在人們尋找對現象的因果（即理性的）解釋之前，榮格介紹了尋找意義（或許我們可以說，尋找「目的」purpose）的概念。也就是說，不問某事「為什麼」會發生（即由什麼引起的），而是像榮格去問：它發生是為了什麼？同樣的傾向也出現在物理學中：許多現代物理學家現在更注意尋求自然界中的「關聯」，而非因果法則（決定論）。

波利期望潛意識觀念能夠跳出「心理治療運用的狹隘框框」之外，進而影響所有與一般生命現象相關的自然科學。(註17)波利提出這一發展方向以後，得到一些物理學家的響應，他們關切人工智能科學的新發展，對人腦和神經系統形成的「控制」系統與電腦這類機械或電子的資訊控制系統進行比較研究。簡而言之，正如現代法國科學家奧利佛・柯斯達・鮑赫卡（Oliver Costa de Beauregard）所說的，科學與心理學在未來應該「進行積極的對話」。

誠如榮格指出，心理學與物理學中令人意外的觀念平行發展，暗示了物理學與心理學兩個現實領域的研究可能終極上本屬「一體」(one-ness)，(註18)亦即一切生命現象在生理心理上(psychophysical)的一體性。榮格甚至相信，他所稱的潛意識甚至與無機物質結構有所聯繫，這種聯繫似乎也暗暗指向所謂「身心症」(psychosomatic illness)的問題。將現實視為統一體的概念（波利和艾利希・諾曼Erich Neumann發展了這個概念）被榮格稱為unus mundus（整體世界，在此之內，物質與心靈尚未被區別或分別地現實化）。(註19)他構築了一條通向統一體觀點的通路，而指出某種原型出現在同時性偶合事件中時，它其實正在顯示其「**類靈**」(psychoid)（即介於心靈運作和物質本能間的層次）層面，因為，這類事件實際上是內在心靈和外界事實的有意義安排。

換句話說，原型不僅僅適應於外界形勢（如動物適應周圍環境的行為模式），畢竟，原型較傾向於彰顯在同步偶合的「安排」中，而這種「安排」同時包含有物質和精神。但是，這些陳述只是在暗示某種研究生命現象的發展方向而已。榮格認為，在我們貿然對物質與心靈聯繫加入太多玄想之前，我們必須要先全面而深入的瞭解這兩個領域（物質與精神）間的相互關係。（註20）

數學直觀中的心靈結構

榮格自己覺得，如果我們進一步研究我們的基本數學「公理」(axiomata)——波利稱之為「基本數學直覺」，一定會得到非常豐碩的成果。其中，榮格特別提到算術中數的無窮系列概念，或是幾何中的連續性(continuum)等觀念。正如生於德國的作家漢娜・鄂蘭(Hannah Arendt)所說：「隨著現代性(modernity)的出現，數學不僅僅擴大了它的內容達到無限，可適用於變得浩瀚無垠、不斷擴展膨脹的論域，而且根本不再關切外在表象了。數學不再是哲學的源頭，或探究存有(Being)之真實外貌的『科學』，而反倒成了**人類心靈結構的科學**。」（註21、22）（榮格派的人會馬上問：哪個心靈？意識的，還是潛意識的？）

從高斯和彭加列的經驗中，我們可以看出，數學家們也發現了這個事實：我們的心智表象(representations)，在我們尚未覺察到它們之前，就已經「整理妥當了」。（註23）威爾頓

(B. L. van der Waerden) 例舉了許多來自潛意識的基礎數學頓悟,並總結道:「……潛意識不僅能夠聯想或結合,而且還能『判斷』。潛意識的判斷是直覺性的,但可以完全確定,這種直覺判斷要在適切的環境中才會出現。」(註24)

在許多數學基本直覺或先天觀念中,「自然數」似乎最有心理學的趣味。不僅因為自然數幫助我們日常的有意識度量或運算工作,而且,多少世紀以來,它們一直是「解讀」古代占卜形式的唯一方法,如占星術、占數術、堪輿術等等,所有這些都是基於算術計算,而榮格也都從他的同步性理論角度對它們進行了研究。不僅如此,從心理學角度來看,自然數必定是原型的體現,因為,我們不得不以某些特定的方式去思慮它們。例如,誰也不能否認2是唯一存在的原初偶數,即使他在此之前沒有有意識地想過。換句話說,數字不是人們為了計算的目的,而有意識發明的概念:它們是潛意識自動自發的產物,其他的原型象徵亦復如此。

但是,自然數也是外在對象的附屬特質:我們可以主張和數出這裡有兩塊石頭,那裡有三棵樹。即使我們排除外在對象的種種特質,如色彩、溫度、大小等,它們的「多數性」或特殊多元性仍然存在。不過,這些同樣的數字,也正是我們自己心靈組態無可置疑的一部分,我們可以不看著外在物體而研究這些抽象概念,因此,數字表現為物質和心靈領域間的有形聯繫。根據榮格的提示,正是在這方面的深入研究,一定會得到豐碩無比的成果。

我簡短提示出這些相當艱澀的概念，是為了說明，對於我而言，榮格的觀念沒有形成「信條」，而是未來將繼續發展、充實的新展望之肇端。我希望上述的觀念可以讓讀者能稍稍瞭解，在我心目中，榮格的典型科學態度的精髓所在。榮格始終自由自在，自外於傳統成見的束縛，鍥而不捨地進行研究，同時，他還格外謙遜和講究精確，以期能理解生命現象。他沒有深入闡明上述的種種觀念，因為，他覺得自己手上還沒有掌握足夠的事實，因而還不能有所論斷，正如他通常總要等個幾年，才出版自己新的洞見，同時還不斷反覆檢查它們，自動提出任何可能的疑慮。

所以，乍見之初，他的觀念可能會讓讀者感到有點曖昧不明，其實，這種曖昧是由於他在理智上謙遜的科學態度，這種態度不排除（以過度簡化和表面化、貿然做出的假解釋來排斥）新發現的可能，而尊重生命現象的複雜度。對榮格來說，生命現象永遠是令人振奮的奧秘，它絕不像心靈閉塞的人所以為的，以為生命現象只是「解釋過」的現實，以為我們可以自認為已明白了一切。

依我之見，創造性觀念的價值就像鑰匙，可以幫助我們「打開」迄今讓人不解的諸種事實間的聯繫管道，這樣，人類才能潛入探索生命更深層的奧祕。我相信，榮格的觀念能夠在這方面產生大用，幫助我們發現和詮釋許多科學領域（及日常生活）中的事實，同時引導個體趨於更平衡、更有倫理、更廣闊的意識願景。如果讀者因此受到鼓舞，能進一步研究潛意識、吸收消化潛意識的養分——這總是得從自身開始做起，那麼，這本入門書的目標就圓滿達成了。

註釋：

註1：關於原型即是心靈核的討論，見W. Pauli, *Aufsätze und Vorträge über Physik und Erkenntnis-theorie,* Verlag Vieweg Braunschweig, 1961.

註2：關於原型的觸發與抑制能力的討論，見C. G. Jung and W. Pauli, *Naturerklärung und Psyche,* Zurich, 1952, p.163各處。

註3：波利對生物學方面的提示，見上揭書*Aufsätze und Vorträge über Physik und Erkenntnis-theorie,* p.123.

註4：對突變所需時間的進一步解釋，見波利上揭書，pp.123-25.

註5：達爾文與瓦雷斯的故事，可參見Henshaw Ward, *Charles Darwin,* 1927.

註6：關於笛卡兒的部分，有弗蘭茲的延伸討論，見Der Traum des Descartes, in *Studien des C. G. Jung Instituts,* 其名為Zeitlose Dokuments der Seele。

註7：關於克卜勒主張的討論，見C. G. Jung and W. Pauli, *Naturerklärung und Psyche,*上揭書p.117。

註8：海森堡的句子引自漢娜・鄂蘭(Hannah Arendt), *The Human Condition,* Chicago Univ. Press, 1958, p.26.

註9：波利關於物理學與心理學平行發展的說法，見*Naturerklärung und Psyche,*上揭書p.163.

註10：尼爾・波爾(Niels Bohr)的「互補」(complementarity)觀念，見他的*Atomphysik und menschliche Erkennt-*

nis, Braunschweig, p.26以下。

註11：(次原子的粒子)的「動力」(Momentum)的德文為*Bewegunggrösse*。

註12：榮格在〈心理學中的靈〉(The Spirit in Psychology)中引用了波利所說的話，收於Joseph Campbell, *Coll. Papers of the Eranos Year Book*, Bollingen Series XXX, 1, N.Y. Pantheon Books, 1954, p.439.

註13：關於波利討論的「基本可能性」(primary possibilities)，見*Aufsätze und Vorträge*,上揭書p.125。

註14：微觀物理學與心理學概念的平行相應，亦見*Aufsätze und Vorträge*以種種弔詭來描述潛意識，pp. 115-16，將原型視為「基本可能性」，p.115，將潛意識視為「場」(field)，p.125。

註15：引用高斯的話，出自他的Werke, Vol. X, 頁25致奧爾伯斯(Olber)的信中，亦被引用於B. L. van der Waerden, *Einfall und Ueberlegung: Drei kleine Beitrage zur Psychologie des mathematischen Denkens*, Basel, 1954.

註16：彭加列的說法引自上書，頁2。

註17：波利認為潛意識概念會影響到所有的自然科學，見*Aufsätze und Vorträge*, p.125.

註18：波利對生命現象可能的「一體性」(one-ness)討論，見上揭書p.118。

註19：榮格對「整體世界」(unus mundus)的看法，接近某些中世紀教父哲學(scholasticism如John Duns Scotus等人)的哲學觀念：「世界整體」是上帝心目中的世界原型或整體概念，這種概念存在於上帝將之化為現實存在之前。

註20：榮格對心靈與物質「同步安排」的想法，見他的〈同步性：非因果的關聯原理〉(Synchronicity: An Acausal Connecting Principle),《榮格全集》，卷VIII。

註21：引用漢娜・鄂蘭的話，出自上揭書*The Human Condition*, p.266.

註22：關於「數學基本直覺」的進一步討論，見波利*Aufsätze und Vorträge*, p.122; 亦見Fred. Conseth, Les mathématiques et la réalité, 1948.

註23：波利同意榮格的說法，認為我們的意識表象在成為意識之前，已經過「妥當安排」了，見*Aufsätze und Vorträge*, p.122.亦見Conseth上引文。

註24：威爾頓(B. L. van der Waerden)的說法出自他的*Einfall und Ueberlegung* 上揭書 p.9。

symbols of liberation　解放型象徵
symbol　象徵
synchronicity　同步性

T

the collective unconscious　集體潛意識
the individuation process　個體化過程
the woman within　內在的女人
Theseus　帖色斯
trance　迷醉狀態
transformation　轉化
trial　試煉
Trinity　三位一體

U

ultimate wholeness　終極圓滿
unconsciousness　潛意識

V

vision　靈視

W

wish fulfillment　願望滿足

Y

yantras　護符／楊特羅
youth　青年

N

nurosis 精神官能症

O

obsession 鬼上身

Oisiris 埃及地府神

Origen 奧里真

Orpheus 奧菲斯

orphism 奧爾菲派

P

patient 案主

Perseus 波色斯

personality 人格

persona 人格面具

phenomenology 現象學

philosopher's stone 哲人石

phychopathology 心理病理學

primordial images 原初形象

principle of indeterminacy 測不準原理

psyche 心靈

psychodrama 心理劇

psychoid 類靈

psychoses 精神病

Psychosomatic Medicine 身心醫學

Purusha 普魯沙

Q

quadratura circuli 正方的圓形

quaternity 四等分

R

Raimon Lull 雷蒙・盧爾

rationalism 理性主義

reason 理性

rebirth 重生

repressed 潛抑的內容

repression 潛抑

resistance 抗拒

resurrection 復活

rite of passage 過渡儀式

Romantics 浪漫派

S

sacrificium intellectus 理智的犧牲

Self 本我

shadow 陰影

Shakti 刹克蒂神

shaman 薩滿

Siva 濕婆神

soul 靈魂

spell 魔咒

subconscious 下意識的

submission 順從

sun-disk 太陽環

suprematism 絕對主義

surrealism 超現實主義

surreality 超現實

symbols of containment 受制型象徵

Ezekiel 以西結

Faust 浮士德

F

fauvism 野獸派

feminine 陰性

forgetfulness 遺忘

fourfoldness 四重

free association 自由聯想

frottages 擦印

futurism 未來主義

G

Gayomart 格優馬

Great Man 高靈

Great Mother 萬物之母

H

Horus 賀拉斯／埃及太陽神

hybris 傲慢／桀驁不馴

hysteria 歇斯底里

I

Icarus 依卡若斯

identification 認同作用

initiation 成年禮／啟蒙禮

instinct 本能

integration 整合

introversion 內向

J

Jesus 耶穌

K

King Croesus 克魯梭王

M

mana 瑪那

Mandala 曼陀羅

manichino 沒有臉孔的木偶

marriage 婚姻

masculine 陽剛

massa confusa 大渾同

Mass 彌撒

megalomania 自大狂

melancholy 憂鬱／鬱卒

menopause 更年期

menstruation 月經週期

Mercury 墨丘利

metaphysical void 形而上的真空

microphysics 微觀物理學

mind 心智

Minotaur 牛頭人身怪

misoneism 厭新

Mithras 米特拉斯

Mother Earth 大地母親

Mother Nature 自然之母

mother-prison 母親的桎梏

mystical participation 神秘參與

myth of hero 英雄神話

〈專有詞彙英漢對照表〉

A

active imagination　積極想像
adolescence　青春期／青少年
adult　成年
aged　老年
alchemy　煉金術
amnesia　失憶
analyst　分析師／分析者
androgynous　雌雄同體
anima　安尼瑪
animus　安尼姆斯
Apokatastasis　復原
archaic remnants　原始殘餘
archetypal image　原型形象
archetype　原型
Ariadne　亞莉雅德
Artemidorus of Daldis　阿提米德
assimilation　同化
automatic writing　自動書寫

B

Ba-soul　附魂
Beauty and the Beast　美女與野獸
body　身體
Brahma　婆羅門神
bush soul　叢林魂

C

censor　監控
chance　機緣
childhood　童年
Christianity　基督宗教
collective representation　集體表象
compartment psychology
間隔心理學
complementarity　互補
complex　情結
constructivism　構成主義
Cosmic Man　宇宙人
cryptomnesia　潛抑記憶
cubism　立體派

D

depth psychology　深層心理學
Dionysus　戴奧尼索斯

E

ego　自我
empathy　移情
expressionism　表現主義
extroversion　外向

本書簡介：

本書乃空前絕後之作，世界著名的瑞士心理學家卡爾・榮格(Carl G. Jung)在此第一次——也是唯一的一次，向一般讀者解釋他對人類心靈最重大的洞識：象徵的重要性，特別是夢中顯現的象徵。

若不是為了一個夢，這本書根本不會被寫出來。約翰・弗利曼(John Freeman)在序言中告訴我們，那個夢說服了榮格，他可以——其實是應該——跟那些沒有心理學專門知識的人解釋他的想法。於是，年屆八十三的榮格，為這本書做了完善的規劃，包括他希望自己四位最得力助手要寫的章節。生命已近尾聲的他，把自己最終的歲月都投注在這份工作上，勉力完成了他自己的關鍵章節，寫完後不出十天，他便撒手謝世。

綜觀全書，榮格強調人類若要成就其圓滿成熟，只能透過對潛意識的認識與接納，而這種認識，須藉由夢及其象徵來取得。每一個夢，都在與做夢者進行直接、親身與有意義的溝通，這種溝通雖然運用了通行於全人類的象徵，但卻以全然個體的方式來運用它們，因此，夢也只可能以全然個體的「線索」來詮釋。

本書佐以實例或當代藝術配合解說，蔚為榮格思想絕無僅有的「眉批」：揭示夢的特質與功能、探索現代藝術的象徵意涵、透露日常生活經驗中的心理底蘊。這些深入淺出的諸多闡釋，在在強化了榮格的思想，也成為《人及其象徵》不可或缺的要角。

主編

卡爾・榮格（Carl G. Jung, 1875-1961）

瑞士精神病學家，生於康斯坦斯湖濱，在巴塞爾學醫，後來在蘇黎士的伯格霍爾利精神病診所工作(1900-1909)。一九〇七年在維也納結識弗洛依德，成為其主要的合作者。一九一一—一九一四年任國際精神分析學會主席。但他後來漸對弗氏方法持批評態度，最後導致兩人於一九一三年關係破裂。他發展了自己的學說，並名之為「分析心理學」，以區別於弗氏的精神分析和阿德勒（Adler）的個人心理學。他的學說包括對心理類型（外向和內向）的描述，對「集體潛意識」的探索，以及把心理視為一種表現在「個體化」過程中的「自我調節系統」。他先後在巴塞爾和蘇黎士任教。一九六一年卒於瑞士屈斯納赫特。

譯者

龔卓軍

國立台灣大學哲學研究所博士，曾任教於中山大學哲學研究所，現任台南藝術大學藝術創作理論研究所博士班副教授兼所長。著有《文化的總譜與變奏》（台灣書店），譯有《人及其象徵》、《拉岡》（立緒）、《空間詩學》（張老師文化），合譯有《自由與命運》、《夢的智慧》（立緒）、《傅科考》（麥田）。

校訂

余德慧

台灣大學臨床心理學博士。曾任台灣大學心理研究所、國立東華大學族群關係與文化研究所與慈濟大學宗教與文化教授，是《張老師月刊》創辦人之一。一九五一年出生，二〇一二年卒於花蓮。

C. G. Jung 榮格對21世紀的人說話

發現人類內在世界的哥倫布

榮格早在二十世紀即被譽為是
二十一世紀的心理學家，因為他的成就
與識見遠遠超過了他的時代。

榮格（右一）與弗洛依德（左一）在美國與當地學界合影，中間爲威廉・詹姆斯。

人及其象徵：

榮格思想精華
Carl G. Jung ◎主編
龔卓軍 ◎譯

中時開卷版書評推薦
ISBN: 978-986-6513-81-7
定價：390元

榮格心靈地圖

人類的先知，
神秘心靈世界的拓荒者
Murray Stein◎著
朱侃如 ◎譯
中時開卷版書評推薦
ISBN: 978-986-360-082-4
定價：320元

榮格・占星學

重新評估榮格對
現代占星學的影響
Maggie Hyde ◎著
趙婉君 ◎譯

ISBN: 978-986-360-183-8
定價：380元

導讀榮格

超心理學大師
榮格全集導讀
Robert H. Hopcke ◎著
蔣韜 ◎譯

ISBN: 978-957-8453-03-6
定價：230元

榮格：思潮與大師經典漫畫

認識榮格的開始
Maggie Hyde ◎著
蔡昌雄 ◎譯

ISBN: 987-986-360-101-2
定價：250元

大夢兩千天

神話是公眾的夢
夢是私我的神話
Anthony Stevens ◎著
薛絢 ◎ 譯

ISBN: 978-986-360-127-2
定價：360元

夢的智慧

榮格的夢與智慧之旅
Segaller & Berger ◎著
龔卓軍 ◎譯

ISBN: 957-8453-94-9
定價：320元

心理學與哲學思考

羅洛．梅 Rollo May

愛與意志：羅洛．梅經典

生與死相反，
但是思考生命的意義
卻必須從死亡而來。

ISBN:978-986-360-140-1
定價：420元

自由與命運：羅洛．梅經典

生命的意義除了接納無
可改變的環境，
並將之轉變為自己的創造外，
別無其他。
中時開卷版、自由時報副刊
書評推薦
ISBN:978-986-360-165-4
定價：360元

創造的勇氣：羅洛．梅經典

若無勇氣，愛即將褪色，
然後淪為依賴。
如無勇氣，忠實亦難堅持，
然後變為妥協。

中時開卷版書評推薦
ISBN:978-986-360-166-1
定價：230元

權力與無知：羅洛．梅經典

暴力就在此處，
就在常人的世界中，
在失敗者的狂烈哭聲中聽到
青澀少年只在重蹈歷史的覆轍。

ISBN:978-986-3600-68-8
定價：350元

哭喊神話

呈現在我們眼前的....
是一個朝向神話消解的世代。
佇立在過去事物的現代人，
必須瘋狂挖掘自己的根，
即便它是埋藏在太初
遠古的殘骸中。

ISBN:978-986-3600-75-6
定價：380元

焦慮的意義：羅洛．梅經典

焦慮無所不在，
我們在每個角落
幾乎都會碰到焦慮，
並以某種方式與之共處。

聯合報讀書人書評推薦
ISBN:978-986-360-141-8
定價：420元

尤瑟夫．皮柏 Josef Pieper

二十世紀最重要的哲學著作之一

閒暇：一種靈魂的狀態 誠品好讀重量書評推薦

Leisure, The Basis of Culture
德國當代哲學大師經典名著

本書摧毀了20世紀工作至上的迷思，
顛覆當今世界對「閒暇」的觀念
閒暇是一種心靈的態度，
也是靈魂的一種狀態，
可以培養一個人對世界的關照能力。

ISBN:978-986-360-107-4
定價：280元

喬瑟夫．坎伯 Joseph Campbell

20世紀美國神話學大師

**如果你不能在你所住之處找到聖地，
你就不會在任何地方找到它。
默然接納生命所向你顯示的實相，
就是所謂的成熟。**

坎伯與妻子珍．厄爾曼

生活哲思—新文明生活主張

提倡簡單生活的人肯定會贊同畢卡索所說的話：「藝術就是剔除那些累贅之物。」

小即是美

一本把人當回事的經濟學著作
E. F. Schumacher ◎著

中時開卷版一周好書榜
ISBN: 978-986-360-142-5
定價：350元

少即是多

擁有更少 過得更好
Goldian Vandn Broeck◎著

ISBN:978-986-360-129-6
定價：390元

簡樸

世紀末生活革命
新文明的挑戰
Duane Elgin ◎著

ISBN :978-986-7416-94-0
定價：250元

靜觀潮落:簡單富足/生活美學日記

寧靜愉悅的生活美學日記
Sarah Ban Breathnach ◎著

ISBN: 978-986-6513-08-4
定價：450元

美好生活

我們反對財利累積，
反對不事生產者不勞而獲。
我們不要編制階層和強制權威，
而希望代之以對生命的尊重。
Helen & Scott Nearing ◎著

ISBN:978-986-360-202-6
定價：400元

倡導純樸，
並不否認唯美，
反而因為擺脫了
人為的累贅事物，
而使唯美大放異彩。

中時開卷版一周好書榜

德蕾莎修女：一條簡單的道路

和別人一起分享，
和一無所有的人一起分享，
檢視自己實際的需要，
毋須多求。
ISBN:978-986-360-204-0
定價：280元

115歲，有愛不老

一百年有多長呢？
她創造了生命的無限可能

27歲上小學
47歲學護理
67歲獨立創辦養老病院
69歲學瑜珈
100歲更用功學中文……

宋芳綺◎著
中央日報書評推薦

ISBN:978-986-6513-38-1
定價：280元

許哲與德蕾莎修女在新加坡

生活哲思一新文明生活主張

孤獨
最眞實、最終極的存在
Philip Koch ◎著
梁永安◎ 譯
中國時報開卷版書評推薦

ISBN:978-957-8453-18-0
定價：350元

孤獨的誘惑
(原書名：孤獨世紀末)
Joanne Wieland-Burston◎著
宋偉航◎譯
余德慧◎導讀
中時開卷版、聯合報讀書人
書評推薦

ISBN:978-986-360-114-2
定價：280元

隱士：
照見孤獨的神性（第二版）
Peter France◎著
梁永安◎ 譯
聯合報讀書人、中時開卷
每周新書金榜

ISBN:978-986-360-115-9
定價：360元

魯米詩篇：
在春天走進果園
伊斯蘭神秘主義詩人
Rumi以第三隻眼看世界
Rumi◎著
梁永安◎ 譯

ISBN:978-986-360-171-5
定價：390元

靈魂筆記
從古聖哲到當代藍調歌手的
心靈探險之旅
Phil Cousineau◎著
宋偉航◎ 譯
中時開卷版書評推薦

ISBN:957-8453-44-2
定價：400元

四種愛：
親愛・友愛・情愛・大愛
C. S. Lewis◎著
梁永安◎ 譯

ISBN:978-986-360-201-9
定價：250元

運動：天賦良藥
為女性而寫的每天
30分鐘體能改造
Manson & Amend ◎著
刁筱華◎譯

ISBN:957-0411-46-5
定價：300元

愛情的正常性混亂
一場浪漫的社會謀反
社會學家解析現代人的愛情
Ulrich Beck
Elisabeth Beck-Gemsheim◎著
蘇峰山等◎ 譯

ISBN:978-986-360-203-3
定價：400元

內在英雄
現代人的心靈探索之道
Carol S. Pearson◎著
徐愼恕・朱侃如・龔卓軍◎譯
蔡昌雄◎導讀・校訂
聯合報讀書人每周新書金榜

ISBN:978-986-360-146-3
定價:350元

宗教與靈修

強勢宗教
宗教基要主義已展現全球格局

Gabriel A. Almond、
R. Scott Appleby、
Emmanuel Sivan◎著

ISBN:978-986-7416-70-4
定價：390元

上帝一直在搬家
下一個基督王國
基督宗教全球化的來臨
下一波十字軍
基督徒、穆斯林、猶太人
Philip Jenkins◎著

ISBN:978-986-360-154-8
定價：380元

耶穌在西藏：耶穌行蹤成謎的歲月
追尋耶穌失蹤的十七年
Elizabeth Clare Prophet◎
編著

開卷版本周書評
ISBN:978-986-6513-69-5
定價：320元

近代日本人的宗教意識
宗教亂象之深層省思
山折哲雄◎著
誠品好讀書評推薦

ISBN:957-8453-39-6
定價：250元

德蕾莎修女：一條簡單的道路
和別人一起分享，
和一無所有的人一起分享，
檢視自己實際的需要，毋須多求。

ISBN:978-986-360-204-0
定價：280元

沒有敵人的生活
世界各大宗教的對話
Michael Tobias等◎編

ISBN:978-986-7416-93-3
定價：350元

全球倫理與宗教對話
沒有宗教之間的和平
就不會有世界的和平

ISBN:957-0411-22-8
定價：250元

達賴喇嘛

達賴喇嘛代表了一個完整存留到今天的偉大智慧傳承。
而這個文明唯有在流亡中才能得以保全，更顯示出這個時代的脆弱。

達賴喇嘛在哈佛談四聖諦、輪迴、敵人

達賴喇嘛 ◎藏文口述
Jeffrey Hopkins ◎英譯
鄭振煌 ◎中譯
ISBN:978-986-360-024-4
定價：320元

藏傳佛教世界：西藏佛教的哲學與實踐

達賴喇嘛◎著

中時開卷版一周好書
ISBN:978-986-6513-80-0
定價：250元

生命之不可思議

達賴喇嘛揭開輪迴之謎
達賴喇嘛◎著

ISBN:957-9967-73-3
定價：230元

曼陀羅：時輪金剛沙壇城

ISBN: 978-986-360-150-0
定價：380元

達賴喇嘛說幸福之道

ISBN: 978-986-7416-28-5
定價：300元

達賴喇嘛說喜樂與開悟

ISBN: 978-986-360-173-9
定價：300元

夢・意識・佛法

達賴喇嘛與六位腦科學家的對話
Consciousness at the Crossroads
Zara Houshmand◎編
中時開卷版一周好書
誠品好讀重量書評
ISBN:978-986-360-128-9
定價：320元
（原書名：意識的歧路）

達賴喇嘛說般若智慧之道

達賴喇嘛開示：
入菩薩行 智慧品

ISBN:978-986-360-163-0
定價：320元

情緒療癒

21世紀的醫療挑戰
生命科學與藏密智慧對話
Daniel Goleman◎主編

中時開卷版一周好書
ISBN:978-986-360-207-1
定價：360元

達賴喇嘛說慈悲帶來轉變

達賴喇嘛與八位心理治療
心理輔導界頂尖人士對話

ISBN:978-986-360-045-9
定價：280元

宗教學

20世紀美國實用宗教學鉅著

威廉．詹姆斯 William James

百年百萬長銷書，宗教學必讀

宗教經驗之種種

這是宗教心理學領域中最著名的一本書，
也是20世紀宗教理論著作中最有影響力的一本書。
——*Psychology Today*

如果我們不能在你我的房間內，
在路旁或海邊，
在剛冒出的新芽或盛開的花朵中，
在白天的任務或夜晚的沈思裡，
在眾人的笑容或私下的哀傷中，
在不斷地來臨、莊嚴地過去而
消逝的生命過程中看見神，
我不相信我們可以在伊甸的草地上，
更清楚地認出祂。

2001年博客來網路書店十大選書
中時開卷版本周書評
誠品好讀重量書評
ISBN:978-986-360-194-4
定價：499元

20世紀美國宗教學大師

休斯頓．史密士 Huston Smith

人的宗教：人類偉大的智慧傳統

為精神的視野增加向度，
打開另一個可生活的世界。
中時開卷版一周好書榜

半世紀數百萬長銷書
全美各大學宗教通識必讀
橫跨東西方傳統
了解宗教以本書為範本

燈光，是不會在無風的地方閃動。
最深刻的真理，
只對那些專注於內在的人開放。
——*Huston Smith*

ISBN:978-986-6513-79-4
定價：400元

永恆的哲學

找回失去的世界
ISBN:957-8453-87-6
定價：300元

權威神學史學者

凱倫．阿姆斯壯 Karen Armstrong

神的歷史 A History of God

紐約時報暢銷書
探索三大一神教權威鉅著
讀書人版每周新書金榜

ISBN:978-986-360-125-8
定價：460元

帶領我們到某族群的心，
最佳方法是透過他們的信仰。

年度好書在立緒

文化與抵抗
- 2004年聯合報讀書人最佳書獎

威瑪文化
- 2003年聯合報讀書人最佳書獎

在文學徬徨的年代
- 2002年中央日報十大好書獎

上癮五百年
- 2002年中央日報十大好書獎

遮蔽的伊斯蘭
- 2002年聯合報讀書人最佳書獎
- News98張大春泡新聞2002年好書推薦

弗洛依德傳
（弗洛依德傳共三冊）
- 2002年聯合報讀書人最佳書獎

以撒・柏林傳
- 2001年中央日報十大好書獎

宗教經驗之種種
- 2001年博客來網路書店年度十大選書

文化與帝國主義
- 2001年聯合報讀書人最佳書獎

鄉關何處
- 2000年聯合報讀書人最佳書獎
- 2000年中央日報十大好書獎

東方主義
- 1999年聯合報讀書人最佳書獎

航向愛爾蘭
- 1999年聯合報讀書人最佳書獎
- 1999年中央日報十大好書獎

深河(第二版)
- 1999年中國時報開卷十大好書獎

田野圖像
- 1999年聯合報讀書人最佳書獎
- 1999年中央日報十大好書獎

西方正典(全二冊)
- 1998年聯合報讀書人最佳書獎

神話的力量
- 1995年聯合報讀書人最佳書獎

國家圖書館出版品預行編目(CIP) 資料

人及其象徵：榮格思想精華 / 卡爾・榮格(Carl G. Jung)
主編；龔卓軍譯 -- 二版 -- 新北市新店區：立緒文化, 民102.08
面； 公分. --（新世紀叢書；53）
譯自：Man and His Symbols

ISBN 978-986-6513-81-7（平裝）

1. 榮格（Jung, Carl Gustav, 1875-1961） 2. 學術思想—心理學 3. 精神分析學

170.189 102014805

人及其象徵：榮格思想精華

Man and His Symbols

出版——立緒文化事業有限公司（於中華民國 84 年元月由郝碧蓮、鍾惠民創辦）
作者——卡爾・榮格（Carl G. Jung）
譯者——龔卓軍
譯文校訂——余德慧

發行人——郝碧蓮
顧問——鍾惠民

地址——新北市新店區中央六街 62 號 1 樓
電話—— (02) 2219-2173
傳真—— (02) 2219-4998
E-mail Address —— service@ncp.com.tw
劃撥帳號—— 1839142-0 號 立緒文化事業有限公司帳戶
行政院新聞局局版臺業字第 6426 號

總經銷——大和書報圖書股份有限公司
電話—— (02) 8990-2588
傳真—— (02) 2290-1658
地址——新北市新莊區五工五路 2 號
排版——伊甸社會福利基金會附設電腦排版
印刷——尖端數位印刷有限公司

法律顧問——敦旭法律事務所吳展旭律師

分類號碼—— 170.189
ISBN —— 978-986-6513-81-7
出版日期——中華民國 88 年 5 月～ 100 年 10 月初版 一～九刷（1 ～ 9,700）
中華民國 102 年 8 月～ 111 年 2 月二版 一～十二刷（1 ～ 9,000）
中華民國 112 年 11 月二版 十三刷（9,001 ～ 9,700）

定價◎ 390 元（平裝）

大緒文化 閱讀卡

姓　名：

地　址：□□□

電　話：(　　)　　　　傳 眞：(　　)

E-mail:

您購買的書名：______________________________

購書書店：__________市（縣）______________書店

■您習慣以何種方式購書？

□逛書店 □劃撥郵購 □電話訂購 □傳眞訂購 □銷售人員推薦
□團體訂購 □網路訂購 □讀書會 □演講活動 □其他________

■您從何處得知本書消息？

□書店 □報章雜誌 □廣播節目 □電視節目 □銷售人員推薦
□師友介紹 □廣告信函 □書訊 □網路 □其他____________

■您的基本資料：

性別：□男 □女　婚姻：□已婚 □未婚　年齡：民國______年次

職業：□製造業 □銷售業 □金融業 □資訊業 □學生
□大眾傳播 □自由業 □服務業 □軍警 □公 □教 □家管
□其他 ______________________________

教育程度：□高中以下 □專科 □大學 □研究所及以上

建議事項：

立緒文化事業有限公司　收

新北市 2 3 1

新店區中央六街62號一樓

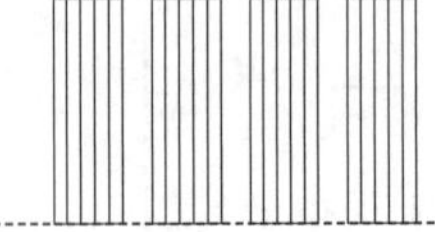

請沿虛線摺下裝訂，謝謝！

感謝您購買立緒文化的書籍

為提供讀者更好的服務，現在填妥各項資訊，寄回閱讀卡（免貼郵票），或者歡迎上網http://www.facebook.com/ncp231 即可收到最新書訊及不定期優惠訊息。